21 世纪全国高职高专法律实训类规划教材

刑事法律实训教程

李秀娟　刘　召　主　编

史宏霞　孙　志　副主编

内容简介

本书定位为高职高专院校法律专业学生实训实践指导用书。本着"理论够用，实践为重"的育人原则，笔者搜集整理了一系列刑事案件及案件涉及的法律问题，并对这些问题逐一进行梳理分析，旨在提高学生运用相关法律知识分析解决法律问题的实践能力。全书分为上下两部分，涵盖了刑事实体法和程序法两个方面的内容。实体法部分主要是选取了一些典型问题进行分类，主要包括犯罪构成、犯罪的未完成形态、共同犯罪、排除社会危害性的行为、分则重点罪名等五个方面的问题；程序法部分则严格按照立案、侦查、起诉、审判、执行的刑事诉讼流程，辅之以证据问题共六个部分组成。

本书内容全面，结构新颖，一书在手，可以解决学生在刑事法律实践活动中可能遇到的方方面面的问题。

图书在版编目（CIP）数据

刑事法律实训教程/李秀娟，刘召主编. —北京：北京大学出版社，2008.10
（21世纪全国高职高专法律实训类规划教材）
ISBN 978-7-301-14279-0

Ⅰ. 刑… Ⅱ. ①李…②刘… Ⅲ. ①刑法－中国－高等学校：技术学校－教材②刑事诉讼法－中国－高等学校：技术学校－教材 Ⅳ. D924 D925.2

中国版本图书馆 CIP 数据核字（2008）第 147023 号

书　　　名：	刑事法律实训教程
著作责任者：	李秀娟　刘　召　主编
责 任 编 辑：	郑　谧
标 准 书 号：	ISBN 978-7-301-14279-0/D · 2141
出　版　者：	北京大学出版社
地　　　址：	北京市海淀区成府路 205 号 100871
电　　　话：	邮购部 62752015　发行部 62750672　编辑部 62765013　出版部 62754962
网　　　址：	http://www.pup.cn
电子信箱：	xxjs@pup.pku.edu.cn
印　刷　者：	河北滦县鑫华书刊印刷厂
发　行　者：	北京大学出版社
经　销　者：	新华书店
	787 毫米×980 毫米　16 开本　16.25 印张　355 千字
	2008 年 10 月第 1 版　2008 年 10 月第 1 次印刷
定　　　价：	30.00 元

未经许可，不得以任何方式复制或抄袭本书之部分或全部内容。

版权所有，侵权必究

举报电话：010-62752024；电子信箱：fd@pup.pku.edu.cn

前　言

目前，中国法学教育正处在一个十字路口。法科教育到底是应秉持精英教育的品位，还是以职业教育为标向？

最新数字表明，全国 600 多所法律院系，每年本科生、研究生毕业几十万人，而每年吸纳到法律职业群体中的人数只有几万人。应该说，供求矛盾深层次问题是法学教育与司法实践脱节的问题。据南京市两级法院对录用的 49 名法学本科毕业生进行的问卷调查，结果发现，82%的学生认为在校所学知识一半没用，71%的学生不能驾驭庭审，22%的学生在法律适用方面不能准确定性，38%的学生在校期间没开过模拟法庭，29%的学生在校期间没参加过庭审旁听……[①]。可见，法学教育职业技能培训势在必行。

法律实践教学具有单纯的理论教学所不可替代的特殊功能，是培养学生主体意识，发展学生创造能力的需要。

法律技能的培养是让学生运用所掌握的知识进行综合思维，从而进一步掌握综合运用知识的能力。

基于此，针对法学实际技能教育所需，北京吉利大学法学院学科带头人及部分青年骨干教师撰写了《刑事法律实训教程》教科书。

纵观全书具有以下特点：

1. **融合性**。该书一改以往单一的刑事实体法或刑事程序法教科书模式，将实体法与程序法融会贯通，综合为一本教程，在理顺实体法与程序法之间互相依赖、互相保障、互相渗透、辩证统一关系的同时，将刑事法律实训教课内容按照法律事件—法律认定—法律评价的教学模式进行。

2. **实践性**。该书着重实践能力的培养，把实践性教学作为教学的一个完整部分，进行规划、管理、验收。通过模拟法庭的实训、实习基地的参与、法律援助的亲临办案、假期社会实践等活动，使学生更多地了解社会、了解法律在社会生活的运作，将法学的基本知识与社会实践相结合。突出应用教学理论——实践良性循环的课程模式。

3. **创造性**。本书创造性地划分两个教学实训模块。即将刑事法律每一门专业课作为一个单项实训模块，编写教学内容。如刑法实训模块分为犯罪实训模块、犯罪构成模块等若干子模块；刑事诉讼法实训模块可分为侦查程序、一审程序、二审程序等若干子模块；再将刑法、刑事诉讼法两个或两个以上相关专业课组合成一个综合实训模块，按照先理论教

---

① 《检察日报》2008 年 1 月 9 日 8 版：法科生感慨：课堂知识一半没用

学、后实践教学，先单项实训模块、后综合实训模块的顺序开展实训教学活动。

本书由李秀娟编写上编第一、二、三章，刘召编写上编第四、五章和下编第一章，孙志编写下编第二、三、四章，史红霞编写下编第五、六章。

相信本书的问世，将对法学教育改革及高职高专实际技能培训大有裨益。

编　者

2008 年 10 月

目 录

上编　单项模式实训——实体部分 1

第一章　犯罪构成问题 2
第一节　犯罪主体方面的实训 2
一、基本案例一 2
二、基本案例二 3
三、基本案例三 5
四、基本案例四 12
五、巩固练习 13
第二节　犯罪主观方面的实训 19
一、基本案例一 19
二、基本案例二 21
三、基本案例三 22
四、巩固练习 25
第三节　犯罪客观方面的实训 31
一、基本案例一 31
二、基本案例二 33
三、基本案例三 34
四、基本案例四 35
五、基本案例五 36
六、基本案例六 39
七、巩固练习 41
第二章　犯罪未完成形态问题 54
第一节　犯罪未遂的实训 54
一、基本案例一 54
二、基本案例二 55
三、基本案例三 56
四、巩固练习 57
第二节　犯罪中止的实训 59
一、基本案例一 59

二、基本案例二 60
　第三节　犯罪预备的实训 62
　　一、基本案例一 62
　　二、基本案例二 64
　　三、巩固练习 65
第三章　共同犯罪问题 67
　第一节　简单共同犯罪问题实训 67
　　一、基本案例 67
　　二、案例的问题点 67
　　三、案例涉及的实体理论问题 67
　　四、案例涉及的实体法律及相关规定 68
　　五、案例点评 69
　　六、巩固练习 71
　第二节　复杂共同犯罪问题实训 72
　　一、基本案例 72
　　二、案例的问题点 72
　　三、案例涉及的实体理论问题 72
　　四、案例涉及的实体法律及相关规定 73
　　五、案例点评 73
　　六、巩固练习 75
　第三节　教唆犯问题的实训 75
　　一、基本案例 75
　　二、案例的问题点 75
　　三、案例涉及的实体理论问题 75
　　四、案例涉及的实体法律及相关规定 76
　　五、案例点评 77
　　六、巩固练习 78
第四章　排除社会危害性的行为问题 79
　第一节　正当防卫问题实训 79
　　一、基本案例 79
　　二、案例的问题点 79
　　三、案例涉及的实体理论问题 79
　　四、案例涉及的实体法律及相关规定 81
　　五、案例点评 81
　　六、巩固练习 82

第二节　紧急避险问题实训 83
　一、基本案例 83
　二、案例的问题点 83
　三、案例涉及的实体理论问题 83
　四、案例涉及的实体法律及相关规定 84
　五、案例点评 84
　六、巩固练习 85
第三节　其他排除社会危害性的行为 85
　一、基本案例 85
　二、案例的问题点 85
　三、案例涉及的实体理论问题 85
　四、案例涉及的实体法律及相关规定 87
　五、案例点评 87
　六、巩固练习 89

第五章　分则问题 90
第一节　危害公共安全的犯罪——交通肇事罪 90
　一、基本案例 90
　二、案例的问题点 90
　三、案例涉及的实体理论问题 90
　四、案例涉及的实体法律及相关规定 92
　五、案例点评 110
　六、巩固练习 111
第二节　侵犯公民的人身权利犯罪——故意伤害罪 112
　一、基本案例 112
　二、案例的问题点 114
　三、案例涉及的实体理论问题 114
　四、案例涉及的实体法律及相关规定 114
　五、案例点评 125
　六、巩固练习 126
第三节　主要财产犯罪及其相互关系问题 127
　一、基本案例 127
　二、案例的问题点 127
　三、案例涉及的实体理论问题 127
　四、案例涉及的实体法律及相关规定 132
　五、案例点评 136

　　　　六、巩固练习……………………………………………………………138
　　第四节　贪污贿赂类犯罪……………………………………………………139
　　　　一、基本案例……………………………………………………………139
　　　　二、案例的问题点………………………………………………………139
　　　　三、案例涉及的实体理论问题…………………………………………139
　　　　四、案例涉及的实体法律及相关规定…………………………………143
　　　　五、案例点评……………………………………………………………147
　　　　六、巩固练习……………………………………………………………149

下编　集合模式实训——程序部分……………………………………………151

第六章　立案环节的司法实务与实训……………………………………………152
　　　　一、基本理论导引………………………………………………………152
　　　　二、立案阶段案例………………………………………………………160
　　　　三、案例涉及的程序问题………………………………………………160
　　　　四、案例的程序分析……………………………………………………160
　　　　五、立案阶段涉及的主要法律文书……………………………………161

第七章　侦查环节司法实务与实训………………………………………………166
　　　　一、基本理论导引………………………………………………………166
　　　　二、刑事侦查的有关法律法规…………………………………………167
　　　　三、侦查阶段的主要法律文书…………………………………………171
　　　　四、侦查阶段案例………………………………………………………192
　　　　五、侦查环节的律师实务………………………………………………200

第八章　起诉环节司法实务与实训………………………………………………209
　　第一节　实训案例一…………………………………………………………209
　　　　一、基本案例……………………………………………………………209
　　　　二、案例的程序问题……………………………………………………210
　　　　三、案例的程序分析……………………………………………………210
　　第二节　实训案例二…………………………………………………………212
　　　　一、基本案例……………………………………………………………212
　　　　二、案例的程序问题……………………………………………………212
　　　　三、案例的程序分析……………………………………………………212
　　第三节　实训案例三…………………………………………………………214
　　　　一、基本案例……………………………………………………………214
　　　　二、案例的程序问题……………………………………………………215
　　　　三、案例的程序分析……………………………………………………215

第九章 审判环节司法实务与实训 217
第一节 实训案例一 217
一、基本案例 217
二、案例的程序问题 218
三、案例的程序分析 218
第二节 实训案例二 219
一、基本案例 219
二、案例的程序问题 219
三、案例的程序分析 219
第三节 第一审程序 221
一、基本案例一 221
二、基本案例二 224
三、基本案例三 226
四、基本案例四 227
第四节 第二审程序 229
一、基本案例一 229
二、基本案例二 230
三、基本案例三 232

第十章 执行环节司法实务与实训 234
第一节 死刑复核程序 234
一、基本案例一 234
二、基本案例二 236
第二节 审判监督程序 237
一、基本案例一 238
二、基本案例二 239
三、基本案例三 241
四、基本案例四 242
第三节 执行程序的变更程序 244
一、基本案例一 244
二、基本案例二 245
三、基本案例三 245

第十一章 证据司法实务与实训 247
一、基本案例一 247
二、基本案例二 248

参考文献 249

上编　单项模式实训——实体部分

第一章 犯罪构成问题

第一节 犯罪主体方面的实训

一、基本案例一

（一）非机动车辆的驾驶人员也能构成交通肇事罪

【案情】 2006年8月13日8时30分左右，赵月琴骑自行车经所在村25组地段由南北向公路左拐弯进入东西向公路向西行驶时，同时有杨某左手持物骑电动自行车亦经该地段由西向东行驶，因赵月琴在左拐弯过程中未让在道路内正常行驶的车辆优先通行，其所骑自行车与杨某所骑电动自行车相撞，致双方跌倒，杨某经送医院抢救无效于同月15日死亡。公安交警部门认定，赵月琴负事故的主要责任。

海安县法院审理后认为，赵月琴违反交通运输管理法规，造成一人死亡的重大事故，且负事故的主要责任，构成交通肇事罪。其虽有从轻处罚情节，但因未能赔偿被害方的经济损失，酌情从重作出了上述处罚。

（二）案例的问题点：非机动车辆的驾驶人员能否成为交通肇事罪的主体？

（三）案例的实体分析

根据我国《刑法》第133条的规定，交通肇事罪是指违反交通运输管理法规，因而发生重大事故，致人重伤、死亡或者使公私财产遭受重大损失的行为。该罪属于"危害公共安全罪"的范畴，因此，有人认为非机动性交通工具不足以危及不特定或多数人的生命、健康和财产安全，只有机动性交通工具才会危及公共安全。使用非机动性的交通运输工具从事交通运输活动，不构成交通肇事罪。那么，本案的定罪量刑是否恰当？笔者与承办该案的法官取得了联系。承办法官指出，非机动车辆的驾驶人员能否成为交通肇事罪的主体，在我国刑法学界一直是一个争议不休的问题，理论上和司法实践中确实存在不同的主张和做法。她认为，在驾驶非机动性交通工具的行为具有危害公共安全性质的情况下，把非机动车辆的驾驶人员作为交通肇事罪的主体，符合《刑法》第133条的立法原意，也符合罪刑相适应的原则。第一，《刑法》第133条的规定并没有把非机动车辆的驾驶人员排除在本罪的主体之外；《道路交通安全法》规定的"车辆"，也包括非机动车辆。第二，机动车辆与非机动车辆造成的危害并无实质性的区别，都会对公民的人身安全及公私财产造成重大损失。非机动车一般具有速度慢、容易控制、冲击力小的特点，但在特定情况下，驾驶非机动车也可能危及公共安全。如按规定，遇有掉头、转弯等情形时电瓶车、小型拖拉机、轮式专用机械车最高时速为15公里。这种速度，非机动车也能超过。高速驾驶非机动车，也会发生重大事故，致人重伤、死亡或使公私财产遭受重大损失。第三，在有关司法解释中也有体现。最高人民法院《关于审理交通肇事刑事案件具体应用法律若干问题的解释》第8条第2款规定，在公共交通管理范围内，驾驶机动车辆或者其他交通工具致人伤亡或者致使公共财产或者他人财产遭受重大损失，构成犯罪的，分别依照《刑法》第134条、第135条、第233条等规定定罪处罚。运用逻辑分析这一规定，在公共交通管理范围内，无论是驾驶机动车辆还是使用其他交通工具发生重大事故的，应按交通肇事罪处理。第四，非机动车辆在我国大量使用，发生的事故较机动车辆更多，若非机动车辆肇事不以交通肇事罪论处，会出现处罚上的轻重不一的现象。

本案中，赵月琴骑自行车在行人较多、有机动车来往的道路上行驶过程中，违反《中华人民共和国道路交通安全法实施条例》第69条所规定的"非机动车通过没有交通信号灯控制也没有交通警察指挥的交叉路口，转弯的非机动车让直行的车辆、行人优先通行"，具有危害公共安全的性质，又造成重大事故并负主要责任，定为交通肇事罪，是正确的。

二、基本案例二

（一）石油公司科长开调拨单吞油款构成贪污还是职务侵占

【案情】　曾某系中国石油化工股份有限公司某市分公司全民合同工，2003年7月该市公司聘任其为公司业务科副科长。2004年3月至2004年8月曾某在任职期间四次伙同公司其他人员在业务科开具"内部资源调拨单"销售汽、柴油给个体户，个体户持调拨单到所属支公司油库提走油后，被告再从支公司油库收回"调拨单"进行销毁，将货款占为己有。另以低于公司批发价销售汽油，而从中获取差额款，六次作案共获公款325 650元，个人得款149 825元。

（二）案例的实体问题

本案在追诉中，检察机关以曾某涉嫌贪污犯罪进行侦查、起诉，法院在审理中对被告从是贪污犯罪还是属于职务侵占存在分歧。

第一种意见认为，曾某行为构成贪污罪。被告人身为业务科副科长，利用职为上的便利，伙同本部门职工，采取销毁记账凭证的手段非法窃取公司的财物。从主观方面有非法占有公司财产的故意，客观上实施了秘密窃取并销毁凭证的侵占行为，侵犯的客体是国有公司的财产，构成贪污犯罪的特征。因为该公司是中国石油化工股份有限公司的分支机构，其资产属于中国石油化工股份有限公司，中国石油化工股份有限公司属中央企业、是国有公司控股的企业。中国石油化工集团公司对其控股企业行使资产受益、重大决策和选择管理者等出资人的权力，是对国有资产依法进行经营、管理和监督权力。所以股份制企业的控股权掌握国有公司手中就是国有性质，被告侵犯的是国有企业的财产。且被告人是国有企业的工作人员，是企业的分支机构的部门负责人，属于国家工作人员。国家工作人员侵占国家财产认定为贪污犯罪。

第二种意见认为，曾某不是国家工作人员，其不构成贪污罪的主体，其行为属职务侵占。理由是中国石油化工股份有限公司是中国石油化工集团公司（国有公司）作为发起人设立的股份有限公司，该公司并非国有独资公司，其企业性质是股份有限责任公司，中国石油化工集团虽然持有该股份有限公司67.92%的股份，但其股份属于整个股份有限公司财产的一部分，不能因此决定公司为国有性质。萍乡石油分公司系中国石油化工股份有限公司的分支机构，不具备独立的法人资格，其任命职工曾某业务科副科长职位也不属于受国有公司或国家机关委派从事管理工作的人员。故其身份不能以国家工作人员论处

（三）案例的实体分析

我国《刑法》关于贪污罪的规定是：国家工作人员利用职务上的便利，侵吞、窃取、骗取或者以其他手段非法占有公共财物的；或受国家机关、国有公司、企业、事业单位、人民团体委托管理、经营国有财产的人员，利用职务上的便利，侵吞、窃取、骗取或者以其他手段非法占有国有财物的，以贪污论。

该案争执焦点是中国石油化工股份有限公司是否属国有性质，被告曾某是否属国家工作人员。

首先，如何认识国有企业的改制后的股份有限公司性质，从我国社会主义市场企业制度来分析。在计划经济体制下，国有经济几乎无所不包占据了国民经济的各个领域。上至关系国计民生的基础工作部门，下至零星的商业、服务业和小企业，统统纳入国有经营范围之内，当时只有国有公司，股份制性质的公司还没有，可以说还没有一个现代意义上的公司。由于国有经济布局的不合理性严重影响了国有经济主导作用的发挥，严重束缚了企业发展。社会主义市场经济所要求的企业制度，是现代企业制度。建立现代企业制度是我国企业改革和方向。国有企业建立现代企业制度最关键的是企业产权制度的改革，必须科学地界定和划分企业中的主权归属，既要保护国家作为所有者的权益，也要保障企业的经营自主权。理顺企业的产权关系，国有资产所有者的利益仍要在经营者那里得到实现：一方面取得所有权收益，另一方面要求国有资产在企业的营运中得到保值和增值。国有企业进入市场可以吸收非国有企业的资金和居民的资金，企业间也相互投资和参股份。这样，在国有企业，除了占主导地位的国有资产外，还有其他产权主体的资产。在企业中多元的原始产权主体的资产联合成由一个法人产权主体支配的资产。为了推动中国市场经济发展，1993年国家出台的《公司法》是以市场经济为基础的企业制度，也是考虑国有企业的改革方向。《公司法》所称公司是指在中国境内设立的有限责任公司和股份有限公司、国有独资公司。除国有独资公司外，其他任何形式的公司均不具有国有性质。《公司法》第三条第二款规定，股份有限公司，其全部资本分为等额股份，股东以其所持股份为限对公司承担责任，公司以其全部资产对公司的债务承担责任。公司法对股份有限公司的设立条件和设立形式进行了明确规定，公司法第七十五条对国有企业改建为股份有限公司规定发起人可以少于五人，但必须采取募集设立的方式。按法律规定，股份有限公司的财产属于法人，即使国家作为出资者，甚至国家出资很高，国有资产出资比例很高，在其出资后，都将丧失

其对出资的控制权，所有出资都将成为公司的法人财产，国有资产的所有权转变为股份有限公司的股权。所以无论发起人或者其他认股人的性质是国有、集体、私营、个人，或者外国公司，该公司性质不同于任何发起人或者认股人，包括参股、认股、控股的国有公司。这就是公司法对股份有限公司设条件所规定的，国家是享有资产受益、有重大决策和选择管理者等出资人的权力，但不是公司财产的所有人。中国石油化工股份有限公司（以下简称"中国石化"）由中国石油化工集团公司依据《中华人民共和国公司法》，按照"实现所有制结构多元化、遵循市场经济规律、逐步建立现代企业制度"的指导思想，遵循"主业与辅业分离、优良资产与不良资产分离、企业职能与社会职能分离"的原则，通过"业务、资产、债权债务、机构、人员"等方面的整体重组改制，以独家发起方式于 2000 年 2 月 25 日设立的股份制企业。中国石化 167.8 亿股 H 股股票于 2000 年 10 月 18 日、19 日分别在香港、纽约、伦敦三地交易所成功发行上市；2001 年 7 月 16 日在上海证券交易所成功发行国内公众股 28 亿股。目前，中国石化总股本为 867.02 亿股，其中中国石化集团公司持有的国有股占总股本的 67.92%，未流通的其他国有股和法人股占 9.50%，外资股占 19.35%，国内公众股占 3.23%。所以本案被告人所侵犯客体不能认定为国有财产，而是股份企业的财产，曾某本人则是该企业的员工。

其次、关于贪污犯罪的主体，必须是国家工作人员或国家机关、国有公司、企业、事业单位委派到非国有公司、企业、事业单位、社会团体从事公务的人员，以及其他依照法律从事公务的人员。而本案被告人曾某系萍乡石油化工分公司全民合同工（签订了五年劳动合同书）分公司于 2003 年 7 月间聘任担任分公司的业务科副科长。分公司是中国石油股份公司设立的分支机构，在分公司任职不属国有公司委派的管理人员，且被告人曾某不属于国有公司委派在股份有限公司中从事组织、领导、管理、监督的工作人员，不是代表国有单位在股份有限公司中从事管理工作的人员，不属于国家工作人员。在国有资本控股、参股的股份有限公司中从事管理工作有人员，除受国家机关、国有公司、企业、事业单位委派从事公务的以外，对其利用职务上的便利，将本单位财物非占为己有，数额较大行为，应以职务侵占罪处罚。所以本案被告曾某的行为构成职务侵占罪。

三、基本案例三

（一）正确把握非法行医罪的主体要件

【案情】 被告人周某，男，1992 年 6 月 4 日出生，汉族，湖南人，大学文化，湖南省靖县人民医院退休医师，住长沙市天心区××号。于 2001 年 6 月 18 日被长沙市公安局天心区分局取保候审。

湖南省长沙市天心区人民检察院以周某犯非法行医罪向天心区人民法院提起公诉。

天心区人民法院公开审理查明：

1948 年被告人周某毕业于上海国防医学院（现为第二军医大学），1949 年初至 1950

年9月在老家湖南省某市开办诊所。1950年至1953年在湖南省防疫大队从事医疗工作。1953年9月获中央人民政府卫生部颁发的医师证书。1953年至1968年在湖南省结核病防治所当医师。1969年至1979年在湖南省某县人民医院当医师。1979年在某县人民医院退休后居住在长沙市大古道巷。1987年至1993年，经卫生部门许可颁发行医执照自办诊所行医。1993年因房屋拆迁及年老原因向长沙市社会医疗管理委员会申请个体诊所停业，并上交了行医执照。1998年10月，长沙市天心区城南路街道办事处县正街居委会出面请周某为居委会开办医疗室，并购进了一些常用药品，因未获天心区卫生局同意，1998年底，医务室停办。1998年底以后，被告人周某在家里为街道居民看病（病人主要以老人为主），不收挂号费，只收取药品费用（自带药品、针剂者不收费）。2001年3月1日7时许，王某（女，65岁）因咳嗽多日，自带青霉素针剂来到周某家里，周某为王某做完皮试后，按操作规程为王某注射了自带的1支80万单位的青霉素针剂，约十几分钟后，周某发现王某有青霉素过敏反应特征，立即为王某注射了10毫克"地塞米松"针剂（抗过敏用），见情况没有好转，又为王某注射了一支"付肾上腺素"针剂（升血压、抗休克用），并立即叫邻居李某某通知王某的大女儿杨甲（原审附带民事诉讼原告人）来到周某家，杨甲立即拨打"110"、"120"电话。9时15分，王某被送到湖南省人民医院抢救，9时32分，王某因呼吸循环衰竭而死亡。法医鉴定：因注射青霉素引起过敏性休克而急性死亡。原审附带民事诉讼原告人杨甲等4人诉请被告人周某赔偿经济损失1040元、精神损失费145940元。以上事实，有法医鉴定结论、证人证言等证据予以证实。被告人周某亦供认，足以认定。

天心区人民法院审理后认为，被告人周某无视国家有关医生执业行医的管理规定，在未取得"医疗机构执业许可证"的情况下，进行非法行医，并造成就诊人死亡的结果，其行为已构成非法行医罪，应依法予以处罚。对附带民事诉讼原告人杨甲等的经济损失，应予以赔偿。一审法院作出以下判决：1.被告人周某犯非法行医罪，判处其有期徒刑十年，并处罚金一千元；2.被告人周某赔偿附带民事诉讼原告人杨甲、杨乙、杨丙、杨丁经济损失四万六千四百五十元（限判决生效后十日内支付）。

被告人周某对一审判决不服，称："我的行为不构成犯罪"，上诉至长沙市中级人民法院。

长沙市中级人民法院二审审理认为，上诉人周某在未取得医疗执业资格的情况下非法行医，且造成他人死亡的后果，其行为已构成非法行医罪。上诉人周某因其行为而给原审附带民事诉讼原告人造成的经济损失，应当承担民事赔偿责任。对于上诉人周某提出"周某的行为不构成犯罪"的理由，法院审查后认为，上诉人周某虽然从事医师工作三十余年，获得医师资格证书，并曾于1987年至1993年期间合法行医，但自1998年底至案发日，上诉人周某在未取得"医疗机构执业许可证"的情况下擅自行医，是非法行医行为，故对其上诉理由不予采纳。原审审判程序合法，定罪准确，民事赔偿判决合理。原审判决适用《中华人民共和国刑法》第336条并无不当。但考虑到上诉人周某在为被害人王某注射青霉素针剂后，均没有违反医疗操作规程，王某因注射青霉素过敏而死亡，其死亡具有一定的特殊性，综合考虑本案的具体情节及社会危害性，原审对上诉人周某判处10年有期徒刑，确实量刑过重。据此依照《中华人民共和国刑事诉讼法》第189条第（一）项、第（二）项和《中华人民共和国刑法》第336条、第63条第2款之规定，判决如下：

1. 维持湖南省长沙市天心区人民法院（2001）天刑初字第55号刑事附带民事判决中对上诉人周某的定罪部分及民事判决部分。

2. 撤销湖南省长沙市天心区人民法院（2001）天刑初字第55号刑事附带民事判决中对上诉人周某的量刑部分。

3. 上诉人周某犯非法行医罪，判处有期徒刑二年，宣告缓刑三年，并处罚金一千元。

合议庭一致意见：同意二审判决，依法报请最高人民法院核准。

湖南省高级人民法院认为：上诉人周某虽曾取得医师资格以及医生执业资格，但其在家中接诊造成他人死亡，已构成了非法行医罪。根据本案具体情况其不以盈利为目的，仅是为他人提供方便，与那些没有医师资格，在社会上骗取钱财有区别，如依法判处10年以上有期徒刑，确实存在罪行不相当的问题。同意长沙市中级人民法院合议庭终审判决并报请最高人民法院核准。

最高人民法院审理后认为，被告人周某于1953年获中央人民政府卫生部颁发的医师证书，已具备了医师从业资格，并多年从事医疗活动，具有一定的医学知识和医疗技术。周某自湖南省靖县人民医院退休后，从1998年10月起从事医疗活动，虽未经注册，未取得"医疗机构执业许可证"，但不属于《中华人民共和国刑法》第336条规定的未取得医生执业资格的人。周某给被害人王某注射青霉素针剂，没有违反技术操作规范，王某因青霉素过敏而死亡系意外事件，周某不应承担刑事责任。一、二审判决定性不准，适用法律不当。依照《中华人民共和国刑法》第16条的规定，判决如下：

1.撤销湖南省长沙市中级人民法院（2001）长中刑终字第100号和湖南省长沙市天心区人民法院（2001）天刑初字第55号刑事附带民事判决。

2.宣告被告人周某无罪。

笔者认为：最高人民法院的判决是正确的，符合立法原意的。

（二）案例涉及的实体问题

1. 刑法第336条中的"医生执业资格"与执业医师法中的"执业医师资格"二者是什么关系？

2. 已经取得执业医师资格的人未向卫生行政部门注册的，未取得"医师执业证书"或者"医疗机构执业许可证"行医的，是否属于刑法第336条所规定的"非法行医"？

3. 如何理解刑法第336条中所说的"情节严重"？

（三）案例的实体分析

刑法第336条将非法行医罪的犯罪主体限定为"未取得医生执业资格的人"。目前实践中对如何理解"医生执业资格"的含义有四种不同见解：第一种观点认为，"医生执业资格"就是执业医师法中的"执业医师资格"，只要具有执业医师资格行医的，就不属于非法行医罪的主体；第二种观点认为，仅取得"执业医师资格"还不够，如果没有到卫生行政部门注册，未取得卫生行政部门颁发的"医师执业证书"就从事诊疗活动，就属于刑法打击的非法行医活动；第三种观点认为，医生执业资格不仅要求行医人员必须具有卫生行政部门颁发的"医师执业证书"，而且其执业的医疗机构还必须具有"医疗机构执业许可证"，缺任何一个要件，都属于非法行医；第四种观点认为，除同意上述第二、三种观点外，还认为医务人员在正常的工作之外，擅自从事医疗活动，如医务人员擅自离开其所在的医疗机构进行非法手术，或者超越执业许可证规定的业务范围进行诊疗活动，也属于非法行医。

我们认为，要正确把握"非法行医罪"的主体要件，首先应了解刑法增设非法行医罪的立法本意。非法行医罪是1997年刑法修订时新增加的一个罪名，主要是针对社会上一些根本不具有医学专门知识，在社会上打着治病救人的幌子，骗取钱财，侵害人民的生命健康的行为。由于这种行为首先危害的是社会上不特定众多患者的生命健康，而不是单纯违反医疗管理秩序。因此，刑法把它归入危害公共卫生的犯罪。社会上一些没有基本医疗常识的人，打着所谓"名医"、"神医"、"专治某病"的旗号，或走街串巷，或私设诊所，利用一些地方缺医少药的实际状况或者病人病急乱投医、愚昧、贪图便宜、讳疾忌医等心理，开展所谓"诊疗活动"，大肆骗取钱财。不少病人由于受骗上当，耽误了最佳治疗时间，致使病情加重无法救治而死亡，或者留下终身残疾。有的行为人由于无医疗常识、设备简陋或者无必要的应急抢救措施，导致就诊人死亡或者身体健康受到严重损害。对于这些对医术一窍不通还到处行医，危害人民群众身体健康的行为，由于1997年刑法没有作明确规定，司法机关在认定性质以及处罚上比较混乱：对于无医疗常识，纯粹以骗取钱财为目的的，多以诈骗罪论处；如果由于非法行医造成就诊人死亡或者重伤的，多按过失杀人罪、过失重伤罪追究刑事责任。鉴于这种行为的严重危害性，为适应司法实践需要，1997年修订刑法时增加了非法行医罪，它要管的主要不在于如何行医，而在于谁在行医。

刑法第336条中的"医生执业资格"与执业医师法中的"执业医师资格"（包括执业医师资格或者执业助理医师资格）是什么关系？笔者认为，从立法本意上讲，医生执业资格和执业医师资格二者并无大的不同，目的都在于保障为患者行医看病的人应当具有国家认可的专业医学知识和技术，保护人民群众的身体健康，只不过是表述不同而已。刑法第336条要打击的是未取得执业医师资格的人的非法行医活动，而1998年的执业医师法则要求医师注册进而行医的前提条件是必须取得执业医师资格，二者的目的是一致的。从增设非法行医罪的立法本意上讲，凡具有执业医师资格的人，就不属于刑法第336条非法行医罪的主体范围。

如果我们再从国家设立执业医师资格考试的目的和取得执业医师资格的方式和意义上作进一步分析，这对正确理解和适用刑法的规定会更有帮助。由于医疗是一种专业性很强的行业，医生肩负着治病救人、救死扶伤、保护人民生命健康的重大职责。国家对从事医疗职业制定了严格的资格准入制度。所谓执业资格，是指独立开业或者从事某项专业技术工作所应具有的学识、技术和能力等条件，具有法律效力。取得执业资格是国家对一个人拥有的专业学识、技术和能力的确认，它与该人目前是否从事与其取得的资格有关的工作无关，也不会因该人目前是否从事与资格有关的工作来决定其资格是否授予或者保留。当然，一个人一旦拥有执业资格，也不会轻易消失或被取消。我国执业医师法针对我国医务人员队伍的现实情况，对取得执业医师资格实行老人老办法、新人新办法的不同途径：对于执业医师法颁布之日（1998年6月26日）以前曾经取得医学专业技术职称和医学专业技术职务的人员，不论其当时是否正在从事医疗、预防、保健工作，由卫生行政部门审查认定后，不用经过医师资格考试，就授予医师资格（包括执业医师资格和执业助理医师资格）。对于执业医师法颁布以前没有取得过医学专业技术职称和医学专业技术职务的人员，在执业医师法颁布之后，要取得执业医师资格，必须参加医师资格考试。

根据卫生部《医师资格考试暂行办法》的规定，医师资格考试分为执业医师资格和执业助理医师资格考试，目的是评价申请医师资格考试者是否具备执业所必需的专业知识和技能。考试是十分严格的。考试方式分为实践技能考试和医学综合考试。医师资格考试成绩合格，取得医师资格（包括执业医师资格和执业助理医师资格），即表明国家承认其具有法律规定的从事医疗工作或开业所必需的医学知识、技术和能力。根据执业医师法的规定，凡具有执业医师资格的人，除法律规定的特殊情形外，只要向所在地县级以上人民政府卫生行政部门提出注册申请，受理申请的卫生行政部门应当自收到申请之日起30日内准予注册并发给由国务院卫生行政部门统一印制的医师执业证书。从法律规定我们不难看出，从取得执业医师资格到实际执业，只需履行注册手续，这纯属是一个行政管理手段。

在本案中，周某1953年就获得中央人民政府卫生部颁发的医师证书，从事医疗工作几十年，退休后获卫生部门颁发的个体行医执照。虽然1993年由于房屋拆迁及年老原因向长沙市医疗管理委员会申请个体诊所停业，并上交了行医执照，但周某具有的国家承认的执业医师资格，即周某具有国家承认的从事诊疗工作应当具备的医学知识、技术和能力并没有因为上交了行医执照而消失或者被取消。这就如同目前我国已经推行的律师、会计师、资产评估师资格准入制度一样，凡是通过相应的国家资格考试的人，都表明国家承认其具有从事相关专业工作的学识和技能。不论其目前是否从事或打算从事该项工作，都不影响其资格的取得。如果他想从事相关专业工作，只要履行相关手续即可。很明显，周某是具有医师执业资格的人，他不属于刑法第336条规定的非法行医罪的犯罪主体。有的同志提出，根据执业医师法的规定，国家实行医师执业注册制度。取得执业医师资格的，可以向所在地县级以上人民政府卫生行政部门申请注册；医师经注册后，可以在医疗、预防、保健机构中按照注册的执业地点、执业类别、执业范围执业，从事相应的医疗、预防、保健业务，上述事项变更的，应当到准予注册的卫生行政部门办理变更注册手续；未经医师注册取得执业证书，不得从事医师执业活动；申请个体行医的执业医师，须经注册后在医疗、预防、保健机构中执业满五年，并按照国家有关规定办理审批手续；未经批准，不得行医。行医人如果违反上述规定，难道不是"非法行医"？如果情节严重，难道不应定罪？这种观点虽有一定道理，但不完全正确。

众所周知，在我国，当我们说一个行为"非法"时，它包含了两种可能性：可能构成行政违法，也可能构成刑事违法即犯罪。"非法行医"，如果仅从这四个字的字面含义去分析，同样也包括上述两种情况。我们在分析是否构成犯罪时，应当仔细分析、区别具体的非法行医行为是构成了行政违法还是刑事违法，这也是区分罪与非罪的关键所在。不应当简单地认为，所有构成行政违法的行为，情节严重的，都构成犯罪。在我国刑法的规定中，构成犯罪的行为，在范围上要比构成行政违法的行为小得多。例如，公司法规定设立公司要登记的重要事项包括：公司名称、住所、法定代表人、注册资本、企业类型、经营范围、营业期限、有限责任公司股东或者股份有限公司发起人的姓名或者名称，并规定：对办理公司登记时虚报注册资本、提交虚假证明文件或者采取其他欺诈手段隐瞒重要事实取得公司登记的，处以罚款；情节严重的，撤销公司登记。构成犯罪的，依法追究刑事责任。但刑法在公司进行虚假登记的众多重要事项中，只把虚报注册行为规定为犯罪，定罪处罚的范围比行政处罚小了许多。又如刑法将非法吸收公众存款罪规定为"非法吸收公众存款和变相吸收公众存款，扰乱金融秩序"的行为。广义的非法吸收公众存款包括两种情况：一是行为人不具有吸收存款主体资格而吸收公众存款破坏金融秩序的行为；二是行为人具有吸收存款的主体资格，但吸收公众存款采取的方法是违法的。如有的银行为争揽储户，违反中国人民银行关于利率的规定，采用擅自提高存款利率的方式吸收存款，破坏了国家的利率政策，扰乱金融秩序。对后一种情况，商业银行法第75条规定了行政处罚，一般不作为犯罪处理。但对前一种情况，如果扰乱了金融秩序，就要作为犯罪处理。这也说明对于一个被称为"非法"的行为，行政处罚的范围与定罪处罚的范围有很大不同。

我国有十三亿多人，平均近千人才有一名医生。在缺医少药的广大农村地区，医疗保健人员更是缺乏，要找一名受过正规医学教育的医师很困难。在这种现实状况下，如果在对待非法行医问题上，将根本不具备医学知识，未取得执业医师资格的人的非法行医，与具有执业医师资格，即具有国家认可的医学知识和技术的人违反有关医政管理规定为人看病等同起来，甚至将其与具有医师执业证书的人超出执业地点、执业类别、执业范围为患者看病，都视为刑法上的"非法行医"，予以打击，不仅是十分有害的，也是不切实际的。这样做的结果，不仅会使许多医师受到刑罚处罚，而且会使本已不堪重负的医疗保健网运行更加困难。试想一下，又有多少医师在执业过程中没有遇到超越其执业地点、执业类别、执业范围来找他求医问药的患者呢？对非法行医要从法律规定的立法本意出发，作具体分析，不能望文生义，机械硬套。否则，即便是医科大学的毕业生，进行诊疗活动，都有可能被定非法行医罪。实践中此类例子并非少见。韦某毕业于白求恩医科大学，还未取得执业医师资格，分配到北戴河某医院门诊任见习医生，其负责治疗的病人在诊疗过程中死亡，公安机关以非法行医罪立案侦查。由于对此案意见不一，河北省人大2002年6月就此案向全国人大常委会法工委提出对"刑法第336条非法行医的含义"的法律询问，法工委明确答复："根据执业医师法的规定，高等学校医学专业本科毕业的人，应当在执业医师的指导下在医疗单位试用一年，才能参加国家统一考试取得执业医师资格。医科大学本科毕业，分配到医院担任见习医生,在试用期内从事相应的医疗活动,不属于非法行医。"执业医师法第39条规定:"未经批准擅自开办医疗机构行医或者非医师行医的,由县级以上人民政府卫生行政部门予以取缔,没收其违法所得及其药品、器械,并处十万元以下的罚款;对医师吊销其执业证书;给患者造成损害的,依法承担赔偿责任;构成犯罪的,依法追究刑事责任。"有的同志认为这一规定与刑法有关非法行医罪的规定显然是衔接的,以此认为刑法的非法行医罪就是指未经批准擅自开办医疗机构行医或者非医师行医。这种观点不完全正确。执业医师法第39条对未经批准擅自开办医疗机构行医或者非医师行医的法律责任规定了行政责任、民事责任和刑事责任。作为对执业医师进行管理的行政法律,对违反行政管理行为的行政处罚作非常具体的规定,而对民事责任和刑事责任的追究由于超出卫生行政部门的职权范围,规定得比较原则,是可以理解的。那么,同样是未经批准擅自开办医疗机构行医或者非医师行医的行为,给予行政处罚还是追究刑事责任的主要界线应当如何掌握?笔者认为,还是应当从刑法增设非法行医罪的立法本意出发,关键看行为人是否取得"执业医师资格"。已经具有执业医师资格的人,未经批准擅自开办医疗机构行医的,或者未向卫生行政部门注册,未领取"医师执业证书"或者"医疗机构执业许可证"就进行行医活动,只是违反了执业医师法对医师执业活动行政管理的规定,虽然从广义上讲属于非法行医,但属于行政违法行为,应当给予行政处罚;如果行为人未取得"执业医师资格"具有上述行为,情节严重,就可以以非法行医罪定罪处罚。但不论哪种情况,给患者造成损害的,都要依法承担赔偿责任。

(四)在实践中应当注意的几个问题

1. 如何理解刑法非法行医罪的"情节严重"

笔者认为,"情节严重"主要是指未取得"执业医师资格"的人非法行医经处理后仍不改正的;在非法行医过程中,造成了就诊人的死亡或者对就诊人的身体健康造成了严重损害的;由于乱医乱治,贻误病情,致使患者病情加重的;以野蛮方法医病治病的;非法行医骗取钱财数额较大的;使用伪劣药品蒙骗患者的;非法行医过程中调戏、侮辱、猥亵妇女儿童的;等等。

在本案中,周某不仅具有医师执业资格,而且在对患者注射青霉素过程中完全按照医疗操作规程,就诊人在注射青霉素后发生过敏反应,经抢救无效死亡。这种过敏反应,在医学上不常发生,但依体质不同发生在个别人身上也无法预料和避免,在法律上属意外事件。法院判决周某不承担刑事责任是正确的。

2. 将非法行医与民间"土医生"偶尔利用验方为群众治病区别开来。民间的一些"土医生"利用一些具有一定疗效的验方、偏方偶尔为群众治病,并未开诊所以此为业,不属于违法犯罪。

3. 非法行医罪与医疗事故罪的区别

首先,最大的区别在于主体资格不同,前者是不具有医疗知识的人,而后者是具有国家认可的医学知识和技术的医护人员,包括医生、护理人员、药剂人员等;其次,前者是情节犯，构成犯罪并不仅限于造成就诊人死亡或者对病人健康造成严重损害的后果，后者属于结果犯，只有造成病人死亡或者严重损害病人身体健康的后果才构成犯罪。

4. 非法行医罪与诈骗罪的区别

二者在实践中都有诈骗他人、骗取财物的事实，但前者是以为人看病的方式收取钱财，而后者则多以与看病无关的其他欺骗方式，如以花言巧语骗财。如果行为人以跳大神、念咒语等方式收敛钱财。笔者主张，以诈骗罪定罪处罚。因为跳大神、念咒语与看病毫不相干。

四、基本案例四

（一）已满14周岁不满16周岁的人伙同他人强奸妇女后迫使卖淫的应负刑事责任

【案情】 15周岁的吴某与金某（17周岁）、华某（18周岁）等人因无钱上网，遂预谋让网友林女卖淫而从中获利，林女不从，三人将林女奸淫后强迫其对他人实施了卖淫行为。公诉机关以金某、华某犯强迫卖淫罪、吴某犯强奸罪向法院提起公诉。吴某的辩护人认为：根据我国刑法第358条规定，强奸后迫使卖淫的成立强迫卖淫罪，不实行数罪并罚。已满14周岁不满16周岁的人伙同他人强奸妇女后迫使卖淫的，不负刑事责任；因为刑法第17条没有规定已满14周岁不满16周岁的人对强迫卖淫罪承担刑事责任。故吴某不应负刑事责任。

（二）案例的实体分析

辩护人的此观点是否正确呢？答案显然是不正确的。评析如下：

辩护人的观点实际上是涉及犯罪构成要件符合性的判断方法问题，《刑法》第17条第2款规定，已满14周岁不满16周岁的人应当对强奸罪承担刑事责任。而根据《刑法》第358条的规定，"强奸后迫使卖淫的"成立强迫卖淫罪，不实行数罪并罚。因此有人便进行如下推理：已满14周岁不满16周岁的人（被告人）强奸后迫使卖淫的，属于强迫卖淫；《刑法》第17条第2款没有规定已满14周岁不满16周岁的人对强迫卖淫罪承担刑事责任，所以，被告人的行为无罪。亦即是辩护人所得出的上述观点。

笔者认为这种推理存在逻辑缺陷，判断事实是否符合构成要件时，应当将构成要件作为大前提，将事实作为小前提，然后得出结论。对上述观点而言，应当采取以下判断方法：首先根据《刑法》第17条第2款确定已满14周岁不满16周岁的人对强奸罪承担刑事责任，并将强奸罪的构成要件作为大前提，然后判断已满14周岁不满面16周岁的人的行为是否符合强奸罪的构成要件。显然已满14周岁不满面16周岁的人，伙同他人强奸妇女后迫使卖淫行为中的强奸行为，符合了强奸罪的构成要件，结论当然是，应当对强奸罪承担刑事责任。

概言之，强奸后迫使卖淫行为中的强奸行为，完全符合强奸罪的构成要件，认定其构成强奸罪并不缺少任何构成事实，相反舍弃了过剩的迫使卖淫的部分。从刑法的公平正义来考虑,也应得出这一结论。如果说已满 14 周岁不满面 16 周岁的人单纯强奸妇女的,应当承担刑事责任,而他们强奸后迫使卖淫的反而不承担刑事责任,有损了刑法的公平正义性。也许有人会提出疑问:为什么已满 16 周岁的人强奸后迫使卖淫的成立强迫卖淫罪的情节加重犯,而已满 14 周岁不满 16 周岁的人强奸后迫使卖淫的成立强迫卖淫的成立强奸罪?其实答案很简单:第一,既然年龄能够影响罪与非罪,当然也可能影响此罪与彼罪。第二,认定已满 16 周岁的人强奸后迫使卖淫的成立强迫卖淫的成立强迫卖淫罪的情节加重犯,是因为评价了其全部行为;而认定已满 14 周岁不满 16 周岁的人强奸后迫使卖淫的成立强奸罪,是由于只评价了其中的强奸行为;之所以如此,是因为《刑法》第 17 条第 2 款不允许对已满 14 周岁不满 16 周岁的人评价强迫卖淫的行为。由于评价范围不一样,评价结论当然也不一样。其实,全国人大常委会法制工作委员会 2002 年 7 月 24 日《已满 14 周岁不满面 16 周岁的人承担刑事责任范围问题的答复意见》已经指出:"刑法第十七条第二款规定的八种犯罪,是指具体犯罪行为而不是具体罪名。刑法第十七条中规定的犯故意杀人、故意伤害致人重伤或者死亡,是指只要故意实施了杀人、伤害、强奸行为并且造成了致人重伤、死亡后果的,都应负刑事责任。而不是指只有犯故意杀人罪、故意伤害罪的才负刑事责任,绑架撕票的,不负刑事责任。对司法实践中出现的已满 14 周岁不满 16 周岁的人绑架人质后杀害被绑架人,拐卖妇女、儿童而故意造成被拐卖妇女、儿童重伤或死亡的行为,依据刑法都是应当追究刑事责任的。"

故辩护人的观点是不正确的。

五、巩固练习

(一)村书记的行为是否构成挪用公款罪

【案情】 一九九七年,某县老建办,某县农发行及相关部门共同对开发性项目进行调查分析、评估、论证,确认一批扶贫开发项目发放扶贫贷款,决定给某乡某村委 10 万元低息扶贫贷款,用于席草开发,同年 12 月 8 日,该村委书记文某某村主任刘某某用该村股份制山场的一块山场作抵押在农发行,取得 10 万元低息扶贫贷款。次日,文某某与刘某某将 10 万元分别以自己的名字各存 5 万元,存折由刘某某保管,此款未入该村行政账而单独做账。该款一部分支付贷款利息,评估费,村行政开支等项。另有 5 万元未经村委会讨论,文某某私自借给肖某私人买车。至今未能归还。2000 年 10 月 20 日,某农发行向债务人文某某,刘某某发催收通知书,两债务人当即声明此款项已转入该村财务账上,该村委该乡政府也分别出示此款项已被村里用去部分资金的证明。

【分析提示】

第一种意见认为:文某某利用担任村书记的职务之便,未经村委会研究讨论,私自把扶贫款 5 万元借给他人买车,至今未能归还,文某某的行为构成挪用公款罪。

第二种意见认为:文某某虽是村委会书记,但文某某刘某某所贷的扶贫款 10 万元不属于公款。两人的借款行为是文某某刘某某的个人行为,所以文某某的行为不构成挪用公款罪。

笔者同意第二种意见,理由是:(一)本案中10万元是个人借款行为,根据《中华人民共和国合同法》《中华人民共和国担保法》的有关规定,虽然是用该村股份制山场作抵押,但债务人还是文某某刘某某两人,该村委会只是承担连带归还责任。本案中文某某刘某某将10万元用于村里部分正常开支,只能认定一种与村里的借款行为。(二)本案中,从银行借款合同,银行催款通知书也可以看出,明确该贷款的债务人为文某某刘某某。因此,文某某刘某某两人的贷款行为属于个人行为,认定为该村委贷款缺乏法律依据,该贷款应由文某某刘某某负责归还。文某某借款5万元给肖某买车,属于个人行为,所以文某某不构成挪用公款罪。

(二)保险公司是否为本案刑事附带民事诉讼被告人

【案情】 被告人袁某某于2005年10月15日22时15分驾驶川Q64641二轮摩托车从某县来复镇往宜宾方向行使,当车行至206省道500米处时,将行人钟某某撞倒在地,被告人袁某某将钟送医院抢救,钟某于同月18日死亡。法医鉴定,钟某某系交通事故致颅脑损伤死亡。某县交警大队责任认定,袁某某系无证驾驶,应负事故全部责任。

另查明,被害人钟某某生于1948年7月28日,系农村居民。附带民事诉讼原告人杨某某有成年子女五人(含钟某某)。袁某某事后支付医疗费3382.28元和丧葬费6700元。当事人双方认可本案损失金额为61958元(不含已支付的医疗费)。川Q64641摩托车车主为被告人袁某某之兄袁某国,袁某国于2005年1月24日与附带民事诉讼被告人中华联合保险财产保险公司某某中心支公司(以下称"保险公司")签订保险合同,其中第三者责任险赔偿限额为20000元。保险期限自2005年1月24日零时起自2006年1月24日24时止。

【分析提示】

一种观点认为:保险公司不是本案的适格附带民事诉讼被告人,应驳回附带民事诉讼原告人对保险公司提起的诉讼。理由是本案机动车第三者责任保险属于商业保险,保险公司和机动车车主之间是合同关系,而附带民事诉讼的法律关系是侵权法律关系,不包含合同关系。因此,保险公司不能作为附带民事诉讼的被告人参与附带民事诉讼。

另一种观点认为:保险公司是本案的适格诉讼主体,应在责任保险限额内,支付赔偿保险金给附带民事诉讼原告人。理由是本案机动车第三者责任保险不是纯粹的商业保险,由于其运行实施过程中包含强制性,在当前应参照关于机动车第三者强制责任保险的规定处置。附带民事诉讼中的法律关系不但包含侵权法律关系,还应当存在其他法律关系,如雇佣法律关系、保证法律关系、管理法律关系等等,由于保险公司与肇事机动车车主之间存在第三者责任保险法律关系,依照法律规定,可以直接支付给受害的第三者,因此,附带民事诉讼原告人有权要求保险公司承担赔付保险金的义务。责任保险是指以被保险人对第三者依法应负的赔偿责任为保险标的的保险。在被保险人有责的情况下,除法定的保险人免责事实出现,保险人均应给付第三者保险金(不是支付给被保险人)。如出现不是法定而是保险合同约定的保险人免责事项,保险人可向被保险人追偿。

本案的关键在于：

第一，现行机动车第三者责任保险（以下称第三者险）的法律属性及如何处置？

1. 第三者险不是纯粹的商业性保险。商业性保险合同和强制性保险合同的最主要区别为订立的基础是否系当事人的真实意思表示，商业性法律基本特征之一是保险自愿，即是否投保、投何种保险、是否给予承保，均是当事人在自由意志下的真实意思表示，无论哪个环节，均没有外来的强制性因素。一旦某个环节不属于当事人的自由意志下的产物，也就不能成为纯粹的商业保险。第三者险尽管是以商业性保险的面目出现，但在实施中却被打上了强制保险的烙印。比如，如果机动车车主不购买该项保险，车辆不准上路行驶，年检不能通过等等。致使机动车车主不得不到保险公司进行购买，没有选择的余地。保险公司无须采用商业性推销措施便得到营业收入，这充分说明现行第三者险具有强制保险的属性。

2. 第三者险在实践中具有强制保险的法律属性，是强制保险的替代物。按照保监会《关于机动车第三者责任强制保险有关问题的通知》（保监发[2004]39号）"5月1日起，各财产保险公司暂时按照各地现行做法，采用公司现有三者险条款来履行《道交法》中强制三者险的有关规定和要求，待《条例》正式出台后，再根据相关规定进行调整，统一在全国实施。"和国务院2006年3月21日颁布的《机动车交通事故责任强制保险条例》（7月1日实施）第四十五条："机动车所有人、管理人自本条例施行之日起3个月内投保机动车交通事故责任强制保险；本条例施行前已经投保商业性机动车第三者责任保险的，保险期满，应当投保机动车交通事故责任强制保险。"可见商业性机动车第三者责任保险并不因强制保险条例的出台而退出，仍然起着替代作用。

3. 强制订立机动车车主必须投第三者险，使保险公司获得额外利益。被保险人缴纳的保费远远小于其应得的赔偿，保险公司如何获利呢？道理在于赔付率上，毕竟出现保险事故的不是大多数，在赔付一定的情况下，入保人员越多，保费越多，其赔付率越小，保险公司的利益越高。为了开拓市场，增加投保人，在商业保险市场，竞争激烈，各家保险公司均采取相应的营销手段，或进行广告和人员投入，或降低保费缴纳标准。但在强制保险中，保险费标准固定，车主必须投保，保险公司自然获得稳定的保险费来源。如果无视于强制机动车车主订立第三者险而把它作为商业性保险对待，将造成投保的时候是强制的，赔偿的时候是商业的，保险公司获得了不当利益，有违公平法则。

4. 民事理念上，第三者险应作为强制险对待。我们不得不承认这样一个事实：保险公司从机动车车主必须进行的投保中，获得了超越一般性商业保险的利益，而这个超额利益来源于法律的强制性规定。按照民法"利益之所在即为损失之所归"的理念，保险公司亦应承担强制保险的责任。

据此，第三者险虽为商业性保险，但由于实践中均是以强制险替代物出现和进行操作，保险公司应对之承担强制险的法律责任。

此外，发生交通事故后，机动车一方存在"全责"、"有责"和"无责"的三种结果，争议第三者责任险是否为强制性保险的主要原因实际在于机动车"无责"的情况下，保险公司是否还应该先行支付第三者赔偿金。如果是强制保险，则按照道路交通安全法规定"由保险公司在机动车第三者责任强制保险责任限额范围内予以赔偿"。即无论被保险人是否"有责"，保险公司均应先行赔付。而如果是商业保险，则按照保险法规定的"责任保险是指以被保险人对第三者依法应负的赔偿责任为保险标的的保险。"即被保险人有责才产生保险赔付，有多少责任赔多少钱。

而本案被保险人承担交通事故全责，受害的第三者并无过错，因此，属于"有责赔付"的范畴。

第二，如何确定附带民事诉讼被告人的范围？

1. 附带民事诉讼被告人不仅只包含共同致害人，附带民事诉讼中也并不仅只包括侵权法律关系。根据《最高人民法院关于执行<中华人民共和国刑事诉讼法>若干问题的解释》（以下称"解释"）第八十六条，附带民事诉讼被告人包含了共同侵权人、监护人、继承人、其他承担民事责任人（单位和个人，下同），此外，根据上述解释第七十三条，还包括刑事诉讼中的保证人。因此，附带民事诉讼中并不仅仅包括侵权法律关系，而包含了诸如雇佣法律关系、代理法律关系、管理法律关系、继承法律关系等等所产生的民事赔偿责任，其承担的民事责任有共同赔偿责任、连带责任、垫付责任等等。比如，在交通肇事刑事案件中，一般情况下肇事机动车车主即为附带民事诉讼被告人，虽然车主和受害人之间没有侵权法律关系，但车主是肇事机动车的所有权人而承担管理职责和赔偿义务，并不因其不是共同致害人就不参与附带民事诉讼。

2. 保险公司依法应负民事责任，属于附带民事诉讼被告人。

如前所述，第三者险并非纯粹商业性保险，应参照《道路交通安全法》第七十六条的规定予以处理。根据《保险法》第五十条，保险公司是基于法律的规定承担先行赔付的民事责任，不是基于与受害第三者有合同关系或者与被保险人的约定履行合同义务。即便在保险合同中没有约定直接支付第三者保险金，保险公司也应依照法律规定直接向受害第三者支付赔偿的保险金，以避免被保险人在未赔偿第三者之前将保险金理赔后逃之夭夭。因此，第三者险的保险公司属于上述解释中第（五）项规定的"其他对刑事被告人的犯罪行为依法应当承担民事赔偿责任的单位和个人"。受害第三者享有向肇事机动车车主投保的保险公司要求支付赔偿金的权利。受害第三者向保险公司提起附带民事诉讼，法院应当受理。

第三，肇事者机动车驾驶者无证驾驶，保险公司应否在机动车第三者责任保险限额内承担民事责任？

1. 保险公司承担的是法定责任非合同责任，合同约定不能成为免责依据。如前所述，在道路交通事故赔偿纠纷案中，作为肇事机动车第三者险承保人的保险公司在履行其赔偿义务时，是依据《道路交通安全法》第七十六条所确定的赔偿义务进行的赔偿，其属于法定义务，意在弥补因加害人的赔偿能力不足、拒绝赔偿、肇事后逃逸、赔偿时效滞后等原因可能出现的受害人求偿不能或不能充分求偿的客观风险而作出的法定救济。因此，第三者险是确保因被保险人的致害行为而受害的第三人能够得到切实有效的赔偿,即为被保险人以外的第三人的利益而存在。因而除了法律规定的免责事项,保险人和被保险人在保险合同中约定的免责事由对受害人不具有约束力,保险公司与肇事车辆投保人所签订的合同,依据合同的相对性原则,只能约束合同当事人双方。保险人不得依据其与被保险人约定的免责事由对抗受害人。(参见《中国平安财产保险股份有限公司、刘伟林、黎丽兴与被上诉人霍海球、梁国华交通事故上诉案》广东省佛山市中级人民法院(2005)佛中法民一终字第815号民事判决书。)

2. 两可之间,民法保护弱者理念决定应倾向于无辜受害的第三者。在赔与不赔的理由势均力敌,彼此无法说服的时候,法律的天平应当倾向于保护弱者。保险公司作为商业利益团体,能从现行第三者险中获取超越一般性商业保险利益,应当承担相应的社会责任。肇事机动车毕竟缴纳了保险费,而无辜受害的第三者,如果因为被保险人的过失不能获得赔偿,于情于理于法不通。国务院已经颁布2006年7月1日生效的《机动车交通事故责任强制保险条例》第二十二条第一款(一)项也确立了保险公司在机动车驾驶人无证驾驶等肇事后的垫付责任。只有让保险公司先行赔付受害第三者后,依据保险合同向被保险人追偿,才能从利益责任上得到平衡,以贯彻民法所独有的慈悲情怀。

第四,案件涉及的相关法规:

1.《最高人民法院关于执行<中华人民共和国刑事诉讼法>若干问题的解释》第八十六条:附带民事诉讼中依法负有赔偿责任的人包括:(一)刑事被告人(公民、法人和其他组织)及没有被追究刑事责任的其他共同致害人;(二)未成年刑事被告人的监护人;(三)已被执行死刑的罪犯的遗产继承人;(四)共同犯罪案件中,案件审结前已死亡的被告人的遗产继承人;(五)其他对刑事被告人的犯罪行为依法应当承担民事赔偿责任的单位和个人。

2.《最高人民法院关于执行<中华人民共和国刑事诉讼法>若干问题的解释》第七十三条:根据案件事实,认为已经构成犯罪的被告人在取保候审期间逃匿的,如果保证人与该被告人串通,协助其逃匿以及明知藏匿地点而拒绝向司法机关提供的,对保证人应当依照刑法有关规定追究刑事责任。具有前款规定情形的,如果取保候审的被告人同时也是附带民事诉讼的被告人,保证人还应当承担连带赔偿责任,但应当以其保证前附带民事诉讼原告人提起的诉讼请求数额为限。

3.《道路交通安全法》第七十六条:机动车发生交通事故造成人身伤亡、财产损失的,由保险公司在机动车第三者责任强制保险责任限额范围内予以赔偿。

4.《保险法》第五十条:保险人对责任保险的被保险人给第三者造成的损害,可以依照法律的规定或者合同的约定,直接向该第三者赔偿保险金。

5.《保险法》第二十二条:有下列情形之一的,保险公司在机动车交通事故责任强制保险责任限额范围内垫付抢救费用,并有权向致害人追偿:(一)驾驶人未取得驾驶资格或者醉酒的;(二)被保险机动车被盗抢期间肇事的;(三)被保险人故意制造道路交通事故的。

（三）为单位谋取利益私放罪犯如何定性

【案情】 犯罪嫌疑人李某，某市安溪派出所所长；

犯罪嫌疑人王某，某市安溪派出所副所长。

2005年9月5日晚，以董某为首的七人盗窃团伙到安溪某地盗窃输油管道中的原油，在返回途中，被巡线人员发现，双方发生厮打，后巡线人员报警，输油管理处的人员随后赶到现场，董某弃车逃跑，被管理处的人员抓获，其他同案犯在逃。安溪派出所由于出警迟延没有发现犯罪分子，无功而返。第二日，输油管理处的人将董某扭送至安溪派出所，安溪派出所所长李某、副所长王某二人单独审讯董某，要挟董某交10万元就放人，否则因其涉嫌重大盗窃团伙犯罪要移交刑警队处理。董某无奈，只好通知家属交钱，李某安排王某给董某作了一份打架的材料后将其放走。李某、王某随后将该10万元用于偿还安溪派出所的贷款以及派出所的日常开销。而董某又伙同他人疯狂作案20起，造成直接经济损失40余万元，2006年3月，董某因发生交通肇事，造成5人死亡2人重伤的严重后果，被依法逮捕。

【争论观点】

第一种观点认为，李某、王某的行为构成徇私舞弊不移交刑事案件罪。李某、王某置法律规定于不顾，徇私情，贪图个人私利，对于应当追究刑事责任的案件只是作为行政违法案件处理，"以罚代刑"，没有及时移交刑警队处理，致使犯罪分子董某逃脱法网，没有受到应有的刑事制裁，依法构成徇私舞弊不移交刑事案件罪。

第二种观点认为，李某、王某的行为构成徇私枉法罪。李某、王某身为司法工作人员，肩负惩治犯罪、保护人民的神圣使命，却为了谋取私利，违背事实和法律，在追诉活动中作枉法决定，明知董某涉嫌重大盗窃团伙犯罪，应当依法移交刑警队立案侦查而私自决定不立案侦查，私自放走，致使董某又重新犯罪，造成恶劣的社会影响，依法构成徇私枉法罪。

第三种观点认为，李某、王某的行为构成单位受贿罪。理由在于李某、王某身为安溪派出所的所长、副所长，为了给单位谋取利益，在明知被抓获扭送的董某盗窃输油管道中的原油涉嫌重大团伙犯罪，应依法移交刑警队处理的情况下，利用职务之便，共谋采取要挟的手段，强行向董某索取人民币10万元后，将其私自放走，致使该犯罪团伙没有及时被抓获归案，放纵了犯罪，依法构成单位受贿罪。

笔者同意第三种观点，李某、王某的行为构成单位受贿罪。所谓单位受贿罪是指国家机关、国有公司、企业、事业单位、人民团体，索取、非法收受他人财物，为他人谋取利益，情节严重的行为。该罪侵犯的客体是国家机关、国有公司、企业、事业单位、人民团体的正常工作秩序和国家的廉政建设制度。客观方面表现为索取他人财物或者非法收受他人财物，为他人谋取利益，且情节严重的行为。主体为特殊主体，限于国家机关、国有公司、企业、事业单位、人民团体。主观方面由故意构成，即经单位决策机构授权和同意，由其直接负责的主管人员和直接责任人员故意收受或者索取贿赂表现出来的。本案中，以董某为首的七人盗窃团伙盗窃输油管道中的原油，其行为性质恶劣，属于破坏易燃易爆设备，构成重大盗窃团伙犯罪，依法应当移交刑警队立案侦查。而李某、王某身为单位的主管人员和直接责任人员，为了给单位多创收，置法律于不顾，利用职务上的便利，共谋采取要挟的手段，强行向董某索取人民币10万元后，将其私自放走，致使该犯罪团伙没有及时被抓获归案，放纵了犯罪。董某又伙同他人疯狂作案20起，造成直接经济损失40余万元，后因发生交通肇事，造成5人死亡2人重伤的严重后果，被依法逮捕。其行为触犯了《中华人民共和国刑法》第三百八十七条之规定，应依单位受贿罪追究其刑事责任。

同时，本案并不构成徇私舞弊不移交刑事案件罪。因为徇私舞弊不移交刑事案件罪是行政执法人员贪图个人私利，对于应当追究刑事责任的案件只是作为行政违法案件处理，使犯罪分子没有受到应有的刑事制裁。而本案中，李某、王某作为安溪派出所的所长、副所长，属于司法工作人员，而不是行政执法人员，并不符合徇私舞弊不移交刑事案件罪的主体要件，所以不构成徇私舞弊不移交刑事案件罪。另外，根据2003年11月13日《全国法院审理经济犯罪案件工作座谈会纪要》的规定，徇私舞弊型渎职犯罪的"徇私"应当理解为徇个人私情、私利，不包括小团体利益。本案中，李某、王某受贿所得的赃款并没有谋取私利，而是用于偿还安溪派出所的贷款以及派出所的日常开支，所以本案也不构成徇私枉法罪。

第二节　犯罪主观方面的实训

一、基本案例一

（一）驾驶农用车致人重伤构成交通肇事还是过失致人重伤罪

【案情】　2006年3月12日下午，外地人刘某持证驾驶农用三轮运输车在小区流动兜售苹果，买主徐某认为上午向其购买的苹果有质量问题，要求退货，而刘某认为苹果没有问题，双方为此发生争吵。刘某因在当地销售苹果已久，怕引起更多退货，为摆脱徐某的纠缠，刘某发动三轮农用车意欲离开，徐某即用手抓住农用运输车的车把要求其停车处理，刘某慢速行驶一段距离后，见徐某仍抓住车把不放，为甩开徐某而加速行驶，致徐某倒地受伤后造成右耳廓严重撕裂、右侧第5、6肋骨骨折伴右侧液气胸、呼吸困难。经如皋市公安局法医鉴定，徐某的伤情属重伤。刘某驾车逃逸，后被追赶的群众抓获。

法院在审理此案时，对被告人刘某的行为如何定性产生分歧，有以下几种不同的观点：

第一种观点认为，刘某的行为构成交通肇事罪。主要理由是：刘某是农用三轮车的驾驶员，持证驾车，在徐某抓住农用运输车的车把时，明知自己加速行驶的行为，可能会造成危害他人安全，仍继续加速行驶，致徐某倒地摔成重伤，且肇事逃逸，根据最高人民法院《关于审理交通肇事刑事案件具体应用法律若干问题的解释》第二条第二款，刘某的行为构成交通肇事罪。

第二种观点认为，刘某的行为构成故意伤害罪。主要理由是：被告人刘某在徐某抓住行驶中的农用车车把时，作为有一定经验的驾驶员，明知农用运输车加速行驶可能会造成他人受伤的后果，而故意加大油门加速行驶，主观上对这一后果采取了放任的态度，并且在受害人徐某倒地后仍驶离现场，最终造成徐某重伤的严重后果，其行为完全符合故意伤害罪的构成要件。

第三种观点认为，刘某的行为构成过失致人重伤罪。因其驾车逃离的原因仅是为了尽快摆脱受害人徐某的纠缠。虽然刘某在受害人徐某抓住车把后，加速向前行驶时，应当预见自己的农用车高速行驶可能会产生伤害徐某身体健康的后果，但其轻信加速时徐某会主动避让，可能不会产生危害结果，主观上属于过失，且刘某的这种过失伤害行为仅针对徐某这一特定的人，故本案应认定为过失致人重伤罪。

（二）案例的实体分析

要对本案被告人刘某进行正确定罪量刑，首先应当区分交通肇事、故意伤害及过失致人重伤这三种犯罪行为的异同点：

交通肇事与过失致人重伤在主观上均表现为过失，包括疏忽大意的过失和过于自信的过失，客观上也造成了致人重伤的后果，但交通肇事侵犯的客体是公共安全，对象是不特定的，而过失致人重伤侵犯的是公民人身权利，侵害对象是具体的人。就故意伤害与过失致人重伤而言，它们客观上都有致人重伤的后果，但二者在主观方面完全不同，故意伤害是故意伤害他人身体的行为，行为人对伤害的结果是出于故意，包括直接故意和间接故意。而过失致人重伤罪是过失伤害他人身体，致人重伤，行为人主观上只对重伤结果有过失，并无伤害的故意。也就是说行为人应当预见自己的行为可能会发生被害人重伤的结果，由于疏忽大意而没有预见，或者已经预见而轻信能够避免，以致发生被害人重伤的结果。

在间接故意与过于自信的过失方面，二者对危害结果的发生所抱的心理态度不同，间接故意是行为人对危害结果的发生抱放任态度，而过于自信的过失，行为人并不希望危害结果的发生，发生结果是违背主观意愿，出乎意料。且过于自信过失的行为人对危害结果可能不发生是有一定主客观条件为依据，误认为凭这些条件完全可以避免发生危害结果，而间接故意没有任何主客观条件作依据，完全是凭侥幸心理。

通过以上分析，再结合本案的具体情况，不难看出，虽然被告人刘某作为一名驾驶员，在被害人徐某抓住农用车车把后仍加速行驶，置徐某的人身安全于不顾，违反了交通安全管理法规，客观上也造成了被害人徐某重伤的事实，且在徐某受伤后，被告人刘某对此置之不理，继续驾车驶离现场，但本案的侵害对象是针对徐某这一特定的对象，而非不特定的多数人。亦即是在特定的事件中针对特定人而发生的伤害。故本案不应认定为交通肇事罪。因此，本案的关键应考察被告人刘某对徐某重伤的后果是持放任态度，还是轻信能够避免，即刘某对徐某有无伤害的故意。

首先，刘某不具有伤害徐某的目的和动机，因为刘某与徐某之间仅是一种买卖关系，互相素不相识，更无恩怨，徐某只是认为其所购买刘某的苹果有质量问题，才找到刘某要求退货的,而刘某是因为在当地销售苹果已久,担心徐某退货后,会引起更多退货,刘某发动农用运输车是为了尽快离开现场,以摆脱徐某的纠缠,其主观上并不希望发生,甚至反对发生伤害徐某的结果,而是相信徐某会主动放开抓住车把的手,完全可以避免或不会发生伤害结果。

其次,从主客观条件依据上看。第一,刘某识字不多,一人在外漂流经营,人生地疏,心理上蕴藏着不安全感,遇有纠纷时把逃跑作为第一选择,符合该特种行业人的主观心理状态。第二,刘某驾驶的农用三轮车,已经陈旧,车况差,最高时速不超过三十公里,提速慢,该车性能决定其瞬间加速度小,这种车况是导致被告人刘某作出能避免发生伤害结果的客观依据之一。所以我们完全有理由相信,刘某是轻信其行为不会致徐某受伤,而非凭侥幸心理放任该结果的发生。

综上所述,被告人刘某对徐某的伤害结果,主观上是过失,而且这种过失,有符合逻辑的主客观条件为依据。所以笔者同意第三个观点,即认定被告人刘某的行为构成过失致人重伤罪较为恰当。

二、基本案例二

(一)明知被强迫卖淫而嫖宿的应构强奸罪

【案情】 张某与李某经营一休闲场所,二人强迫新来的服务员小王卖淫,但王不肯。一日,嫖客周某到该休闲场所嫖娼,张某收取了周某嫖资200元后,让小王接客。在包厢中,小王向嫖客周某言明自己不卖淫,是被老板强迫的,拒绝与周某发生性行为。周即离开包间找张某和李某,说小姐不同意,要求退回嫖资。张、李二人一听大怒,遂进入包厢对小王拳打脚踢,并将其衣服扒掉,然后出来对周某说,已经同意了。周某便进入包厢对小王说,"这不能怪我噢",遂与小王发生了性行为。事后,小王向公安机关报案而案发。

(二)案例的实体分析

本案在处理中,对张某与李某构成强迫卖淫罪没有异议,但对周某是否构成犯罪,却产生了较大的分歧。一种意见认为周某构成强奸罪。理由是:周某明知小王不是卖淫女,且不同意与其发生性行为,又明知小王是被他人强迫,仍与小王发生性行为,故其违背了妇女意志,侵害了妇女性的不可侵犯的权利,应按强奸罪处理。另一种意见认为周某的行为仍然是嫖娼行为,仅违反了治安管理处罚条例,应受到行政处罚,其行为不构成犯罪。

首先,从本案来看周某的行为符合我国刑法规定的强奸罪的构成要件。周某一开始从主观上是去嫖娼的,没有强奸的故意。但在周某在嫖宿小王时,小王明确表示其不是卖淫的,是老板强迫的,周出来找其老板退资,老板二人对小王拳打脚踢后对周某说:"已经同意了",周某说:"不能怪我噢"。遂与小王发生性关系。从这一情节表述中可以看出小王的同意是被打过后同意的,周某是一个心智健全的人,应当知道小王是被暴力胁迫下的同意,而不是小王内心真实意思的表示。因此周某有强行的故意。

再者，如果小王不同意与周某发生性关系，则小王还要被打。周某就是利用小王怕被老板再打的心理，达到与小王发生性关系的目的。这正是刑法上所说的使用"其他手段"。这种其他手段是周某利用老板二人使用暴力给小王所带来的震慑作用。因此老板张、李二人在强迫卖淫罪中的暴力行为给被害人小王所带来的威胁，使得周某强奸顺利得逞。这个观点并不违反刑法上的"一行为一评价"的原则，张、李二人使用暴力是为了通过小王的性来获取非法收入，刑法评价这一行为是强迫卖淫罪，而周某则利用张、李二人的暴力去获得小王的性，刑法评价的是周某的利用心理，而非仅仅是张、李二人的暴力行为。正是这种利用心理，成为周某行使强奸的"其他手段"。完成符合刑法"一行为一评价"的原则。因此笔者同意第一种观点。

另外，周某的行为明显违背妇女的意志，侵犯了妇女性的不可侵犯性。笔者认为，妇女的性行为和性意愿归属于自己，而与场所或环境没有任何关系。即使张、李二人用暴力改变了小王的性意愿，但周某此时是明知小王性意愿不是本意，而与之发生性关系，就是违背妇女意志，形成了强奸罪的构成要件，除非周某不知小王是被迫的。如果小王在见到周某之前，已被张李二人痛打过后，见到周某后不敢言语自己是被迫的，而与周某发生性关系，虽违背小王的意愿，但周某不应以强奸罪论处。

最后，刑法目的是保护合法权益，保护的主要方法是禁止和惩罚侵犯合法权益的犯罪行为。那么不论是被强迫卖淫的还是真正的卖淫女，她们都有属于自己的人身权利，她们有权不让自己合法人身权利受到侵犯。即使嫖客付了嫖资，若卖淫女不同意与之发生性关系，嫖客也不能强行与之发生性关系，否则仍应以强奸罪论处。因为性是不能成为民法上买卖或交易的标的物的。更不能在其上设立他人的所有权。因此张、李二人不能是小王性的"非法经营者"，而周某更不可能是其"顾客"。设想如果明知强迫卖淫而嫖宿的不以强奸论处，那么在某些特定的场合，嫖客们可以不顾被强迫卖淫妇女的哀求对她们恣意的为所欲为，任意践踏她们性的尊严而不负任何刑事责任。这样不仅放纵了犯罪，不能起到保护公民的合法权益，而且与刑法的立法的初衷相违背。

三、基本案例三

（一）从一则案例看贷款诈骗与正常贷款的区别

【要点提示】

现实生活中，很多贷款行为介乎诈骗和合法贷款行为之间，如何正确识别是我们判断罪与非罪的关键。本案就公诉机关指控的李军贷款行为的性质进行了区分，从而简要阐述了贷款诈骗行为与正常贷款行为的区别判定和贷款诈骗犯罪的罪数认定。

【案例索引】

一审法院及判决书编号：江苏省宿迁市宿城区人民法院（2005）宿城刑初字第00146号

裁判日期：2005年6月13日

二审法院及判决书编号：江苏省宿迁市中级人民法院（2005）宿中刑二终字第27号

裁判日期：2005年8月5日

【案情】

公诉机关：江苏省宿迁市宿城区人民检察院。

被告人李军、谢洪平、刘立丰。

公诉机关指控称：

一、贷款诈骗、伪造事业单位印章事实

1. 2003年5月份，被告人李军在负债数万元的情况下，仍欲购买轿车，为此向中国农业银行宿迁市城中支行申请消费贷款14万元。为取得贷款，李军请赵增超到保险公司为其做车辆抵押合同担保人，赵增超不同意，李军就与被告人谢洪平请被告人刘立丰伪造了一个"江苏泗阳闸站管理所专用章"印章，并让谢洪平写了一份赵增超的收入证明，盖上此章后送交中国人民保险公司宿迁分公司，后谢洪平又冒充赵增超到保险公司在承诺书、调查笔录、担保协议上签名捺印，骗取了保险公司的信任。6月4日，李军与中国农行宿迁市城中支行及中国人民保险公司宿迁分公司签订《消费贷款履约保险合同》，并于同日向农行宿迁市城中支行借款14万元，到2004年2月份，李军共还本金28962.28元。因无力偿还下余本金111037.72元，李军潜逃他乡，在潜逃过程中将所购的帕萨特轿车抵押给他人，并将所得抵押款4万元挥霍。

2. 2003年8月7日，被告人李军以购原料为名，使用假身份证，以本人为借款人，以陈德志、李驰为担保人，在泗阳县众兴信用社借款2万元贷款被李军使用，后由陈德志归还。

3. 2003年10月11日，被告人李军以做生意为名，使用假身份证，以本人为借款人，以吉锋、葛辉为担保人，在泗阳县王集信用社借款2万元，贷款被李军使用，至今未归还。

二、伪造公司印章事实

2001年上半年，李军欲将自己的土产公司集资房转让给他人，为了写产权转让证明，李军到泗阳县邮电局门口一个体刻章处，花100元钱让人刻了一枚"泗阳县土产杂品公司"印章。

三、伪造国家机关印章事实、伪造居民身份证事实

2002年7月份左右，被告人李军为了换领驾驶证，在淮安市区通过刻章制证小广告，找人伪造了"城西派出所"印章一枚及其本人和朱权的假身份证各一个。

宿迁市宿城区人民检察院以被告人李军犯贷款诈骗罪、伪造国家机关印章罪、伪造公司印章罪、伪造居民身份证罪；被告人谢洪平犯贷款诈骗罪、伪造事业单位印章罪；被告人刘立丰犯伪造事业单位印章罪向宿迁市宿城区人民法院提起公诉。

【审判】

宿迁市宿城区人民法院审理认为，对公诉机关指控的2003年8月7日和2003年10月11日被告人李军犯有贷款诈骗事实，经查明有被告人李军供述、借款合同、泗阳县众兴

信用社证明、泗阳县王集信用社证明等证据证实该两起事实存在，但两起贷款中被告人李军自己作为借款人并提供了合法担保人，2003年8月7日的贷款已由其担保人归还，2003年10月11日的贷款至被告人李军被采取强制措施时尚未到期且发贷方已依法起诉担保人，故指控被告人李军对该两起贷款存在诈骗故意和行为理由不足，公诉机关指控不当，应予纠正。对其他指控事实清楚证据确实充分，应予支持。宿迁市宿城区人民法院认为，被告人李军以非法占有为目的，虚构事实隐瞒真相骗取贷款数额巨大，其行为已构成贷款诈骗罪；其伪造伪造公司印章、国家机关印章、居民身份证的行为已构成伪造国家机关印章罪、伪造公司印章罪、伪造居民身份证罪。被告人谢洪平在被告人李军贷款诈骗犯罪中提供帮助，其行为已构成贷款诈骗罪。被告人刘立丰伪造事业单位印章的行为已构成伪造事业单位印章罪。公诉机关指控三被告人上述罪名成立，予以支持。对被告人谢洪平的辩护人提出被告人谢洪平不构成伪造事业单位印章罪的意见，因被告人谢洪平参与伪造印章行为是贷款诈骗的牵连行为，不应另行单独成罪，辩护人的意见有法律依据，予以采纳。在贷款诈骗犯罪中，被告人李军起主要作用，是主犯；被告人谢洪平起辅助、次要作用，是从犯，依法减轻处罚。被告人李军一人犯数罪，依法应数罪并罚。依照《中华人民共和国刑法》第一百九十三条、第二百八十条、第二十五条第一款、第二十六条、第二十七条、第六十四条、第六十九条、第七十二条、第七十三条第二、三款的规定，于2005年6月13日作出如下判决：

被告人李军犯贷款诈骗罪，判处有期徒刑六年，并处罚金人民币10万元；犯伪造公司印章罪，判处有期徒刑六个月；犯伪造国家机关印章罪，判处有期徒刑六个月；犯伪造居民身份证罪，判处有期徒刑六个月。决定执行有期徒刑六年六个月，并处罚金人民币10万元。

被告人谢洪平犯贷款诈骗罪，判处有期徒刑三年，缓刑四年，并处罚金人民币5万元。

被告人刘立丰犯伪造事业单位印章罪，判处拘役三个月。

宣判后被告人李军上诉称：其没有诈骗故意，也没有非法占有目的，不构成贷款诈骗罪。其辩护人认为李军主观上没有诈骗故意，客观上行为是为欺骗保险公司而不是诈骗贷款，故不构成贷款诈骗罪。

江苏省宿迁市中级人民法院审查认为：原审江苏省宿迁市宿城区人民法院认定上诉人及原审各被告人各自犯罪定罪准确、量刑适当、审判程序合法，原判应予维持。对李军及其辩护人提出李军没有诈骗故意，经查，上诉人李军之目的是为了取得贷款，为实现该目的，而提供伪造虚假的证明材料，可见其主观上是积极追求该结果实现的，因此完全属于故意骗取，故该意见不能成立。对李军辩护人提出客观上李军的行为是为欺骗保险而不是诈骗贷款，经查，李军欺骗保险公司目的是为其取得消费贷款提供保险担保，是其骗取贷款的方法和手段，此辩护意见不予采纳。据此依照《中华人民共和国刑事诉讼法》第一百八十九条第（一）项，于2005年8月5日作出裁定：

驳回上诉，维持原判。

（二）案例的实体分析

本案最终的处理改变了公诉机关的部分指控罪名和事实。主要涉及两个问题：贷款诈骗行为与正常贷款行为的区别判定和贷款诈骗犯罪的罪数认定。

贷款诈骗行为和正常贷款行为都发生在贷款过程中，都存在丧失还本付息的可能。因此需要我们较为明确地区分两者，判定罪与非罪。贷款诈骗与正常贷款最重要的区分在于行为人主观上是否具有占有贷款的目的。笔者认为可从三方面判定：行为人贷款时的偿还能力；贷款使用用途；归还贷款的态度行为。行为人明知自己没有偿还能力仍大量贷款，贷款后用于挥霍、犯罪活动甚至逃跑、隐匿，贷款到期后不积极筹资还贷，可以认定具有非法占有贷款的目的。非法占有贷款目的时间应在贷款整个过程，即可以产生于申请贷款时也可以产生于归还贷款时。行为人采取欺诈手段贷款时可能并无占有目的，但贷款挥霍后逃避还贷的，同样可以认定主观具有非法占有目的。依据上述标准，本案中公诉机关指控李军第1起贷款诈骗事实自能认定，但第2、3起事实中，李军贷款时无欺诈行为，且提供了合法担保人，若仅以其最终未能自己归还贷款来认定犯有贷款诈骗罪，理由显然不充分，是客观定罪，因此一审法院将该两起贷款认定为正常贷款，未认定为犯罪行为是正确的。

贷款的发放都要经过复杂的程序，因此行为人要骗得贷款，往往要实施伪造相关文件、印章等行为。根据我国刑法规定，这些诈骗贷款的先行行为会构成相关犯罪。但这些行为不是行为人实施犯罪的最终目的。行为人实施犯罪的根本目的是骗得贷款，这些先行行为都是为达到这一根本目的服务的，属于手段行为，构成牵连犯，应当根据处罚牵连犯的原则，以贷款诈骗罪与先行行为构成的罪名择一从重处罚，而不应数罪并罚。本案中李军、谢洪平让刘立丰伪造事业单位印章行为是为了骗取贷款，三人在伪造事业单位印章罪中是共同犯罪，但李军、谢洪平同时构成贷款诈骗罪，故两人就应在贷款诈骗罪与伪造事业单位印章罪中从一重罪处罚，而刘立丰因不构成贷款诈骗罪，则应对伪造事业单位印章罪承担罪责。公诉机关指控谢洪平犯有数罪不当，一审法院未予支持该指控是准确的。

四、巩固练习

（一）从本案看无重婚故意是否构成重婚罪

【案情】 被告人李某（文盲）于1994年8月与蒋某领取结婚证，婚后不久李某因故不与蒋某共同生活，离开蒋家外出。李某回来后听说蒋某已与其办理离婚手续。2003年11月李某准备与金某结婚，金某询问李某是否已与蒋某办理离婚手续，李某托朋友葛某到蒋某家探问是否真正办理离婚手续被告知确实已办理离婚手续，李某将此情况告诉金某，并与金某于2003年领取了结婚证。后金某与李某感情不和，提出离婚，被法院判决不许离婚，金某遂提起自诉要求追究被告人李某重婚罪。

【审判】 泗阳县人民法院经审理认为：我国实行一夫一妻法律制度，有配偶者又与他人结婚，或明知他人有配偶而与之结婚的，构成重婚罪。认定重婚罪，不但要求重婚者有重婚的事实，且要求具有重婚的故意。被告人李某与蒋某领取结婚证后即使未办理离婚手续，又与金某登记结婚，形成了双重婚姻。但被告人李某在与金某结婚前为了验证其与蒋某的婚姻是否解除，托人到蒋家询问，在被告知已离婚的情况下，才与自诉人金某领取结婚证，被告人李某没有重婚的故意，其行为不构成重婚罪。故判决被告人李某无罪。

宣判后，自诉人金某、被告人李某均未提出上诉。该判决已经发生法律效力。

【评析】 本案在审理过程中有两种观点：一种意见认为，被告人李某没有提供证据证实其在与金某办理结婚证前已经与蒋某办理了离婚手续，其又与金某登记结婚，其是在婚姻关系存续期间又与他人结婚，其形成双重婚姻，其行为已构成重婚罪。另一种意见认为，李某虽然在没有与蒋某办理离婚手续前又与金某结婚，其实施了重婚行为，但其在与金某结婚前，认为自己已经与蒋某离婚，并托人到蒋家核实，在得到蒋家明确告之已与其办理了离婚手续，才与金某结婚，其没有重婚的故意，其行为不构成重婚罪。

笔者同意第二种观点。本案的关键在于重婚罪的认定和重婚行为的界定并不等同。

一、重婚行为的界定。重婚从字面上看就是具有双重婚姻。我国《刑法》第258条规定：有配偶而重婚的，或者明知他人有配偶而与之结婚的，处二年以下有期徒刑或者拘役。最高院在1994年批复中指出：新的《婚姻登记管理条例》发布施行后，有配偶的人与他人以夫妻名义同居生活的，仍应按重婚定罪量刑。结合我国刑法及相关司法解释，重婚是指有配偶者又与他人结婚，或者明知他人有配偶而与其结婚的，通常包括四种情况：一是有配偶者再次结婚；二是有配偶者与他人以夫妻名义同居，且周围群众认为他们是夫妻；三是明知他人有配偶仍与之结婚；四是明知他人有配偶仍以夫妻名义与之同居，且周围邻居认为他们是夫妻关系。

二、重婚罪的认定。刑法对于重婚罪的认定，不但要求重婚者有重婚的行为和事实，且要求具有重婚的故意。本案中，被告人李某没有提供证据证实其在与金某办理结婚证前已经与蒋某办理了离婚手续，且法院经调查也未查到任何有关李某与蒋某办理了离婚手续的事实，其是在有配偶的前提下，又与他人结婚。从主体上讲，李某符合重婚罪主体要件即"有配偶"，"有配偶"是指一方当事人已经存在婚姻关系，且前一婚姻关系还处在存续期间，李某与蒋某并未办理离婚手续，仍属婚姻关系存续期间；从客观上讲，被告人李某实施了重婚行为，其在未与蒋某办理离婚手续前又与金某登记结婚；从客体上讲，其行为侵害了一夫一妻的家庭婚姻制度，从表面上看其行为符合重婚罪的犯罪构成。

但是，从主观来说，本案中，被告人李某没有重婚的故意，因为被告人李某在与金某结婚前为了验证其与蒋某的婚姻是否解除，托人到蒋家询问，在蒋家告知已离婚的情况下，其出于认为已经与蒋某离婚才与金某领取结婚证；同时，李某是一位农村妇女，其没有文化，其没有了解离婚程序和需要办理手续的认知能力，否则其也不可能通过托人到蒋家询问的程序来了解蒋某是否与自己办理了离婚手续，其是基于合理根据相信自己已与蒋某办理离婚手续才与金某登记结婚；另外，本案中李某的行为并未造成严重的社会危害性，因为李某在蒋家生活不久即外出，后一直没有与蒋某共同生活，蒋某也认为自己已经与李某离婚，李某的行为并没有给社会或他人造成严重危害。故虽然被告人李某实施了重婚行为，但其本身没有重婚的故意，其行为并没有构成重婚罪。

（二）该案是定过失致人死亡还是意外事件

【案情】 2005年11月17日14时许，陈某驾车回家路经"红卫桥"路段时，遇其父与李某（男，78岁）在公路旁为填土方补偿青苗费问题发生争吵，遂下车与李某争执。争吵中陈某用手由下往上、由里往外的方向一甩，将正站在土坡边缘的李某摔倒，李某滚至半坡处爬起后至坡下拿起一把锄头，从小路绕至公路上欲砸陈某被人拦住，双方继续争执。在争执中，李某突然栽倒在地，陈某见状叫人将李某送往医院，经抢救无效李某于当日下午死亡。经法医鉴定，李某由于情绪激动、轻微外力作用等因素诱发冠心病骤发致急性心力衰竭死亡。

【分歧意见】 在审理中，对该案的定性存在两种意见：

第一种意见认为，陈某面对高龄的李某，应当预见自己对李某的一甩手之行为，可能导致李某摔倒而产生损害李某身体的后果，因为疏忽大意没有预见，加上介入其他因素，致使李某诱发冠心病骤发致急性心力衰竭死亡，其行为构成过失致人死亡罪。

第二种意见认为，李某冠心病骤发死亡属于刑法上的意外事件，陈某的行为不构成犯罪。理由是：陈某作为一个普通人，没有义务也不可能预见李某生前患有陈旧性室壁瘤、冠状动脉粥样硬化心脏疾病，也不能预见由于自己一甩手的轻微外力会诱发李某冠心病骤发死亡的后果，主观上没有过失；陈某甩倒李某的行为与李某冠心病骤发死亡的结果有一定的联系，但陈某甩手行为对李某死亡结果的发生不是起直接的决定性作用，因此，其行为与李某死亡的后果没有刑法上的因果关系。

【评析】 笔者同意第二种意见。理由如下：

意外致死事件，是指行为人的行为在客观上虽然造成了他人死亡结果，但这种死亡结果的造成并不是出于故意或者过失，而是由于不能预见的原因所引起的情形，其本质上是缺乏预见而又不能预见。意外事件与疏忽大意的过失致人死亡罪有极大相似性，但在刑事责任的承担上却是有罪无罪之分。两者的区别主要在主观内容上。意外事件的行为人主观内容是既不明知，也不具有应知的义务。而疏忽大意的主观内容，则是"应当预见到自己的行为可能导致他人死亡的结果，但是因疏忽大意而没有预见。"换言之，疏忽大意过失的认识要求就是"有能力、有义务预见而未预见"，意外事件的认识方面是"无能力也无义务预见"。由此可见，区别两者的关键在以下两点：一是有无能力预见，指行为主体是否具有认识发生危害结果的能力；二是有无预见的义务，指行为人有义务认识并避免危害社会的结果。

对于行为人是否具有对自己的行为可能造成他人死亡结果的预见能力的判断，目前，我国刑法理论界大多数学者均认为，确定行为人认识能力的标准，只能是综合行为人的主观能力和行为时的具体条件分析判断，即以行为人行为时的实际认识能力为标准，也就是说不应再以行为人平时的认识能力来进行评判。具体地说,就是不仅要分析行为人本身的生理状况、身体状况、实践经验、业务技术水平、智力水平、专业知识、生活习惯等;而且要分析行为时的客观条件,如行为的时间、地点、环境、行为手段、行为对象等。

"能够预见"只是疏忽大意过失致人死亡罪的成立的条件,还不是关键所在,它还要具备行为人是否"应当预见",即有无预见的义务。如果行为人不应当预见,那么他没有预见行为造成了危害社会的结果,就不能属于过失犯罪。行为人的预见义务主要由以下几个方面产生:(1)由法律(包括法令、法规、制度、命令、合同等形式)规定的明示的预见义务;(2)常识和习惯要求的应预见的义务;(3)基于先行行为所产生的义务。

具体到本案而言,陈某对李某的死亡结果,在主观方面既没有过于自信的过失,也不存在疏忽大意的过失,因为从其认识能力而言,根本不知道李某患有严重的疾病,轻微外力作用就可以致其死亡,无法建立轻微外力作用可以致人死亡的因果认识;从其注意的义务而言,陈某的注意义务只能基于常识和习惯,对其甩倒李某的行为所可能造成的危害结果,关注的只是是否会造成李某摔伤的一般损害结果,而苛求行为人具有对自己行为负有注意可能发生死亡的义务,显然是无限扩大了注意义务的范围,因而也就谈不上"疏忽大意"。

综上所述,李某冠心病骤发死亡属于刑法上的意外事件,陈某不构成犯罪。

(三)偷回自己的"彩礼"是盗窃吗?

【案情】 李某(男)与王某(女)按照当地农村的风俗习惯,在确定双方的恋爱关系后李某送王某彩礼现金人民币 20000 元及其他生活用品,李某、王某共同将 20000 元现金存信用社,王某设定密码(李某知道),存款单放在王某家。后双方为生活琐事发生矛盾,李某不想跟王某结婚,而按照当地习俗,男方悔婚,已送出的彩礼不得收回,李某就借故到王某家中,趁人不备偷出王某的存单及身份证,并于当日取出现金 20000 元。

【分歧意见】

第一种意见认为:李某构成盗窃罪,对已送出去的彩礼,按民法规定属于赠送,其所有权已发生转移,应为王某财产,因此李某以非法占有为目的,采取秘密手段窃取他人财物,数额巨大,构成盗窃罪。

第二种意见认为:李某不构成犯罪,"彩礼"在民法中并不是结婚成就的条件,这种风俗习惯属买卖婚姻的遗留,不受法律保护。

评析:笔者同意第二种不构成犯罪的意见,但认为分析的理由并不成立。

1. 法律与风俗习惯是并存的。一般而言,风俗习惯存在于民间,得到民间的认可,是一种自生自发的秩序、内生的秩序,以其特有的规则影响着人们的生活。"彩礼"作为民间风俗,被当地人看来是作为婚姻成就的条件,法律对待风俗习惯是一般情况下,"法所不禁皆为合法",虽然"彩礼"在婚姻法中并未规定,但作为延续了上千年的风俗习惯,只要不与法律禁止性的规定相违背,也不违背公序良俗的行为,法律就不禁止。

2. 既然是认为"彩礼"是一种民间风俗习惯,那么彩礼被盗为什么又认为不构成犯罪呢？这就要分析"彩礼"的性质，"彩礼"是男方为了结婚这一目的而赠送给女方的，在民法上是附条件的赠与，也就是说是为结婚为目的的赠送，从上述案情看，男方李某不想与王某结婚，也就是说所附条件不成熟，因此赠送行为在所附条件不成熟的情况下所有权并未发生转移，李某盗回自己的财产，虽然所用方式欠妥，但不构成盗窃罪。

（四）传染给恋人性病是否构成犯罪

【案情】 冯某，女，25岁，曾做过卖淫女，自两年前得了淋病就没有再卖淫。一年前，冯某与韩某相识并搞起了恋爱，恋爱两个月后二人同居并自愿发生了性关系（没有采取任何措施），同居两个月后韩某感到下身不适，经到医院检查医生告知："得了淋病，而且已错过最佳治疗期间，要根治非常困难，并且将失去生育能力。"在韩某的追问下，冯某道出了自己从事过卖淫并因此被染上性病的实情。韩某一气之下向公安机关报了案，要求追究冯某的刑事责任。经公安机关组织法医对韩某的淋病进行鉴定，结论为：重伤。

【分歧意见】 对本案如何定性有三中不同意见。

第一种意见认为，冯某明知自己有性病发生性关系可以传染给他人，仍与他人发生性关系且传染了性病，构成传播性病罪。

第二种意见认为，冯某明知自己有性病与他人发生性关系可以造成他人伤害，客观上她实施了与他人发生性关系的行为并给他人造成了伤害，构成故意伤害罪。

第三种意见认为，冯某虽然明知自己有性病与他人发生性关系可以造成他人伤害，且也通过发生性关系给他人造成了伤害，但根据"罪刑法定"原则，由于《刑法》对冯某这种行为并没有明文规定，所以，其行为不构成犯罪。

【评析】

笔者同意第二种意见，认为冯某的行为构成故意伤害罪。理由如下：

首先，冯某的行为不构成传播性病罪。我国《刑法》第360条对传播性病罪是这样规定的："明知自己患有梅毒、淋病等严重性病卖淫、嫖娼的，处五年以下有期徒刑、拘役或者管制，并处罚金。"冯某虽然曾做过卖淫女，但她传染性病给韩某并不是在卖淫过程中，而是在停止卖淫后的恋爱过程中，韩某就更不是嫖娼了；冯某传染性病给韩某是在二人恋爱过程中发生的。虽然传播了性病，但不符合传播性病罪的法定特征，因而不构成传播性病罪。

其次，冯某的行为构成故意伤害罪。故意伤害罪是指故意非法地损害他人身体健康的行为，只要行为人主观方面有伤害他人的故意，客观方面实施了伤害他人的行为即构成故意伤害罪。冯某在主观方面明知自己有性病发生性关系可以传染给他人仍然恣意为之，至少可以认为是对他人身体伤害的放任，这符合犯罪构成中关于间接故意的特征；在客观方面冯某的行为造成了他人身体健康的损害。身体健康的损害有常见的，也有不常见的；既有对人身外部组织的残缺和容貌的毁损，也包括对人体内部组织、器官的破坏——减弱或者丧失正常的功能。我们常见的人身伤害是造成人身外部组织的残缺和容貌的毁损，但不能因此否认不常见的对人体内部组织、器官的破坏——减弱或者丧失正常的功能这种人身损害就不是损害。本案中，冯某的行为造成了韩某性器官的破坏并使其丧失了生育功能，且达到了重伤的程度，认定为是人身伤害是没有问题的，而认定韩某人身伤害的原因是由于冯某的行为造成的也是没有问题的，因而可以说冯某的行为构成了故意伤害罪。

认为冯某的行为属于法无明文规定，根据罪刑法定原则不构成犯罪的观点，是对法无明文规定不为罪的曲解。法律不可能将各种各样的犯罪手段都规定到刑法中来，人们只能是根据法律条文的基本精神来判定某种行为是否构成犯罪。以故意伤害罪为例，刑法不可能将纷繁复杂的伤害他人的各种手段都列举无遗，而只要规定行为人在故意心理的支配下实施的行为造成了他人的人身伤害即可，本案行为人冯某即是如此。

（五）帮助交通肇事者"出谋划策"构成何罪

【案情】 2004年12月15日晚8时15分左右，祝某无证驾驶一辆桑坦纳轿车从横峰驶向弋阳，车内乘坐舒某、刘某、黄某，途经320线607KM处，将行人陈某当场撞死，并逃离现场。当晚10点多钟左右，李某被祝某叫至弋阳某大酒店402房，与舒某、刘某、黄某一起商量对策。祝某告诉李某，他无证开车撞死人了，不知该怎么办，最后商定由李某顶罪，并议定攻守同盟，次日上午，车内四人去交警大队报案，称该交通肇事系李某所为。当晚，李某乘火车外逃，于2005年2月2日到交警大队投案自首。

【分歧意见】
本案处理中，对犯罪嫌疑人祝某违反道路交通管理法规，造成一人死亡并逃逸的行为构成交通肇事罪毫无异议，但对犯罪嫌疑人舒某、刘某、黄某构成何罪存在争议。

第一种意见认为，犯罪嫌疑人舒某、刘某、黄某构成包庇罪。理由是舒某、刘某、黄某明知祝某是犯罪的人，为了使其逃避公安机关的侦查，经商议车内四人到公安机关报假案，作假证明，其行为符合包庇罪的主客观要件。

第二种意见认为，犯罪嫌疑人舒某、刘某、黄某构成伪证罪。

【评析】 笔者同意第二种意见。

伪证罪，是指在刑事诉讼中，证人、鉴定人、记录人、翻译人对与案件有重要关系的情节，故意作虚假证明、鉴定、记录、翻译，意图陷害他人或者隐匿罪证的行为。包庇罪，是指明知是犯罪分子而向司法机关作假证明，掩盖其罪行，或者帮助其湮灭罪迹、隐匿、毁灭罪证，以使其逃避法律制裁的行为。伪证罪与包庇罪都是故意犯罪，都有帮助犯罪分子掩盖罪行，逃避法律制裁的目的。其区别在于：1、包庇罪为一般主体，可以是任何一个具备刑事责任能力的人；伪证罪则是特殊主体，限于证人、鉴定人、记录人、翻译人。2、包庇罪包庇的对象既可以是犯罪后未被羁押、逮捕归案畏罪潜逃的犯罪嫌疑人，也可以是已被依法羁押、拘禁而逃跑出来的未决犯和已决犯；伪证罪包庇的对象只能是刑事诉讼中的未决犯。3、包庇罪的行为既可以发生在犯罪分子被侦查、审判之前，也可以发生在侦查、起诉、审判中至判决后服刑之中；伪证罪只能发生在刑事诉讼中，即侦查、起诉、审判过程中。

在司法实践中，最容易混淆的是包庇罪中的作虚假证明与伪证罪中的证人作虚伪陈述如何区分的问题。笔者认为，区分两罪的关键，一是考察作虚假证明或者虚伪陈述的主体是否确实具有证人身份。每个刑事案件的证人是有限的,只限于在刑事诉讼活动前便了解案件情况的人,而不包括不了解案件情况,或者是在诉讼过程中通过诉讼活动才了解案件的人。二是考察作虚假证明或者虚伪陈述的内容是否确实是与案件有重要关系的情节,也即对案件的处理是否有重大影响的情节,换言之,是对于决定是否构成犯罪、犯什么罪以及量刑轻重是否有直接关系的情节,即犯罪情节与量刑情节,包括犯罪主体的情况,犯罪主观方面的情况,犯罪客观方面的情况及影响量刑的各种情况。而"作假证明包庇"的则并不限于"与案件有重要关系的情节",还包括与案件本身有次要关系的情节以及与案件本身无关系的事实。如果本不具有证人身份即本来不知道案件真实情况而假冒证人的,尽管是对与案件有重要关系的情节作虚伪陈述的也不能定伪证罪,而应定包庇罪;反之,尽管是确实知道案件真实情况的证人,如果陈述的不是与案件有重要关系的情节,也不是伪证罪,而应是包庇罪。如果既有证人身份,所作的虚伪陈述又确实是与案件有重要关系的情节,那么,出现法条竞合的情形,依据特别法条优于普通法条的原则,应适用特别法条,定伪证罪。

具体到本案而言,犯罪嫌疑人祝某明知自己无证驾驶严重后果应承担法律责任,但事后为使自己逃脱罪责,与舒某、刘某、黄某共谋,向公安机关报假案、作虚假证明,向公安机关所作的虚伪陈述又是与案件有重要关系的情节,该行为同时符合伪证罪和包庇罪的犯罪构成,依据"特别法条优先适用于普通法条"的法条竞合处理原则,应适用特别法条,故对犯罪嫌疑人舒某、刘某、黄某的行为应定伪证罪为宜。

第三节 犯罪客观方面的实训

一、基本案例一

(一)歌厅服务员冒充熟人骗取存包后偷钱构成诈骗还是盗窃

【案情】 被告人冒某女系某KTV歌厅服务员,一日,其见一女顾客将随身携带的挎包寄存于歌厅吧台后,即谎称其系该顾客的朋友,以该顾客需要取挎包内的物品为由,将挎包从吧台保管员处骗出,躲至卫生间取出挎包内钱包中的人民币4000元后,将挎包归还吧台保管员。案发后追回全部赃款。

法院经审理认为,被告人冒某女以非法占有为目的,使用欺骗手段获得被害人存放钱包的挎包后,以秘密窃取手段取得钱包中的钱财,数额较大,其行为已构成盗窃罪。被告人自愿认罪,退出全部赃款,可酌情从轻处罚。法院判决:冒某女犯盗窃罪,判处有期徒刑六个月,缓刑一年,并处罚金人民币六千元。

(二)案例的实体分析

本案被告人在非法占有他人财产时,先使用欺骗手段获得被害人存放钱包的挎包,后使用秘密窃取手段窃得钱包中的钱财,又将挎包归还,被告人的行为究竟应定诈骗罪还是盗窃罪？

　　盗窃罪与诈骗罪的界限，主要根据犯罪行为客观方面的特征来区分。盗窃罪的客观方面是行为人以秘密窃取的方法占有他人财物，在秘密窃取的情况下，行为人取得财物违反或不顾财物控制者意志，破坏其占有并非法占有他们的财物；而诈骗罪是行为人通过欺骗手段骗取公私财物控制者的信任，财物控制者基于这种信任主动将财物交付行为人占有。可见，行为人是采取秘密窃取的方式取得财物，还是采用欺骗手法使财物控制者受骗而产生处分其财物的意思和行为，是区分盗窃罪与诈骗罪的关键。

　　司法实践中，区分盗窃罪与诈骗罪一般情况下并不困难，但现实情况非常复杂，有些行为人在盗窃犯罪活动中可能夹杂着欺骗行为，而有些行为人在诈骗犯罪活动中附带有秘密窃取行为。对于现实情况中发生的这种盗窃与诈骗手法相交织的疑难案件如何定性，往往存在争议。这种情形下，判定行为人构成盗窃罪还是诈骗罪，主要是看行为人非法占有财物时起关键作用的手段。如果起关键作用的手段是秘密窃取，就应定盗窃罪；如果是实施骗术，就应定诈骗罪。所谓关键手段，即行为人赖以实质或永久性占有财物的直接方式。当然在具体认定时还要对财物控制者是否因受骗将财物交给行为人实质占有应认真分析，不能只凭短暂或形式上的交付来判断，而要根据社会的一般观念并结合财物控制者内心想法衡量。即在当时的情况下，社会的一般观念是否认为受骗人已经将财产转移给行为人，进行事实上的有效支配或控制；同时还要考虑受骗人是否具有将财产转移给行为人进行有效支配或控制的意思。如果行为人只是在财物控制者将财产短暂或形式上交付，而未转移给行为人进行事实上的有效支配或控制的情况下，行为人取得财物的关键手段是秘密窃取行为，则应构成盗窃罪。

　　本案中，当女顾客将挎包寄存于歌厅吧台后，吧台保管员即为该挎包及挎包中全部财物的控制者（不包括贵重物品和现金，贵重物品寄存应告知和登记）；被告人冒某女以该顾客的朋友的身份，将挎包从吧台保管员处骗出，此时，冒某女取得挎包的手段无疑属于欺骗手段，吧台保管员也是基于相信其编造的虚假事实，陷入错误认识，从而上当受骗，"自愿"交出挎包。当然，被告人占有挎包，也就意味着占有挎包中的普通财物（相对于贵重物品和现金）。但此时吧台保管员并不清楚该挎包中还装有大量现金，自然也不存在陷入错误认识，"自愿"交出包中现金的可能。且按社会的一般观念保管员此时陷入错误认识做出的行为也仅仅是"自愿"交出挎包及挎包中的普通财物，而不是挎包中的现金。因此被告人此时对挎包中现金的占有只能是短暂或形式上的占有，而非实质上的占有。被告人为了能实质上占有，依靠的是躲至卫生间进行秘密窃取的方式，取出钱款后还将挎包归还吧台，进一步欺骗保管员以达到犯罪事实不会被及时发现的目的。被告人的上述行为手段，与直接将吧台保管员引开而窃取吧台中的财物的行为并无本质区别。由此可见，其实质占有挎包中的现金的主要或关键手段是秘密窃取而非使用骗术，被告人骗出挎包只是为其下一步窃取挎包中的现金创造条件。因此被告人的行为完全符合盗窃罪的法律特征，构成盗窃罪而非诈骗罪。

二、基本案例二

（一）擅自取走保管财物是盗窃还是诈骗

【案情】某村村民某甲以收废品为生。2006年的一天，同村某乙与某甲商议两人合伙一起上浙江收废品，某甲同意后带上2万元与某乙一起来到县城准备乘车往浙江，当日天色已晚，两人吃完饭后决定在县城住一夜。某乙对某甲说："我知道有一个地方，既可以洗澡又可以睡觉，而且只花十元钱就可以了，相当便宜。"某甲说："我身上带着钱，洗澡就怕不方便。"某乙说："没关系，我认识这个地方的服务员，我们把钱交给他保管。"某甲便与某乙一起来到某一桑拿浴室，某甲将身上的钱交给某乙，某乙又交给浴室的吧台服务员。后两人一起洗澡后便在浴室的大厅中睡觉，凌晨2点钟，某乙见某甲熟睡，便起身来到吧台，对服务员说："我们要赶车，现在我们要取钱"。服务员将钱交给某乙，某乙拿了钱后便一人离开浴室。第二天甲醒后，发现乙不见，且乙的手机也关机，上吧台取钱，被告知已被某乙取走，某甲便到当地派出所报案。数月后，某乙归案，但钱已被挥霍。

（二）案例涉及的实体问题

此案在审理过程中，对该案的定性颇有争议。主要有两种观点。

第一种观点：该案中某乙的行为构成盗窃罪。

刑法规定：行为人以非法占有为目的，秘密窃取公私财物，数额较大或多次窃取的，构成盗窃罪。

首先本案中的某乙在主观上有非法占有的故意；其次在客观上采用秘密的手段即背离某甲，趁某甲睡熟后将属于某甲的钱取走。虽然某甲的钱当时交给某乙，但其主观上并不是心甘情愿的转移或出让所有权，只是让某乙转交给吧台服务员，在此过程中，某乙只起到一个传递过程，某乙从服务员手中将钱取走，某甲对自己的钱丢失的过程一直处于无知的状态，相对于某甲来说就是秘密窃取的过程；再次被窃的2万元达到数额巨大，符合刑法规定盗窃罪的主客观构成要件。所以应以盗窃罪对某乙定罪处罚。

第二种观点：该案中某乙的行为构成诈骗罪。

刑法规定：行为人以非法占有为目的，采用虚构事实或隐瞒真相的方法骗取数额较大的公私财物的，构成诈骗罪。

首先，某乙在主观上有非法占有的故意，其行为侵犯了私人财产所有权这一刑法保护的客体，这无可非议，但其采用虚构事实的手段让某甲交出了2万元。因为某甲交出的2万元是在某乙虚构与吧台服务员相识的事实上产生的错误认识，并在此错误认识的基础上作出的处分行为，这种处分行为是自愿的，但却是某乙虚构事实而引起的，从而使某甲暂时失去了对这2万元的占有。而后某乙又隐瞒其并非是这2万元的所有人的真相，谎称要与某甲一起赶车要离开而骗取服务员的信任取走了钱，而服务员正是相信某乙的话轻易交出了其所保管的钱。纵观全案，某乙行为的核心在于"骗"，某甲基于认为某乙认识服务员而将钱交于服务员，而服务员基于某乙是与某甲将要一起离开而将钱交于某乙，而让某甲永久的失去了该钱的所有权。某乙正是通过这种虚构事实,隐瞒真相的方法达到了非法占有该钱的目的,且数额较大,因此某乙的行为符合刑法规定的诈骗罪的主客观要件,应以诈骗罪对某乙定罪量刑。

(三)案例的实体分析

笔者认为,本案某乙的行为核心确实在于"骗",而非在于"窃"。某乙对某甲和服务员都说了谎话,虚构了事实,才达到非法占有的目的,因此笔者同意第二种观点。

三、基本案例三

(一)盗走卖淫女的财物并闩门是否构成抢劫

【案情】 赵某搭识了卖淫女蒋某,随后二人即来到蒋某住处。蒋某将其挎包(内有人民币700余元及价值1500余元的手机1部)随手放在客厅的茶几上,赵某即产生非法占有之意。于是对蒋某谎称要洗澡,让她到卫生间为其放洗澡水。蒋某去卫生间后,赵某即拎起茶几上的挎包逃出蒋某住处。为防止蒋某发觉后追赶,赵某又把房门的从外面闩好。蒋某听到外面有异常声响,出来后赵某已不知去向。

(二)案例的实体问题

对赵某的行为如何定性存在三种观点。一种观点认为,赵某以非法占有为目的,采用人身强制的方法,把蒋某禁闭于房间内,使其丧失反抗能力,从而占有其财物,符合抢劫罪的特征,因此,赵某的行为构成抢劫罪;第二种观点认为,赵某以非法占有为目的,乘人不备,公然夺取他人数额较大的财物,赵某的行为构成抢夺罪。第三种观点认为,赵某的行为构成盗窃罪。

(三)案例的实体分析

首先,赵某的行为不属于抢劫罪。抢劫罪的客观表现为行为人对财物所有人、保管人当场采用暴力、胁迫或人身强制等其他方法,立即抢走其财物或迫使其交出财物的行为。盗窃罪的客观表现为行为人采用自以为不会被财物所有人或保管人发现的方法秘密窃取公私财物。本案中赵某支开蒋某的目的就是趁蒋某不在其旁边时将其挎包拎走,可见赵某主观上具有秘密窃取的故意,客观上赵某也实施了趁蒋某不在旁边时将其挎包秘密窃取的行为,因此,赵某非法占有该挎包的手段是秘密窃取,因而符合盗窃罪的主客观特征。赵某携蒋某的挎包逃至门外,此时该挎包已脱离了蒋某的控制,在赵某的控制之下了,赵某的盗窃行为已经完成。这个过程赵某只是支开蒋某,并没有禁闭蒋某,并不是通过禁闭蒋某实现的。赵某后来的闩门,其目的已不是对蒋某进行人身强制再非法占有蒋某的财物,而是给蒋某追赶时制造障碍,以便为自己逃走赢取更多时间。因此,赵某的行为不符合刑法第263条抢劫罪的客观特征。同时由于禁闭蒋某只是赵某盗窃后方便自己逃跑所采取的措施,这种措施并不属于暴力范畴,所以赵某的行为也不属于刑法第269条规定的转化的抢劫罪。

其次,赵某的行为不属于抢夺罪。抢夺罪是指以非法占有为目的,乘人不备,公然夺取数额较大的公私财物的行为。所谓公然夺取,是指行为人在财物所有人或保管人在场的情况下,乘其不备,抢夺其财物。公然夺取最大的特点就是在财物被夺取的瞬间,被害人能马上意识到财物的丧失,而且行为人对此也是明知的,即行为人明知会被即时发现,仍去夺取。这同盗窃罪的行为人采用自以为不会被财物所有人或保管人发现的方法秘密窃取公私财物这一客观表现是截然不同的。本案中,赵某在客厅拎包,在卫生间放水的蒋某是不能及时发觉的,事实上如果不是赵某闩门的异常响声,蒋某还不会出来。同时,赵某也认为蒋某是不会马上发现的,这从其闩门的目的就能看出来,而且赵某支走蒋某其目的就是趁蒋某不在时秘密窃取财物,以免自己的行为被蒋某发现。因此,赵某的行为是秘密窃取,而不是公然夺取。

综上所述,赵某的行为构成盗窃罪。

四、基本案例四

(一)将他人便条变造成欠条构成何罪

【案情】 张某系某单位法律顾问(无律师、法律工作者执业证)。一次偶然的机会,张某在法院执行局与一执行案件当事人李某相识,李某为便于今后与张某联系,随手找了一张法院笔录纸,在反面写上自己的姓名和手机号码交给张某。数月后,张某主动找到其好友王某,张某拿出写有李某姓名的便条,授意王某将该便条改为借条,王某怕出事没有接受张某的建议。于是张某亲自动手,在便条上李某姓名上方空白处写道:"借条:借到王某人民币30000元。利息按1%计算。"几天后,张某写好诉状,让王某在诉状上起诉人处签名,将李某推上被告席,要求李某归还王某借款本息40000余元,并承担案件诉讼费用。

案件审理中,主审法官发现了破绽,王某如实陈述了张某伪造借条并提起诉讼的过程,最终法院依法驳回了王某的起诉。

(二)案例的实体问题

本案中对张某的行为应如何定性,法院内部存在不同的观点。

第一种观点认为:张某的行为构成帮助伪造证据罪;应以帮助伪造证据罪对其进行惩处;

第二种观点认为:张某的行为构成帮助伪造证据罪和诈骗罪(未遂),应对张某实行数罪并罚;

第三种观点认为:不宜以诈骗罪追究张某的刑事责任,法院可依照《民事诉讼法》的有关规定对张某进行罚款、拘留等民事制裁;

第四种观点认为:张某的行为构成帮助伪造证据罪和诈骗罪(未遂),但是其行为属于牵连犯,应按从一重处罚的原则以诈骗罪(未遂)对其进行处罚。

(三)案例的实体分析

笔者同意第四种观点,理由如下:

我们先来看一下刑法上对帮助伪造证据罪和诈骗罪的定义。刑法第307条规定帮助伪造证据罪是指其他人帮助当事人伪造证据,情节严重的行为。刑法第266条规定诈骗罪是指以非法占有为目的,用虚构事实或者隐瞒真相的方法,骗取数额较大的公私财物的行为。

张某伪造借条的行为符合帮助伪造证据罪的构成要件。在本案中,张某伪造的借条很显然是支持王某胜诉的唯一的也是最重要的证据,属于情节严重。主观方面张某具有帮助伪造的故意,客观方面也已实施了这一行为,且该行为已经侵犯了司法机关的正常活动,所以张某伪造借条的行为构成了帮助伪造证据罪。而张某伪造借条并指使王某进行诉讼的行为其目的是用虚构事实、隐瞒真相的方法来骗取数额较大的财物,该行为亦符合诈骗罪的构成要件。主观方面张某具有故意且具有非法占有他人财物的目的,客观方面表现为其用虚构事实、隐瞒真相的方法来骗取数额较大的他人财物,该行为已经侵犯了他人财物的所有权。不过张某的行为被法官发现了破绽,最终没有得逞,所以张某伪造借条并指使王某进行诉讼的行为构成了诈骗罪(未遂)。

那么,对张某所犯的帮助伪造证据罪和诈骗罪是否需要数罪并罚呢?笔者认为不应该数罪并罚,因为张某的行为属于刑法上的牵连犯。一般认为,牵连犯,是指犯罪的手段行为或者结果行为,与目的行为或者原因行为分别触犯不同罪名的情况。很显然,在本案中,张某是以伪造借条的方法(手段行为)来企图骗取数额较大的他人财物(目的行为),应属于牵连犯。一般来说,在刑法没有特别规定的情况下,对牵连犯实行从一重处罚的原则。诈骗罪相对于帮助伪造证据罪处罚要重,所以,本案中对张某应以诈骗罪(未遂)论处。

五、基本案例五

(一)从一起案件谈过失致人死亡罪的客观三要素

过失致人死亡罪,客观方面必须同时具备三个要素:客观上必须发生致他人死亡的实际后果;行为人必须实施过失致人死亡的行为;行为人的过失行为与被害人死亡的结果之间必须具有刑法上的因果关系。

【案情】 公诉机关宜昌市点军区人民检察院。

被告人艾光俊,男,农民。

2005年8月27日晚7时许,被告人艾光俊因收购柑橘与许传军等人发生矛盾。当晚11时许,双方在电话联系中因言语不和再次发生争执后,艾光俊乘坐其子驾驶的摩托车赶至宜昌市点军区王家坝柑橘打蜡厂,在该厂大门口与受害人刘月华相遇,在争执中艾光俊要刘月华走开,并随手一挥。因地面湿滑、刘月华喝酒过多等原因,刘月华摔倒在地,当即呕吐,耳内出血,后昏迷不醒。随后,被告人艾光俊与他人一起将刘月华送往医院救治,并于第二天主动到公安机关投案。同年9月21日,刘月华经医院抢救无效死亡。

2005年9月25日,经宜昌市公安局刑事科学技术协会法医鉴定:刘月华系生前身体受到他人外力作用后倒地致使颅脑外伤而死亡。

本案在审理过程中,受害人刘月华的亲属提起附带民事诉讼,经法院主持调解,被告人艾光俊与被害人家属就本案的民事赔偿问题达成了协议：被告人艾光俊除以前已经支付的各项费用外，另外一次性赔偿被害人家属各项经济损失共计11万元人民币。

上述事实有报案材料、被告人艾光俊的供述与辩解、证人许传军、刘会海、黄代寿、李德军、孙培金等人的当庭证言、司法鉴定书、有关书证、视听资料等证据在卷证实。

宜昌市点军区人民检察院指控：2005年8月27日晚7时许，被告人艾光俊因收购柑橘，与刘月华以及许传军等人发生矛盾。当晚11时许，双方在电话联系中因言语不和再次发生争执后，艾光俊乘坐其子驾驶的摩托车赶至王家坝柑橘打蜡厂，在该厂大门口与刘月华相遇，在争执中被告人艾光俊将刘击打倒地，致使被害人刘月华头部受伤，当即呕吐、耳内出血，昏迷不醒。同年9月21日，经医院抢救无效死亡。其行为已触犯《中华人民共和国刑法》第二百三十四条第二款的规定，应以故意伤害罪追究被告人艾光俊的刑事责任。

被告人艾光俊辩称，我的行为虽然造成了被害人刘月华受伤、经医院抢救无效而死亡的后果，但是属于过失和不可抗力造成的。当时我让我儿子骑摩托车带我到王家坝柑橘打蜡厂，我就见到许传军的车停在打蜡厂门口。刘月华从旁边钻出来扯住我，打了我一拳，我要他走开，并说与他无关，后随手一挥就继续向前走，后面就有人喊"有人倒在地下了"，我回头一看，是刘月华倒在地下，我随即叫他们打电话报警，并将刘月华送到医院去了。起诉书指控我犯故意伤害罪是不属实的。事实上我根本不知道随手一挥会发生这种后果。其辩护人认为被告人艾光俊主观上没有伤害他人的故意，也不能预见到自己行为的后果，刘月华的死亡与艾光俊的行为没有直接的和必然的关系，所以辩护人认为被告人艾光俊不构成犯罪，而是属于一种意外事件。

【裁判要点】

湖北省宜昌市点军区人民法院认为：2005年8月27日夜晚，被告人艾光俊与许传军等人因收购柑橘发生矛盾，被告人艾光俊认为此事与刘无关，要刘走开，并对刘随手一挥，不料将刘挥倒在地。被告人艾光俊的行为在主观上虽有一定的故意，但是对于刘月华死亡结果的发生，是一种应当预见而没有预见到的疏忽大意的过失。显然，被告人艾光俊的行为在主观方面不符合故意伤害罪的构成要件，应以过失致人死亡罪予以定罪处罚。公诉机关指控被告人犯故意伤害罪的罪名不能成立，本院不予采纳。被告人的辩护人认为艾光俊的行为与刘月华的死亡结果没有必然的因果关系，属于不能预见的原因而造成的一种意外事件、因而不构成犯罪的辩护意见，与庭审查明的事实和有关法律的规定不符，本院不予采纳。被告人艾光俊犯罪后，能主动到公安机关投案并如实供述犯罪事实，具有自首的情节，依法可以从轻或者减轻处罚。被告人艾光俊在刘月华受伤后，能积极协助进行抢救和护理，并支付了大部分的医疗费用，在刘月华死亡以后，又嘱其亲属代其支付了安葬费用，并对刘月华的亲属给予了适当的赔偿，确有悔罪表现，依法可以酌情从轻处罚，适用缓刑可确实不致再危害社会。宜昌市点军区人民法院依照《中华人民共和国刑法》第二百三十三条、第六十七条第一款、第七十二条第一款、第七十三条第二款、第三款之规定，判决：被告人艾光俊犯过失致人死亡罪，判处有期徒刑三年，缓刑四年。一审宣判后，公诉机关未提出抗诉，被告人艾光俊未提出上诉。

（二）案例涉及的实体问题

本案在审理过程中对被告人艾光俊的行为是否构成犯罪，构成何罪存在争议。

第一种意见认为，艾光俊的行为与刘月华的死亡结果没有必然的因果关系，属意外事件，因而不构成犯罪。

第二种意见认为，艾光俊与刘月华在争执中将刘击打倒地，致使被害人刘月华头部受伤，后经医院抢救无效死亡，其行为已触犯《中华人民共和国刑法》第二百三十四条第二款的规定，应以故意伤害罪追究被告人艾光俊的刑事责任。

第三种意见认为，被告人艾光俊对刘随手一挥，将刘挥倒在地，致使被害人刘月华头部受伤，经医院抢救无效死亡。艾光俊对于刘月华的死亡，他既不希望发生，也没有放任结果的发生，是一种应当预见而没有预见到的疏忽大意的过失，应以过失致人死亡罪予以定罪处罚。

（三）案例的实体分析

笔者同意第三种意见。分析如下：

过失致人死亡，是指因过失而致人死亡的行为。本罪的主体为一般主体，凡达到法定责任年龄且具备刑事责任能力的自然人均能构成本罪。已满14周岁不满16周岁的自然人不能成为本罪主体。本罪侵犯的客体是他人的生命权。

本罪在客观方面表现为因过失致使他人死亡的行为。构成本罪，客观方面必须同时具备三个要素：1、客观上必须发生致他人死亡的实际后果。这是本罪成立的前提。2、行为人必须实施过失致人死亡的行为。在这里，行为人的行为可能是有意识的，或者说是故意的，但对致使他人死亡结果发生是没有预见的，是过失。本罪属结果犯，行为的故意并不影响其对结果的过失。这点同有意识地实施故意剥夺他人生命行为的故意杀人罪不同。过失致人死亡行为可以分为作为的过失致人亡行为和不作为的失致人死亡行为两种情况。3、从行为人的过失行为与被害人死亡的结果之间必须具有间接的因果关系，即被害人死亡是由于行为人的行为造成的。这里死亡包括当场死亡和因伤势过重或者当时没有救活的条件经抢救而死亡，否则行为人不应承担过失致人死亡罪的刑事责任。如果行为人的过失行为致人重伤，但由于其他人为因素的介入（如医师未予积极抢救或伤口处理不好而感染）致使被害人死亡的，只应追究行为人过失重伤罪的刑事责任。

本罪在主观方面表现为过失，即行为人对其行为的结果抱有过失的心理状态，包括疏忽大意的过失和过于自信的过失。疏忽大意的过失是指行为人主观上对自己的行为可能造成他人死亡的结果应当预见而没有预见，应当预见是法律对行为人实施某种有意识的行为时，可能造成他人死亡结果的主观认识上的要求。根据一般人的能力和行为时的客观条件，行为人能够预见并防止危害结果的发生，只是因为其疏忽大意才未预见，以致发生严重危害结果，他就应当对此结果负法律责任。过于自信的过失，是指行为人对自己的行为可能造成被害人死亡的结果已经预见，但却轻信能够避免这种结果的发生。由于行为人已预见到自己的行为可能发生他人死亡的结果,进而产生了避免这种结果发生的责任,他却没有有效地防止他人死亡结果的发生,没有尽到自己应尽的责任。因此,行为人应对自己因主观上的过于自信所造成的危害结果负刑事责任。轻信能够避免他人死亡结果的发生,是过于自信的过失致人死亡区别于间接故意杀人的界限。

刑法上的意外事件,是指由于不能预见的原因而引起他人死亡的结果。疏忽大意的过失致人死亡与意外事件两者的共同点在于:1.客观上行为人的行为都引起了他人死亡的结果;2.主观上行为人都没有预见这种结果的发生。区分这两者的关键在于要查明行为人在当时的情况下,对死亡结果的发生,是否应当预见,如果应当预见,但是由于疏忽大意的过失而没有预见,则属于过失致人死亡。

故意伤害致人死亡罪是指行为人明知自己的行为会造成他人伤害的结果,并且希望或者放任伤害结果的发生,但结果却出乎意料的(即过失)造成他人死亡。故意伤害致人死亡的,属于故意伤害罪的结果加重犯,也就是说,故意伤害致人死亡罪的构成必须符合以下几个条件:1.行为人主观上有伤害他人身体健康的故意;2.行为人客观上实施了伤害他人身体健康的行为,造成了他人死亡的结果。故意伤害致人死亡罪与过失致人死亡罪的区别在主观上有无伤害他人身体健康的故意。

就本案而言,考察被告人艾光俊的行为的主观故意内容是正确定性的关键,即艾光俊是否具有伤害刘月华的身体的故意,是否明知会造成伤害刘月华身体的结果,并且希望或放任这种结果的发生。显然,从艾光俊的行为看,他不具有伤害刘月华的身体的故意。

被告人艾光俊因收购柑橘与许传军等人发生矛盾,与被害人刘月华并无矛盾。当晚11时许,艾光俊与许传军在电话中因言语不和再次发生争执后,艾光俊乘坐其子驾驶的摩托车赶至王家坝柑橘打蜡厂,在该厂大门口与刘月华相遇,刘月华欲从中劝说,被告人艾光俊要刘月华走开,并随手一挥,将刘月华挥倒在地,致使被害人刘月华头部受伤,当即呕吐,耳内出血,昏迷不醒。随后,被告人艾光俊与他人一起将刘月华送往医院救治,并于第二天主动到公安机关投案。虽然后来刘月华死亡,但艾光俊故意伤害的意图并不明显,因此并不构成故意伤害致人死亡罪。

虽然艾光俊对造成刘月华死亡既不希望,也没有放任死亡结果的发生,但他在随手击打刘月华时,在当时的条件下,应当预见到自己的行为可能造成刘月华死亡的结果,但他在盛怒之下,没有思考,而疏忽大意地造成了刘月华死亡的结果,符合过失致人死亡罪的犯罪特征,构成过失致人死亡罪。因此,本案被告人艾光俊的行为不构成故意伤害致人死亡罪,也不是意外事件,而构成过失致人死亡罪。

六、基本案例六

(一)在厂区内偷开汽车撞死人构成何罪,行为人的客观要件起关键作用

【案情】 赵某,男,26岁,初中文化,系某县汽车修理厂临时工,主要负责仓库保

管工作。2004年2月9日，赵某在上班期间，看见本厂板金车间门口停放着卢某一辆奇观牌小汽车，未锁车门，便坐在驾驶室听音乐。又见汽车仪表台上有串钥匙，竟私自套开汽车电路锁发动汽车，当车行至10多米远时，因赵某既无驾驶证又无驾驶经验，错把油门当刹车，将正在厂区水池旁洗手的沈某当场撞死。

（二）案例的实体问题

对赵某构成何罪有不同观点：一是认为赵某的行为构成交通肇事罪。理由：赵某属于一般主体，主观上是过失，客观上实施了违反《道路交通管理条例》第25条之规定（即机动车驾驶员，必须经过车辆管理机关考试合格，领取驾驶证，方准驾驶车辆），因而发生致人死亡的行为。二是认为赵某的行为构成重大责任事故罪。理由：赵某属于特殊主体，即工厂的职工，主观上出于过失，客观上实施了不服从管理，违反规章制度，因而发生重大伤亡事故的行为。三是认为赵某的行为构成过失致人死亡罪。理由：赵某主观上出于过失，客观上实施了造成他人死亡的行为。

（三）案例的实体分析

要认定赵某的行为构成何罪，可从以下几方面进行具体分析：

1. 是否构成交通肇事罪。我国《刑法》第133条明文规定，交通肇事罪是指违反交通运输管理法规，因而发生重大事故，致人重伤、死亡或者使公私财产遭受重大损失的行为。构成本罪要符合4个条件：①犯罪主体是一般主体，既可以是从事交通运输的人员，也可以是其他自然人，司法实践当中主要是交通运输人员。②主观上是出于过失。③行为人在客观上必须实施了违反交通运输法规的行为。这里所说的"违反交通运输法规"，是指违反国家有关交通运输管理方面的法规，如《道路交通管理条例》、《高速公路交通管理暂行规则》等。④行为人的行为必须造成了重大事故，即致人重伤、死亡或者使公私财产遭受重大损失。本案中赵某的行为符合交通肇事罪的主体要件，主观要件，客体要件，但不具有客观要件。理由：我国《道路交通管理条例》第2条规定："本条例所称的道路，是指公路、城市街道和胡同（里巷），以及公共广场、公共停车场等供车辆、行人通行的地方"。本案发生的地点是某县汽车修配厂，这是个特定的场所，不属于《道路交通管理条例》第2条调整的范围。因而赵某也就谈不上违反了《道路交通管理条例》，即赵某在客观上没有实施违反交通运输法规的行为。赵某的行为不构成交通肇事罪。

2. 是否构成重大责任事故罪。我国《刑法》第134条规定，重大责任事故罪是指工厂、矿山、林场、建筑企业或者其他企业、事业单位的职工，由于不服从管理，违反规章制度或者强令工人违章冒险作业，因而发生重大伤亡事故或者造成其他严重后果的行为。构成本罪须符合以下4个要件：①犯罪主体是特殊主体，即工厂、矿山、林场、建筑企业或其他企业、事业单位的职工。②主观上是出于过失。③客观上表现为行为人实施了不服从管理违反规章制度或强令工人违章冒险作业的行为。④行为人的行为必须是导致发生了重大伤亡事故或者造成严重后果。本案中赵某符合重大责任事故罪中的主体要件，主观要件，客体要件，但不符合客观要件。理由：重大责任事故罪的行为人必须是由于不服从管理，违反规章制度或者强令工人违章冒险作业,才导致了重大伤亡事故的发生或造成了其他严重后果。所谓"不服从管理",主要是指企事业单位的职工不服从本单位管理人员的管理,或者不服从单位领导出于安全生产考虑对工作的安排。"违反规章制度"是指违反与安全生产有关的规章制度。"强令工人违章冒险作业"主要是指在本单位中负责管理生产、施工、作业等工作的管理人员,明知自己的决定违反规章制度,可能会出现危险,造成安全事故,却怀侥幸心理,自认为不会出事,强行命令工人违章作业。由此可见,不管是"不服从管理"、"违反规章制度"还是"强令工人违章冒险作业"都与本职工作密不可分,是一种"职务"行为。本案中赵某私自驾车的行为与其仓库保管的职务行为显然没有联系,其驾车致人死亡的行为不属于职务行为。赵某的行为不构成重大责任事故罪。

3．是否构成过失致人死亡罪。我国《刑法》第233条规定,过失致人死亡罪是指行为人由于过失导致他人死亡的行为。本罪的构成有两大主要特征:①主观方面出于过失,包括疏忽大意过失与过于自信过失。②客观方面,行为人必须实施了造成他人死亡结果的行为。本案中赵某的行为符合过失致人死亡罪的主观、客观特征。主观上出于过失,属疏忽大意的过失,即应当预见自己的行为可能发生危害社会的结果,因为疏忽大意而没有预见,以致发生这种结果。本案中赵某既无驾驶证又无驾驶经验,他应当预见到自己的驾驶行为可能发生某种危害社会的结果,因为他一时疏忽大意没有预见,以致于发生撞死人这种结果。客观上,赵某已经实施了造成他人死亡结果的行为,赵某的驾车行为是导致他人死亡结果发生的直接原因,其行为与结果之间存在着法律上的因果关系,完全符合过失致人死亡罪的特征,因此,赵某的行为应定过失致人死亡罪。笔者同意第三种观点。

七、巩固练习

（一）先行行为引起作为义务构成故意杀人罪的认定

【案情】被告人许某,男,30岁,初中文化,汉族,某市食品公司经营部工人。

1985年10月15日下午6时许,被告人许某驾驶一辆机动三轮车,从沙坪坝运货至市中区菜元坝。当晚7时许返回途中,在天下雨路滑、刮水器破坏、视线不良的情况下,超速行驶,至市劳动人民文化宫附近,车头右边将行人赵某（男,65岁）撞倒在地。许撞人后欲逃离,因群众呼喊才被逼停车,将伤者赵某抬上三轮车。当车开至江水区某地段时,被告人为了掩盖罪行,逃避救护义务,调转车头,把身负重伤,生命垂危的被害人抬下车,弃于路边草丛中,然后驾车离去。沿途又将赵某的雨伞、电筒等物甩入路边陡坡下,以销毁罪证。次日,被告人冲洗了车内赵某留下的呕吐物,换了被撞坏的车头右角灯,妄图逃脱惩罚。被害人赵某因身负重伤,加之被弃于野外,得不到及时抢救,于16日晨死亡。

【提示】本案在审理过程中,出现了两种分歧意见。一种意见认为,被告人主观上不具有杀人的故意,客观上也没有实施杀人的行为,只能构成交通肇事罪。至于将伤者抛弃不顾,只能作为交通肇事罪的一个从重情节在量刑时予以考虑。第二种意见认为,被告人许某无视交通安全法规,在下雨路滑、视线不良的情况下违背注意义务,超速行驶,且肇事后不仅不积极抢救受害人,反而将之弃于草丛以图湮灭罪证,其行为已构成交通肇事罪和故意杀人罪。二者的分歧点在于行为人交通肇事后能否构成不作为的故意杀人罪,从刑法理论上讲,即为先行行为引起的不作为的故意杀人罪成立的条件是什么,先行行为是否包括犯罪行为。

【研讨】故意杀人罪在绝大多数情况下是以作为形式出现的,但生活中以不作为方式构成的故意杀人罪也不鲜见。我国刑法学者在论述不纯正不作为犯罪时,通常举的例子就是不作为的故意杀人罪。根据我国刑法理论界的通行观点,构成不作为犯罪的前提是行为人具有作为的义务,而产生作为义务的根据(来源)大致有四种,即:(1)法律明文规定的作为义务;(2)职务或业务要求的作为义务;(3)法律行为引起的作为义务;(4)先行行为引起的作为义务。尤其是先行行为引起的作为义务构成不作为犯罪问题颇为复杂,先行行为产生的作为义务源于法律的禁止规范,如果行为人由于自己的行为给法律保护的利益造成了一定的危险,他就产生了采取积极行动防止结果发生的义务,而有责任保证这一危险不会转变为损害结果发生的现实。就故意杀人罪而言,如果行为人因其先前的行为,给他人的生命安全造成危险,而行为人对此具有认识,在有能力有条件采取积极措施防止他人死亡结果发生时却放任不管,则行为人就构成了基于先行行为的不作为故意杀人罪。由先行行为引起的作为义务必须具备以下几个条件:

第一,先行行为具有使损害结果发生的现实危险性,这是鉴于先行行为构成不作为犯罪的关键,也是不作为与作为能够同视、具备等值性的所在。这种现实危险性,表明了先行行为具有使结果发生的确实性和急迫性,如果没有其他因素的介入,损害结果就会顺乎自然地发生,从而表明了先行行为与损害结果之间具有刑法上的因果关系。如果并不具有使损害结果发生的现实危险性,则无论先行行为是一般的违法行为还是犯罪行为都不会引起行为人的作为义务,从而不会构成不作为的犯罪。这种现实危险性的存在与否,尚依赖于行为时的客观环境、受害人的状况等因素。

第二,先行行为必须是在客观上违反义务的,具有违法性,但不必是有责的。一般而言,一个合法的先行行为即使产生某种危险,也不构成不作为犯罪。比如某甲持刀杀乙,乙为保护自己的生命,反而将甲砍成重伤,乙眼见甲伤重流血不止,但不予送医院进行救治。这种情况下,乙的行为系正当防卫,是法律赋予的权利行使行为,是合法的,乙的正当防卫行为并不引起其作为(积极救治)的义务,尽管其行为包含着使甲死亡的现实危险性。只是在少数情况下,虽然先行行为具有违法阻却事由,但对于因其行为而致他人于危险状态时,仍具有作为义务。这主要发生在紧急避险的情形中。尽管法律认为行为人所保全的利益明显优越于他人所牺牲的利益时的行为是合法的,但由于第三者因合法利益受损害而产生的救助需求乃行为人(避险人)的行为所致,避险人有义务排除第三者受损利益的继续扩大。比如某丙驾车为避免与迎面而来的卡车相撞,不得已冲入人行道将行人丁撞伤,这时某丙撞伤丁的行为虽然不被认为是违法的,但其仍有义务将丁送往医院进行救治,如果丙不加救治，则可以构成不作为的故意伤害罪。如果丁因得不到及时救治而死亡的，则其对丁之死亡仍然要负刑事责任。

至于先行行为是否包括犯罪行为，有的学者认为先行行为不能包括犯罪行为。其理由是：行为人实施犯罪行为后，有义务承担刑事责任，但没有义务防止危害结果的发生。如果行为人自动防止危害结果发生，则是减免刑罚的理由；如果行为人没有防止危害结果发生，则负既遂罪的刑事责任；如果行为人没有防止更严重结果的发生，则负结果加重犯的刑事责任。如果认为先行行为包括犯罪行为，则会使绝大多数一罪变为数罪，是不合适的。[1]这种观点似乎值得商榷。先行行为包括犯罪行为，并不是说任何的先前的犯罪行为都会引起其作为的义务，只有这种先前的犯罪行为同样具有危害结果发生的现实危险性时，才谈得上作为义务问题，也就是说要受到上述第一个条件的制约。如果认为先行行为不包括犯罪行为，则上述案例中许某的行为只构成交通肇事罪一罪，而我们认为许某的行为不仅构成交通肇事罪，而且同时构成不作为的故意杀人罪，具体理由将在后文分析。同时，论者认为如果行为人没有防止更为严重的结果发生，则负结果加重犯的刑事责任也是不确切的。比如，甲欲伤害乙，但并不想杀死乙，甲伤害乙后有使乙致死的危险，甲欲加以救助，但受害人乙拒绝救治，导致其死亡。这种情况下，行为人已经履行其基于先行行为产生的作为义务（即积极救助的义务），但危害结果仍然发生，甲并不构成结果加重犯。

第三，先行行为具有使结果发生的直接性。若危害结果并不能归属于先行行为，即虽然发生了间接的危害结果，行为人仍不构成不作为犯罪。换而言之，行为人客观义务的违反必须是对体现保护这一具体社会关系的法律规范的违反。

以上分析了由先行行为引起作为义务而构成不作为犯罪的先行行为自身应具有的特征，行为人构成犯罪还须具备其他条件，比如行为人有能力履行作为义务；行为人没有履行义务与危害结果之间具有因果关系；行为人在主观上一般是间接故意，少数情况下可以是直接故意等条件。司法实践中，由先行行为引起作为义务而构成不作为故意杀人案件中，比较常见、典型多发的一类案件就是行为人交通肇事后逃逸致人死亡案件中构成故意杀人罪的案件。因而，正确分析此类案件的特征，做到定性准确、量刑得当不仅具有重大的理论意义，也具有很大的实践价值。在交通肇事逃逸致人死亡的案件中，并不是说行为人肇事逃逸不予保护的不作为就构成不作为的故意杀人罪，否则就确实会出现上述论者所说的绝大多数的一罪变为数罪的后果，而是要进一步分析不作为的具体情况，一部分案件仍应定交通肇事罪一罪，适用刑法第133条"因逃逸致人死亡的，处七年以上有期徒刑"的量刑档次，一部分案件则应认定为交通肇事罪和不作为故意杀人罪，实行两罪并罚。行为人逃逸不予救护的不作为能够等同于故意杀人罪中的实行行为而构成不作为的故意杀人罪，关键是看其不作为中是否包含着剥夺受害者生命的现实危险性。这就需要综合整个案情，全面分析受害者负伤的程度以及所处的环境。从受害者负伤程度看，若受害者流血过多，不立即送往医院救治就不能得救的情况下，行为人逃逸不管的行为就可以构成故意杀人罪中的实行行为。从受害者所处的环境看，其受伤程度虽不致达到死亡，但若受害者倒在人烟稀少的山路上，或者是在行人很少的深夜，或者是在寒冷的季节有冻死的危险或者行为人为湮灭罪证，将受害者当场撞伤后将其挪开现场，抛弃他处使其得不到他人的及时发现及救助，行为人这种放置不管逃逸而将受害者挪至他处的行为本身包含着对受害者生命的现实危险性，可以构成杀人的实行行为，以不作为的故意杀人罪论处，至于是直接故意还是间接故意则要依具体情况而定，一般情况下是一种放任、听之任之的态度即间接故意。反之，倘若，受害者所负的伤并非致命，现场是行人来往频繁的场所，极有可能得到第三者的及时救助的情况下，或者，行为人将被害人撞成重伤且濒临死亡，即使及时抢救也无法避免其死亡（事后法医诊断证明），行为人畏罪潜逃而被害人即刻死亡的，行为人逃逸不管的不作为并不能看成是故意杀人罪的实行行为，不构成故意杀人罪，而仅构成交通肇事罪；其逃逸行为只能作为交通肇事罪的加重情节，适用刑法第133条第二个量刑幅度。

我国有的学者提出，在驾驶者撞伤行人逃逸的"轧逃"案件中，只有在驾驶者为防止受伤的行人死亡而采取了抢救措施后，又中途停止能够继续进行的抢救，并且控制了受伤的行人的死亡进程时才可以成立不作为的杀人罪。就是说，行为人只有在先行行为后，又实施了一个为防止结果发生具有支配力的自愿行为，即控制了结果发生的进程时，才产生不纯正不作为犯的作为义务。笔者以为，根据此标准，这的确可使一些案件得到合理解决，但与此同时又不适当地缩小了不纯正不作为犯罪的成立范围。依此标准，诸如行为人在寒冬的傍晚驾车将一山民撞成重伤，倒在少有人走的山路上而后逃走的案件是不能构成故意杀人罪的。因为行为人交通肇事后并没有采取一种自愿的抢救行为而后又停止继续的抢救，但理论界通说认为在此种情况下，行为人明知将行人撞成重伤后将极有可能因流血过多加之寒冬受冻而无人救助导致死亡的危险，却放任这一危害结果的发生，主观上完全具有杀人的间接故意甚至是直接故意；客观上采取不加救助放任不管的行为，完全应当以故意杀人罪定罪。

综上所述，笔者认为，在由先行行为引起作为义务而构成不作为故意杀人罪案件的认定过程中，既不能用先行行为尤其是犯罪行为产生作为义务而一概地以不作为故意杀人定性，也不能将此种情况下不作为故意杀人的成立范围仅仅限于先行行为后自愿地采取了为防止结果发生的具有支配力的行为后所导致的状态，而应实事求是地根据不作为的具体状况，具体考虑行为人的不作为是否具有致使危害结果发生的现实危险性，在交通肇事后逃逸致人死亡事件中构成不作为故意杀人罪的认定不仅要考虑行为人的心理状态，而且要具体考虑被害人受伤的程度、肇事的时间、场所、气候条件等具体的客观环境。而当行为人不作为具有使危害结果发生的现实可能性时，一般而言，行为人对于危害结果发生的进程处于排他性的支配关系或者基本上处于排他性支配关系之中，前者如行为人交通肇事后将受害人放入车斗中任意颠簸，就是故意不送医院抢救等待其流血过多后死亡而后掩埋以图湮灭罪迹的情况。这种状况下，行为人的行为直接、完全排除了其他人对受害者进行救护的可能性而处于排他的支配关系之中；后者如行为人肇事后将撞伤者直接遗弃在少有行人的山路的草丛中并且是在夜间。尽管这种情况下行为人逃逸对受害者并不具有直接的支配力,既并没有完全排除他人进行救助的可能性,但结合当时具体环境,只有他最有能力进行救助,行为人完全可以控制结果发展进程,而当时的客观环境又基本上排除了他人进行救助的可能性,可以说行为人是在不自觉地利用当时的客观环境,对危害结果发生的进程基本上处于排他性支配关系之中,行为人对危害结果多持间接故意的态度。

  在本案中,行为人许某交通肇事撞伤行人后逃跑,其行为发生的过程可以分为前后两个阶段,第一阶段是交通肇事行为。第二阶段是行为人将被害人移置后抛弃逃跑的行为。这一阶段是否构成不作为故意杀人罪。关键是看其是否符合不作为故意杀人罪的条件,笔者认为,综合全部案情来看,行为人许某的行为已构成不作为的故意杀人罪。理由是:首先,行为人肇事后,使具有由于自己的肇事行为而使被撞成重伤者有死亡危险状态发生的防止义务,即应该立即抢救被害人。许某撞伤赵某被逼停车后,本该将身负重伤、生命垂危的赵某送往医院抢救,但其置受害人的死活于不顾,行车途中又将赵某抬下车,弃于路边草丛而逃走。其交通肇事的行为已经具有使受害者死亡的现实危害性。进一步分析,在当时的情况下,被害人负伤极重,生命垂危,如果行为人在将赵某撞倒在地后不顾群众呼喊仓皇逃走,受害人还有可能得到周围群众的及时救治,但行为人在伪装将伤者抬上车送往医院过程中,又将伤者抛弃,且当时天色已黑,天下大雨,路滑,路上少有人行走,伤者的生命安全完全依赖于行为人的保护,但行为人却将其扔到路边草丛中,即使是路上偶有行人也很难发现伤者,这样伤者就基本上丧失他人救护的可能性,行为人也因此对危险发展的进程形成了排他性的支配关系,因而其不作为便具有故意杀人罪的实行行为性质,应当构成故意杀人罪。其次,行为人在当时的情况下完全有条件、有能力将伤者送往医院救治,行为人将伤者抬上车后,不是不可以径直送往医院,却在中途调转车头,将伤者抬下车,弃于路边,真正是"能为而不为",因此完全符合不作为故意杀人罪的第二个条件。再次,行为人的不作为与受害者的死亡之间具有因果关系。案例表明,正是由于伤者得不到及时抢救而死亡,如果伤者能够得到及时抢救,即行为人肇事后立即将伤者送往医院,就可以近乎肯定地避免其死亡。但是,倘若行为人逃跑后,伤者立即得到他人的救护,仍无法避免其死亡,则不能说其不作为与受害者的死亡之间存在刑法上的因果关系。或者即使是行为人并没有将受害者赵某抬下车,而是直接毫无延误地送往医院抢救,但由于医院工作人员的延误造成伤者的死亡,则行为人也不构成故意杀人罪。最后,我们来分析一下行为人的心理态度。在不作为犯的故意中,要求行为人在认识因素上表现为其至少认为结果的发生是现实可能的,在意志因素上,表现为行为人对积极作为的控制,行为人至少对危害结果的发生持无所谓的态度。本案中,受伤者被撞伤后,行为人将之抬上车又抬下车,且伤者是个年迈的老者,其对伤害的承受能力肯定大大削弱,且当时天下大雨,伤者躺在路边草丛中,行为人作为一个精神健全的成年人对其行为的后果不可能预料不到,受伤者被撞伤之后,能否被他人救助,对行为人来说是个未知数,虽然行为人也可能寄希望于别人的及时发现而将伤者抢救,但其并不符合轻信能够避免的过于自信过失的心理特征,相反,这种情况下其采取了不闻不问、漠然置之的态度,其主观上完全符合间接故意杀人的心理特征。综合以上分析，笔者以为行为人许某交通肇事后逃跑的行为完全符合不作为的故意杀人罪的特征，因此，应当定故意杀人罪。对于本案，最后检察院以交通肇事罪和故意杀人罪起诉，法院以同罪判决是正确的。

（二）从本案谈多种因素收受他人钱物的认定

【案情】

公诉机关：淮安市淮阴区人民检察院。

被告人：夏军。

淮安市淮阴区人民检察院指控：自2001年至2006年间，被告人夏军利用其担任淮安市淮阴区财政局局长的职务便利，在从事招商引资、拨付资金、人事安排过程中，先后23次收受他人钱物折合人民币共计151200元，并为他人谋取利益。另有非法所得人民币16000元。其中2002年，被告人夏军以招商引资的名义，将财政局土地交给沭阳县恒通房地产有限公司张林峰开发经营。2003年底2004年初的一天，张林峰为了感谢夏军的支持和帮助，送给被告人夏军人民币7万元。

【审判】

淮阴区人民法院经审理查明：自2001年至2006年间，被告人夏军利用其担任淮安市淮阴区财政局局长的职务便利，在从事拨付资金、人事安排等事项时，先后21次收受他人钱物折合人民币共计76200元，并为他人谋取利益。另有非法所得人民币16000元。对公诉机关指控被告人夏军收受张林峰7万元这1起，法庭经审理查明，张林峰送夏军7万元现金是出于多种原因：既有夏军利用财政局局长的权力拍板决定将财政局土地交给张林峰开发经营，也有夏军出面与国土、建设等部门为张林峰开发经营的项目办理土地、建设等相关审批手续，还有夏军与张林峰私人借款18万余元的利息（对于利息双方没有约定）回报。这些因素中既有有罪因素，也有非罪因素，由于这些因素的同时存在，究竟张林峰所送的7万元现金中多少属于权钱交易的性质，无法定量地分析，淮阴区法院以该起事实不清，证据不足为由，认定这7万元不构成受贿。据此，法院判处被告人夏军有期徒刑四年，并处没收财产人民币五万元。案件宣判后，被告人没有提起上诉，公诉机关亦未抗诉，判决已经生效。

【评析】

本案争议的焦点是：被告人夏军出于多种因素收受张林峰7万元现金是否构成受贿。本案在研究过程中出现两种意见：1.被告人与行贿人在庭前有相对稳定并相互印证的说法，且被告人本人也认为这笔钱不该拿，并退了钱。虽然被告人夏军借了18万元给张林峰，但如果没有约定，即应没有利息，如果有利息也应符合国家规定的利率标准，而不应按民间行规计算。被告人夏军将土地交由张林峰开发并收受7万元现金，应当认定为受贿。2.经庭审确实查实被告人夏军借过18万元给张林峰，双方对此借款利息没有约定，对于利息双方只要没有意见，利息高低法院不应当干涉。张林峰所送7万元中既有对被告人夏军将土地交给其开发并在办理手续上给予帮助的感谢，也有对夏军借钱给他的利息回报，属于多因一果,而两者间数额又无法区分,本着有利于被告人的原则,对 7 万元不认定为受贿,但作为量刑情节予以从重处罚。

究竟上述两种意见谁是谁非,笔者认为应当仔细分析张林峰送钱给夏军的原因。

根据我国刑法第 385 条第 1 款之规定:国家工作人员利用职务上的便利,索取他人财物的,或者非法收受他人财物,为他人谋取利益的,是受贿罪。

针对张林峰送钱给夏军的第 1 个原因,即夏军作为淮安市淮阴区财政局局长拍板决定将淮安市淮阴区财政局土地交由张林峰开发经营,张林峰从中获利,张林峰为感谢夏军而送钱,夏军作为淮安市淮阴区财政局局长,具备国家工作人员的身份;其拍板决定将财政局土地交由张林峰开发,利用的是自身职务的便利;张林峰开发经营此土地获得了利润,也具备谋取利益的条件,因此出于此原因收钱构成受贿罪无疑。根据我国刑法第 388 条之规定:国家工作人员利用本人职权或者地位形成的便利条件,通过其他国家工作人员职务上的行为,为请托人谋取不正当利益,索取请托人财物或者收受请托人财物的,以受贿论处。

针对张林峰送钱给夏军的第 2 个原因,即作为财政局招商引资项目(张林峰利用财政局土地开发房地产),夏军作为第一责任人通过关系找到国土局、建设局帮助张林峰办理审批手续,夏军作为财政局局长,其通过关系找到国土局、建设局帮助张林峰办理审批手续,不是利用财政局局长的职务便利。财政局局长没有办理土地、建设审批的权力,办理土地、建设审批的权力在国土局和建设局。从国土局、建设局与财政局的关系来看,三者在行政体系中处于平行地位,没有领导也没有制约关系。夏军出面为张林峰办理项目土地、建设等审批手续,是响应招商引资的号召,服务招商引资企业。国土局、建设局之所以要给财政局局长夏军在办理项目土地、建设等审批的方便,一方面是因为招商引资的大环境决定所有行政机关要给予招商引资企业方便;另一方面也有同是一个地方的行政机关一把手,也有相互利用的因素。但两个方面均与夏军作为财政局局长的权力无关。再者,张林峰响应号召到淮阴区开发房地产并从中赚取利润,也不是不正当利益。因此,夏军为招商引资企业办理土地、建设审批手续,而收受钱物不符合斡旋受贿的规定,也不能认定为受贿。

针对夏军与张林峰借贷 18 万元现金,由于这是私人借贷,属于私法范畴,要遵循意思自治的规定。只要当事人双方没有意见,双方完全自愿,不违反强行性规定,作为公权力的法院不应当介入。况且经过核实,民间个人工程借贷也有月息 2 分至 1 毛钱的现象存在。而张林峰在做其他工程过程中也有这种情况。虽然夏军和张林峰在借款时没有约定利息,按照最高人民法院关于审理民间借贷纠纷若干问题的解释规定,应视为无利息,但法律并不禁止当事人自愿给付利息。同样,法律对当事人之间约定的超过银行同类贷款利率 4 倍的部分不予保护,但也并不禁止当事人自愿给付高额利息。因此,不能否认这 7 万元中有利息的成分。在没有足够证据予以区分和排除的情况下,难以核实张林峰所送的 7 万元中有多少是借款的利息回报,多少是非法所得,多少是贿赂的成分。从有利于被告人的角度出发,应当对 7 万元不认定为受贿。

（三）赌博输钱邀人报复定抢劫罪还是寻衅滋事罪

【案情】 2006年5月1日下午5时许，小兵、小钟酒后与小亮等人在一茶馆内扎"金花"。因赌输了钱，小兵、小钟与小亮发生了纠纷。小兵、小钟二人认为被小亮扫了面子，就想叫人收拾小亮。小兵、小钟从茶馆出来后，到水库的码头，小钟先上船将小亮乘坐的渡船控制住，小兵则打电话邀约小山到水库帮忙打架。小山接电话后，又邀约他人租乘一辆出租车赶至水库与刘才汇合。经小兵指认，小山等五人将坐在船上的小亮强行拉上岸，对其殴打，致使小亮背部、头部、膝部软组织损伤，后又强迫小亮跪在地上，逼小亮交出身上的现金500元，同时强令小亮向刘才出具一张欠其现金500元的欠条。后公安机关将小兵、小钟、小山捉获归案。

【意见分歧】 公诉机关以小兵、小钟、小山构成寻衅滋事罪向法院提起公诉。该案在审理后，对小兵、小钟、小山三人的定性形成了两种不同的意见。

一种意见认为：小兵、小钟在赌博输钱后，认为被小亮扫了面子，邀约小山等人无故殴打他人，强索他人财物，情节恶劣，其行为应定寻衅滋事罪。

另一种意见认为：小兵、小钟、小山当场实施暴力，迫使小亮当场交出财物，符合抢劫罪的特征，其行为应定抢劫罪。

【法理评析】 笔者同意第二种意见。因为抢劫罪的最为显著的特征就是两个"当场"，第一个"当场"是当场使用暴力或者以当场实施暴力相威胁，第二个"当场"则是当场夺走其财物。抢劫罪与寻衅滋事罪的主要区别为：第一，寻衅滋事强取、强要财物的主观目的在于争强好胜、逞能耍威，并无明显的非法占有的目的，抢劫罪强取、强要财物的行为则完全基于非法占有的目的；第二，寻衅滋事的行为通常不以侵犯人身权利的方法获取财产，抢劫罪的手段行为具有明确的侵犯人身权利的性质；第三，如果是未成年人使用轻微暴力的方式强取、强要少量财物的行为，通常不应视为抢劫，符合寻衅滋事一般特征的，可以寻衅滋事罪定罪处罚。《最高人民法院关于审理抢劫、抢夺刑事案件适用法律若干问题的意见》第7条2款规定，抢劫赌资、犯罪所得的赃款赃物的，以抢劫罪定罪，但行为人仅以其所输赌资或所赢赌债为抢劫对象，一般不以抢劫罪定罪处罚。构成其他犯罪的，依照刑法的相关规定处罚。本案中，小兵、小钟虽是在赌博输钱后，认为被小亮扫了面子，邀约小山等人报复小亮，但不是仅以所输赌资为抢劫对象，而是当场使用暴力殴打，强迫小亮跪地，当场逼小亮交出身上的现金500元，同时还强令小亮向刘才出具一张欠其现金500元的欠条，不是无故殴打小亮。主观方面也具有非法获取他人财物的目的，强索他人财物，抢劫的手段行为在先，目的行为在后，劫取财物的目的是借助于手段行为表现出来的。所以，小兵、小钟、小山三人的行为应定抢劫罪。

（四）介绍卖淫不成向小姐家人索要钱财如何定性

【案情】

2006年2月下旬，重庆市巴南区社会青年文某、周某某、郭某某、余某在一品镇共谋，以"包夜"为名去骗卖淫小姐出台，然后将小姐带去卖淫找点钱来用。先后多次在重庆周边作案。同年 2 月 26 日零时许，上列四人驾二辆摩托车来綦江后，在古南镇宏远市场，犯罪嫌疑人吴某某开的发廊内，由文某、周某某出面与吴某某讲价，以 130 元包夜嫖娼为由，交 130 元给犯罪嫌疑人吴某某后将该发廊内的女青年柯某某带出发廊，连同采用同样方法在东城车站发廊骗出的小姐一同挟持到巴南区，逼迫二女卖淫。二女不从，周某某等即将二女青年扣押为人质，要柯某某打电话向家人索要 350 元后放人，柯某某为脱身即打电话要求犯罪嫌疑人吴某某向周某某等人提供的银行账号汇款 350 元后，才将柯某某放出。其间，周某某等人没有同柯某某发生嫖娼行为。

【分歧意见】

第一种意见认为，吴某某的行为不构成犯罪。文某、周某某等人共谋以嫖娼包夜为名，骗出卖淫女柯某某，控制其人身自由进行逼迫卖淫未遂后，向其亲友勒索钱财 350 元。犯罪嫌疑人吴某某为获利而介绍卖淫女柯某某，并收取所谓"包夜"费 130 元。而介绍给所谓的嫖娼人员系绑匪，不是真正的嫖娼人员，也没有发生嫖娼卖淫行为。所以，吴的行为与后果之间没有必然的因果关系，故不能认为是犯罪。介绍卖淫是指介绍人在卖淫者和嫖娼者之间牵线搭桥，从中撮合，使卖淫行为得以实现的行为。从本案看不完全符合这个解释，首先嫖娼者实为绑匪，其次，客观上卖淫行为没有实现。

第二种意见认为，吴的行为构成介绍卖淫罪。

【评析意见】

笔者同意第二种意见。介绍卖淫是指介绍人在卖淫者和嫖娼者之间牵线搭桥，从中撮合，为卖淫行为提供便利的行为。

从吴某某本身来看，她的主观动机、行为和目的都很明确，就是介绍卖淫女给他人包夜卖淫，并且还收取了嫖资。介绍卖淫是行为犯，只要行为明知是介绍他人进行卖淫活动，且收取了相应的费用，就应当认定行为完成。介绍行为完成，即成立犯罪。至于嫖娼行为是否实施，则是介绍行为的后续行为，对于介绍行为的定性不应受到影响。

在一般来看，要求嫖娼行为实现，才能定介绍行为成立，这是基于实践中介绍与实际嫖娼行为相一致的大多情况。实践中，介绍后是否卖淫，则往往是介绍者无法控制的，也没有必要控制。介绍者的目的是介绍他人卖淫从中收取费用。只要他的这个目的达到，是否最后有他人卖淫，则不影响介绍人的利益，也不影响行为的成立。

所以，本案吴的行为应定为介绍卖淫罪。

（五）姐姐为弟弟提供躲藏的处所该如何定性

【案情】

2005 年 7 月 29 日晚上，犯罪嫌疑人陈权等人因与郭鸣发生口角争吵，在大足县万古镇三角碑处，对郭鸣进行殴打，致郭鸣自发性蛛网膜下腔出血死亡。后陈权与同伙逃至铜梁县围龙镇，当得知郭鸣已死亡的消息后，陈权打电话叫其姐姐陈菊找车来接，陈权在电话中对陈菊说，自己与人在外面打了架，将别人打得很严重，陈菊先说不管这事，后接到其叔父陈文明的电话，劝陈菊去将陈权接回来，陈菊即叫为其家开出租车的吴绍华一起将陈权及同伙四人接回永川市临江镇，并按陈权的意图打电话叫陈文明将其在临江镇街上的住房钥匙带来，以便陈权等人躲藏，然后又与陈权、吴绍华一起开车将陈文明接到临江镇街上，因陈菊对其弟的所作所为很气愤，即说陈权的事她再也不管了，并与吴绍华开车离开，回永川自己的家去了。当晚陈权将打架的事告诉了陈文明和父亲陈道宏，并在陈文明提供位于街上的空房子内躲藏。8月3日，陈权在其父亲、叔父的劝说带领下，到公安局投案自首。

【分歧意见】

关于本案的定性有两种意见。

第一种：犯罪应以结果论，陈权打架后，在电话中对陈菊说，自己与人在外面打了架，将别人打得很严重，叫其用车去接他。陈菊将陈权等人从铜梁接到永川，帮助潜逃，陈菊的行为已构成窝藏罪。

第二种：陈菊的行为不构成窝藏罪，因为陈菊的行为显著轻微。

【评析意见】

笔者同意第二种意见即陈菊的行为显著轻微，不以犯罪论处。

其理由是：刑法第310条规定，明知是犯罪的人而为其提供隐藏处所、财物，帮助其逃逸的，构成窝藏罪。本案陈菊对陈权等人是否犯罪不明知，因此，陈菊的行为不符合窝藏罪的构成要件。具体表现在：

第一，陈菊不明知陈权等人打死了郭鸣。作为姐姐，当弟弟晚上在外不能回家时用车去接，也是人之常情。本案中，当陈权得知郭鸣已死亡的消息后，就打电话对陈菊说，和别人在外面打了架，并且把别人打得很严重，叫姐姐陈菊找车去接他，陈菊当时就明确说不管这事，后在其叔父的劝说下，才勉强和其驾驶员去接回永川，之后，陈菊就回了自己的家。

第二，陈菊在接陈权的过程中，陈菊坐在车上开始一言不发，非常生气，后骂过陈权平时不听话、不争气，并叫他说老实话，被打的人究竟怎样，陈权说死否不清楚，对方有可能是在敲诈他们。陈菊不知道陈权打架的后果，也不知道陈权的行为是否构成犯罪。

综上所述，陈菊的行为显著轻微，不以犯罪论处。

（六）刑法因果关系对本案定性的影响

【案情】

2005年8月13日，成年男子张甲、张乙和方某一起从事体力劳动后饮酒，酒后同去水塘里洗澡（均会游泳），其间，三人互相拉扯、嬉闹。方某先上岸，用泥土扔向张乙、张甲，张乙与方某嬉闹，方某又跳入水塘内，扑向张乙，张乙遂将方某按入水中，在方某头部尚未全部浮出水面时，张甲又将方某按入水中，此后，方某一直未再浮出水面。方某尸体被打捞上岸后，经法医鉴定系溺水死亡。

【分歧意见】

2006年6月20日，笔者针对上述案情在《人民法院报》C3版"案例探讨"栏目中发表了《戏水致人死亡不构成犯罪》一文，提出：由于本案中，究竟是谁的行为导致了方某溺水死亡这一基本事实无法查清，因而认定张甲、张乙行为构成犯罪的证据不足，不宜追究二人刑事责任的观点。

6月27日，牛传勇在该栏目发表题为《戏水致人死亡构成过失致人死亡罪》的文章（下称《牛文》），对笔者的观点进行了反驳，并认为本案中张甲和张乙均构成过失致人死亡罪。笔者认为这种观点值得商榷，故对《牛文》的主要观点再谈几点管见，希望能够得到更多同仁的指教。

【评析】

首先，《牛文》认为"本案中方某死亡系张甲和张乙二人行为的合力共同所致"，"对于其共同行为造成的后果，张甲、张乙二人应共同承担责任。"很显然，对于张甲、张乙的行为，《牛文》是作为共同犯罪来处理的。然而，无论是我国刑法第25条关于共同犯罪的规定，还是刑法通说理论，均认为共同犯罪仅限于共同故意犯罪，共同过失犯罪不是共同犯罪，不是共同犯罪就不应当共同承担刑事责任。所以，依据刑法规定，即使张甲、张乙存在共同过失，也不能以共同犯罪论处；应当负刑事责任的，按照他们所犯的罪分别处罚。

假设《牛文》的观点成立，即对张甲、张乙分别按照过失致人死亡罪追究刑事责任，则表明张甲、张乙的行为与方某的死亡结果之间分别存在着刑法上的因果关系。下面，我们不妨从刑法上的因果关系再来分析本案。

刑法中的因果关系是指危害行为与危害结果之间引起与被引起的合乎规律的联系，是犯罪客观方面的一个主要内容，它反映了危害行为与危害结果之间的内在联系。在马克昌主编的《犯罪通论》中认为，"研究刑法因果关系的目的，主要在于确定构成要件的结果是由谁所实施的构成要件的行为所引起的，以及这种行为构成什么犯罪，以便提供成立该种犯罪的刑事责任的客观依据。"

刑法因果关系的表现形式，在理论上存在着必然说与偶然说。必然说认为，只有危害行为与危害结果之间具有内在地、必然地、合乎规律地引起和被引起关系的必然因果关系，才属于刑法中的因果关系，才可以作为刑事责任的客观基础。偶然说认为，作为刑事责任客观基础的因果关系固然包括必然因果关系，同时某些偶然因果关系也属刑法上的因果关系，也是刑事责任的客观基础。结合本案，方某被张乙按压入水后，并不必然会遭到张甲的按压。因此，张乙按压行为与方某的溺水死亡之间存在的是偶然的因果关系，前因并不必然导致结果的发生。过失致人死亡罪是结果犯，死亡必须是致害人的过失行为导致的必然结果，也就是说过失行为与死亡结果之间必须是直接的必然的因果关系。仅以偶然因素来判断张乙行为构成过失致人死亡罪，是缺乏法理基础的。

刑法中的因果关系包括直接因果关系和间接因果关系。直接因果关系所表明的内容是危害行为没有介入中间环节而直接产生危害结果，对刑法上直接因果关系必然要追究刑事责任。对间接因果关系是否也必然追究刑事责任，则涉及"因果关系的介入和中断"问题。《犯罪通论》认为，介入因素符合三个条件时，可以中断原来的因果关系：一是必须是介入了另一个原因,即这一原因中确实存在与危害结果质的同一性,本身包含结果产生的实在可能性;二是介入因素必须是异常的;三是介入因素必须是合乎规律地引起了危害结果的产生。就本案而言,张甲行为的介入完全符合上述三个条件,因此,张乙行为与方某死亡结果之间的因果关系,由于张甲行为的介入而发生了中断。以中断的因果关系要求行为人承担刑事责任也是于法无据的。

其次,《牛文》认为,张乙和张甲先后按压的行为是一个不可分割的整体,两者时间相加超过了方某的忍受程度,对由其共同行为造成的后果,张甲和张乙应共同承担责任。对此观点,笔者也不敢苟同。本案中,张乙和张甲的行为不仅有先后顺序,而且具有一定的时间间隔。二人是两个完全独立的行为主体,在实施按压行为前,双方没有合意,按压过程中也没有任何意思联络,其主观意识和客观行为均具有独立性。依据"构成要件结果自负原则"和罪责刑相适应的原则,张乙只对自己的过失行为负责,自己的行为造成什么结果,就承担多大的责任。在张乙行为与本案结果之间只存在偶然的因果关系且又发生了中断的情况下,若不以犯罪构成要件为指导,完全抛开刑法上的因果关系来认定张乙构成犯罪,难免有客观归罪之嫌。

第三,《牛文》将本案中张甲和张乙的过失行为与"司法实践中常见的二人以上殴打一人致其死亡"的故意犯罪行为相提并论,显属不当。

诚然,正如《牛文》所言,在司法实践中,不乏多人共同实施殴打行为导致被害人死亡,并在无法查清具体是哪个人实施了致命的殴打行为的情况下,最终以共同犯罪追究行为人刑事责任的案例。但是,倘若这些共同故意犯罪案例能够作为衡量本案事实和证据的标准,那么,刑法对于犯罪的主观要件特别是故意与过失之间本质区别的研究还有多少价值呢?

方某是在与张甲、张乙戏水中死亡的,对于这一客观事实,笔者从未有疑义。但这一客观事实并不能表明张乙实施行为后,方某的生命处于何种状态是清楚的。《牛文》认为这是"过分注意细节,甚至违背证据基本规律去追求细节事实的清楚",其实不然。因为,假如张乙、张甲二人的行为均构成过失致人死亡罪,就应当按照他们所犯的罪分别处罚。而二人行为之间方某的生命状态,是直接影响对二人行为定性的关键情节。刑事诉讼法所要求的"案件事实清楚",是指与定罪量刑有关的能证明犯罪嫌疑人有罪、无罪、罪轻、罪重、从轻、减轻或免除刑罚的事实和情节都必须查清。"证据确实充分",要求每个证据都必须确定、客观、实在,有充分的证明力,足以认定犯罪事实。本案中,张乙按压方某后,如果没有张甲的再次按压,方某的生命状态存在三种可能性:一是尚未受到伤害;二是受到一定伤害(或轻伤或重伤);三是生命垂危甚至死亡。由此,张乙的责任也存在三种可能,即:①不构成犯罪;②构成过失致人重伤罪;③构成过失致人死亡罪。诸如此类由于案情复杂或者受主客观条件的限制,而处断难明的"疑案",无论过去、现在还是将来都会存在。尽管张甲和张乙的行为存在一定的危害性,但由于刑法具有不完整性,不可能将一切有害行为均纳入刑法的调整范围。若以科学技术无法获取无罪证据为由,将不能排除合理怀疑的"疑罪"强加给行为人，显然有失司法公平和公正。只有承认"疑罪"是客观存在的现实，遵循"无罪推定"的处理原则，才是实事求是的科学态度，才能充分体现司法机关对处理犯罪的谨慎态度和对人权的充分保障。

此外，在证明标准上，刑事诉讼高于民事诉讼已是不争的事实。刑事证据实行的是排除合理怀疑规则，而民事证据实行的是优势证据规则。所以，追究刑事责任和承担民事责任，对于案件事实清楚程度的要求是明显不同的。当事人刑事责任不清，并不能妨碍其承担民事赔偿责任。本案张甲、张乙二人的行为符合我国民法共同侵权的规定，理应承担其民事赔偿责任。因而，《牛文》认为"事实不清的案件不仅不能在刑事上判处刑罚，而且也不能在民事上判决赔偿责任"的观点，未免失之偏颇。

第二章 犯罪未完成形态问题

第一节 犯罪未遂的实训

一、基本案例一

（一）误把妻子当成他人实施强奸、抢劫如何定性

【案情】李某于1998年9月14日犯抢劫罪，被判处有期徒刑4年，2002年刑满释放。2004年6月7日，李某趁其妻上夜班之机，乔装打扮后外出作案。当李某来到一昏暗僻静之处，见前面有一妇女，便尾随其后乘机将其击倒并实施奸淫。奸毕又强抢该妇女的挎包一只（内有现金230余元），然后逃离现场。被害妇女连夜到公安机关报案。当被害妇女报案后回到家中，发现自己的挎包已在家中桌上，方知是自己的丈夫所为，遂与丈夫发生争吵。李某发现自己所奸之人系自己的妻子，所抢之物为家中财物，以为无事，第二天便偕同妻子，前往公安机关说明情况并主动交代前一晚上所做之事。公安机关依此逮捕了李某。不久，检察机关依法向法院提起公诉，要求追究李某的刑事责任。

（二）案例涉及的实体问题

本案在处理过程中，有三种意见：

第一种意见认为，李某无罪。理由是李某虽然实施了强奸、抢劫行为，但所奸之人系自己妻子，所抢之物为自家财物，并没有造成社会危害性，不应以犯罪论处。

第二种意见认为，李某构成强奸、抢劫罪既遂。理由是李某主观上有强奸、抢劫的犯罪故意，客观上实施了强奸、抢劫行为，虽然强奸之人系自己妻子，抢劫之物系自家财物，仍应构成强奸罪和抢劫罪的犯罪既遂。

第三种意见认为，李某构成强奸、抢劫罪未遂。理由是李某有犯罪故意，并实施了犯罪行为，但由于对象认识错误，只能以犯罪未遂论。

（三）案例的实体分析

笔者同意第三种意见。理由是：李某主观上出于强奸妇女的故意，客观上实施了强奸行为，事实上也强奸得逞，但由于对象认识错误，客观上针对的是不能构成强奸犯罪对象的妻子实施强奸，属于对象不能犯未遂。在强奸后，李某又出于非法占有他人财物的目的，使用暴力强行抢走被害人的财物，其行为构成抢劫罪。但同样由于认识错误，李某事实上抢劫的是不能成为其抢劫罪犯罪对象的夫妻共同所有的财物，也属于对象不能犯未遂。

需要说明的是，李某在构成强奸未遂和抢劫未遂后，认为强奸和抢劫自己的妻子不构

成犯罪，前往公安机关主动说明情况，依然属于自动投案，如实交代所犯之罪行，构成自首，依法可以从轻或减轻处罚。李某先后实施强奸罪和抢劫罪，应当实行数罪并罚，但其犯罪未遂，依法可以从轻或减轻处罚。李某在前罪执行完毕后五年之内，再犯应当被判处有期徒刑以上刑罚的强奸罪和抢劫罪，构成累犯，应当从重处罚。

二、基本案例二

（一）卢毅伟、吕杰荣破坏交通工具案

【案情】 被告人卢毅伟，男，42岁，某公司职工。

被告人吕杰荣，男，40岁，某厂工人。

卢毅伟与本公司汽车驾驶员苟某素有矛盾，为报复苟某，卢毅伟伺机破坏苟某驾驶的汽车。1999年10月16日，卢毅伟得知苟某"明天出车"；当晚8时许，卢毅伟约吕杰荣携带白砂糖到其家，然后将自己的"破坏计划"告诉吕杰荣，并希望吕与其"合作"。吕杰荣表示同意。当夜10时许，二被告人来到卢毅伟所在公司，由卢毅伟将停放在公司院内的"长江"牌厢式货车（苟某驾驶）的发动机盖打开，吕杰荣随后把白砂糖倒入发动机气门弹簧内。二被告人又各拌断一根雨刮器，接着卢毅伟弯腰找刹车油管，并向吕杰荣索取钢丝钳，吕从车中工具箱内取出钢丝钳递给卢，卢毅伟剪断刹车油管后二被告人逃离现场。次日，苟某在出车前检查时发现汽车已遭破坏，幸免遇险。后经技术鉴定，该车制动系统完全失效。

（二）案例的实体问题

对本案的认定存在两种不同意见：一种意见认为，卢、吕二人明知苟某第二天要出车，故意破坏其驾驶的汽车，是蓄意加害，但被苟某及时发现，两被告人的行为构成故意杀人罪（未遂）；另一种意见认为，卢、吕二人破坏使用中的汽车，已危及公共安全，两被告人的行为为构成破坏交通工具罪，哪一意见正确？

（三）案例的实体分析

第二种意见是正确的。

卢毅伟、吕杰荣二被告人为泄私愤不计后果，故意破坏苟某第二将要驾驶的"长江"厢式货车，造成该车行车制动系统失效，虽未造成严重后果，但已对交通运输安全造成现实危险，符合破坏交通工具罪的构成要件。从犯罪对象来看，卢、吕两被告人破坏的"长江"厢式货车用于货物运输，属现代化大型交通工具，机动性强，价值高，速度快；而且该车处运营间歇期间，属于"正在使用中"，如果破坏情况不被及时发现，该货车第二日将继续运营，一旦因遭破坏发生倾覆、毁损，就可能危害到不特定多人生命、健康或重大公私财产安全。从破坏程度来看，卢、吕二被告人向汽车发动机内倒白砂糖，剪断刹车油管，已使该"长江"车制动系统失效，这种破坏已不是表面的损坏，而是达到了足以使该车发生倾覆或毁坏危险的程度，即足以危及交通运输安全的程度。因而，虽然卢、吕二被告人的行为主要针对苟某，但其行为所危害的客体已不只是苟某一人的生命、健康，而是公共交通运输安全。从主观上看,卢、吕二被告人明知破坏该"长江"汽车的发动机或刹车油管,可能使该车在次日的运输中发生交通事故,但为了达到报复苟某的目的,其主观上采取放任的态度,属间接故意;这种间接故意是针对危害交通运输安全的后果而言的,两被告人报复苟某的意图仅是犯罪动机,不能因此认定其犯罪的故意仅限于追求苟某的伤亡,更不能以此认定其行为构成故意杀人罪。虽然苟某及时发现汽车被破坏,没有实际发生严重后果,但破坏交通工具罪属"危险犯",因而不影响两被告人犯罪的成立;两被告人的行为已经使汽车面临发生倾覆、毁坏的现实危险,犯罪已达既遂状态。综上,卢毅伟、吕杰荣的行为构成刑法第116条规定的破坏交通工具罪。

三、基本案例三

（一）李某的盗窃行为属未遂,还是既遂

【案情】

李某系某厂的现金出纳员,临时居住在该厂财务室。二〇〇五年十二月,李某不再从事出纳工作,由王某接任该工作,但李某仍居住在财务室。因李某对财务室的情况了解,于是产生盗窃王某保管的现金的想法,并于某日夜晚,盗窃王某保管的现金6000余元。第二天刚上班,王某发现某保管的现金被盗,当即报案,公安侦查人员即时到达被盗现场,在李某的床下找到现金6000余元,侦查人员对李某进行讯问,李某对其盗窃行为供认不讳。

（二）案例涉及的实体问题

第一种意见：李某的行为属犯罪未遂。原因是李某虽然实施了盗窃王某保管的财物（现金）的行为,但他没有转移所盗财物,即被抓获,所以,李某的行为属犯罪未遂。

第二种意见：李某的行为属犯罪即遂。原因是李某主观上具有非法占有的故意,客观上实施了盗窃行为,且王某已失去了对被盗财物的控制,所以,李某的行为属犯罪既遂。

（三）案例的实体分析

笔者同意第二种意见,理由是：盗窃罪是以非法占有为目的,秘密窃取公私财物,数额较大或多次盗窃的行为,从刑法理论上讲,窃取是将他人合法控制下的财产置于本人的非法控制之下,即在财产所有人或财产保管人的合法控制下,通过窃取行为,使财产的控制状态发生变化。盗窃的目的是非法占有他人财物,只有实际控制了所盗财物,才能视为既遂,如果行为人没有实际控制,即使财物所有人或保管人丧失对财物的控制,也不能视为犯罪既遂。如行为人在盗窃财物后,还没有来得及离开现场,即被抓获,仍属犯罪未遂。

本案中,李某主观上具有非法占有他人财物的故意,客观上实施了盗窃他人财物的行为,其行为属犯罪未遂,还是既遂,关键要看李某是否实际控制了所盗财物。

笔者认为,李某所盗的6000余元现金,虽然没有转移出财务室,但李某的盗窃行为并不同于实施盗窃行为被现场抓获的情况。第一,李某属本厂的职工,且居住在财务室,他虽有盗窃的嫌疑,但并不能直接认定李某到财务室就是实施盗窃行为。第二,李某有出入该厂财务室的自由，李某盗窃王某保管的现金之后，是有机会将所盗现金转移出财务室的，他可以在实施盗窃行为后当即转移所盗现金，也可以在上班之前转移出去，其所以没有即时转移所盗现金，就是存有侥幸心理，认为别人不会马上怀疑是他实施的盗窃行为。第三，李某居住在财务室，其个人的财物同时放置在财务室内，即是在其居住的范围内找到现金，如果李某不如实供述，也不能直接确认该现金就是被盗的现金。

所以，通过以上分析可以确认，李某所实施的盗窃行为已达到了实际控制所盗财物的状态，其行为构成盗窃罪的既遂，同时，李某如实供述的行为可认定为自首。

四、巩固练习

（一）情节犯是否存在犯罪未遂

【案情】

李某从沈阳站一次购买某地至北京卧铺票 50 张准备倒卖，票面总额为人民币 1 万元。由于内线举报，在其一张都未卖出的情况下即被查获。检察院以倒卖车票罪提起公诉。

关于本案的处理，有两种观点：第一，李某的行为不构成犯罪。理由是，倒卖车票罪属于情节犯，在车票没有卖出去的情形，其行为不能认定为"情节严重"。第二，应按倒卖车票罪（未遂）处理。理由是，最高人民法院《关于审理倒卖车票刑事案件有关问题的解释》规定，"倒卖车票票面额 5000 元以上，或非法获利 2000 元以上，即构成情节严重"。李某着手倒卖车票的数额已经达到这个定罪标准，应以倒卖车票罪追究刑事责任；由于倒卖行为没有完成，因而应以倒卖车票罪（未遂）追究其刑事责任。最后，法院采纳了第二种观点。

【点评】

从表面上来看，本案分歧意见的焦点是如何判断情节犯的"情节严重"。实际上，真正的症结在于，情节犯是否存在犯罪未遂以及其他未完成形态。

情节犯有狭义和广义之分。狭义的情节犯，是指具体罪刑规范中明确规定以"情节严重"或"情节恶劣"作为犯罪成立必要条件的犯罪类型；广义的情节犯，除了狭义的情节犯外，还包括具体罪刑规范中以特定情节的存在作为升高或者降低法定刑幅度的犯罪类型。如果考虑刑法第十三条的"但书"，似乎可以认为任何犯罪的成立都需要一定情节的存在，从而得出最广义的情节犯概念。不过，如此考虑显然没有任何理论意义。情节犯一般是在狭义层面来界定的，本文也是在狭义层面来讨论情节犯。

关于情节犯中犯罪情节的理论定位，有不同观点。例如，伍柳村先生认为，其不是构成要件，"在立法上属于提示性的规定，用以提起司法人员办案时的重视"；张明楷教授则认为，其属于综合性情节，仍属于犯罪构成的要件；在认为犯罪构成要件之外还应存在成立要件的学说中，则其应属于成立要件，而非构成要件。笔者认为，情节犯之"情节"宜作为客观要件来看待。通常所说作为情节犯之"情节"的主观成分，是指诸如犯罪动机、行为人的主观恶性程度等与行为人人格判断相关的因素，有时甚至把再犯这样的情节也一并考虑其中。如此考虑，犯罪这一范畴独立评价行为的功能中掺杂了对犯罪人的人格评价，而犯罪这一范畴所要解决的刑事可罚性的功能，亦同时杂糅进对刑事应罚性的判断。对于犯罪人的人格评价，即人身危险性的评估，应在刑事责任这一范畴内完成，让这一范畴来解决应罚性的问题。把判断行为人人格因素的内容放在犯罪这一范畴内进行衡量是不妥当的，这样会混淆犯罪这一独立范畴的功能。既然情节犯之情节应剔除那些对人格因素评价的内容，那么其应仅作为客观要件来看待。从理论上看，诸多论者在进行情节犯各罪之分析时也都是在客观要件中探讨"情节严重"、"情节恶劣"的问题；从实践上看，司法解释也都是从客观层面来界定"情节严重"、"情节恶劣"的具体标准。理论与实践上的共同取向，也暗含着将情节犯之"情节"作为客观要件的认识。

  关于情节犯的停止形态问题，也存在一定争论。有论者认为，情节犯以是否达到"情节严重"或"情节恶劣"为必要条件，因而只有成立与不成立之分，而无未遂、中止、预备之停止形态。这种观点是不正确的。判断犯罪是否成立，即判断特定危害行为是否具有刑事可罚性，是以是否符合犯罪构成为基础的。换言之，只要特定危害行为符合具体犯罪的犯罪构成，即标志着犯罪已经成立。符合具体犯罪的犯罪构成，既可以是符合其基本的犯罪构成，也可以是符合其修正的犯罪构成。进言之，在犯罪成立的情况下，同样可以是犯罪未遂、中止和预备形态。如果将犯罪成立和犯罪既遂等而视之，显然是不恰当的。在情节犯的情形下，之所以要特别强调犯罪成立的概念，这和情节犯的特性有关。因为情节犯的"情节严重"、"情节恶劣"在客观要件中为一综合判断因素，也就是说，综合各种客观情节而形成构成要素，在这一综合要素中包含着诸如犯罪手段、工具、时间、地点、对象等情形。而判断能否构成这一综合因素，在事实判断的同时，也要进行一定的价值判断。这种价值判断，是基于一般社会观念来进行的。在情节犯的情形下，在判断客观构成要件的时候，仅仅判断是否存在构成要件的行为是不够的，还要特别进行其他客观事实的综合判断，并进而在价值上确定该危害事实在客观上是否具有可罚性。正因为在判断危害事实是否符合犯罪客观要件时掺杂了一定的价值判断，因而在法律适用上，这一价值判断的结果就直接影响对犯罪是否成立的判断。

  但是，如上所述，情节犯之"情节严重"或"情节恶劣"是客观因素的综合，因而应当后于对是否符合构成要件行为特征的判断。对构成要件行为的判断，同样应当与其他犯罪类型一样，考虑其发展阶段问题。对于情节犯而言，行为人实施构成要件行为时同样会经历从准备到完成的发展过程。当危害行为发展到一定阶段而停止时，就形成了一定的停止状态；但是，这时并不能认为其已经符合该罪的修正犯罪构成而构成犯罪，而需要另外判断是否已经达到了"情节严重"或"情节恶劣"的程度。如果从事实判断和价值判断认为已经达到了这一程度，那么即便该危害行为没有最终完成，同样可以进行处罚。这时，由于该危害行为没有完成而处于停止状态，只能以犯罪未遂或者其他犯罪形态来追究。当然，对于情节犯而言，从逻辑上讲是存在预备犯和中止犯的可能的，但是现实中一般会以未达到"情节严重"或"情节恶劣"之程度而否定其犯罪成立。

因此，对于情节犯而言，"情节严重"或"情节恶劣"是客观构成要件之组成部分，是判断犯罪是否成立的一个必要条件。该条件对于判断实行行为发展到何种阶段并不产生影响。在实行行为处于未完成状态的情形，如果综合客观要素已经达到"情节严重"或"情节恶劣"程度，同样可以认定犯罪成立并追究行为人的刑事责任。就本案而言，李某的行为尚处于实行行为未完成的阶段，而综合其犯罪情节已经达到倒卖车票罪所要求的"情节严重"，因而应当以倒卖车票罪（未遂）来处理。

第二节 犯罪中止的实训

一、基本案例一

（一）合伙抢劫个别放弃实施是否构成犯罪中止

【案情】 2006年11月份的一天下午，被告人蒋某、张某与解某共谋抢劫，当天晚上在泗洪县青阳镇健康路，将上学路过的泗洪中学高一年级学生倪某拽至人民中路实施抢劫，被告人张某因怕被害人认出自己而未上前，由被告人蒋某与解某对被害人倪某进行殴打、威胁，抢得现金40元。

（二）案例涉及的实体问题

对于张某的行为是否构成犯罪中止，存在两种不同的观点：一种观点认为，张某的行为构成犯罪中止。理由是，我国刑法第二十四条规定"在犯罪过程中，自动放弃犯罪或者自动有效地防止犯罪结果发生的，是犯罪中止。"张某在抢劫过程中自动放弃犯罪，其行为完全符合该条规定，应构成犯罪中止；另一种意见认为张某的行为不构成犯罪中止。

（三）案例的实体分析

笔者同意第二种观点。理由是，共同犯罪的中止与单独犯罪的中止构成条件在"时空性""自动性""彻底性"要件上基本一致，不同之处在于"有效性"要件上。认定共同犯罪的中止，关键是对有效性要件的理解。在单独犯罪的场合，只要行为人能有效地防止本人行为可能造成的犯罪结果发生，就具备有效性。在共同犯罪中部分犯罪人自动放弃犯罪，部分犯罪人执意要把犯罪进行到底，部分自动放弃犯罪的人具备何种条件才能具有"有效性"？对此，我国刑法理论界有五种不同的观点。第一，整体中止论。该观点认为，既然共同犯罪行为具有整体性特征，那么，其犯罪中止的有效性也只能以整个共同犯罪是否最后达到完成状态来确定，个别共犯意图中止犯罪，必须在停止自己犯罪的同时，追使其他共犯停止实施共同犯罪行为，或有效地防止共同犯罪结果发生。倘若没有产生这种结果，共同犯罪已完成时，个别共犯的犯罪中止就不能成立。第二，个别中止论。该观点认为，共同犯罪行为虽具有整体性特征，但实际上是由每个共犯的独立行为组合而成。其中个别共犯自动停止自己的犯罪，就同共同犯罪完全脱离了联系，之后与其他共犯的行为就不再有任何关联,因此,其自动停止犯罪就应该被视为犯罪中止。换言之,共犯只要停止自己的行为即可成立犯罪中止,而不论共同犯罪最后发展程度如何。第三,区别对待论。该观点认为,除主犯外,其他共犯中止的有效性,应以行为人力所能及的范围为限。如果努力阻止其他共犯继续实行犯罪,但因能力有限而阻止无效的,仍可以成立犯罪中止。第四,切断因果关系论。该观点认为,共犯中止的有效性,应以他是否有效地切断自己以前的行为与危害结果之间的因果关系来确定。如果个别共犯以自己消极或者积极行为确实已切断自己以前的行为与危害结果之间的因果关系的,即使共同犯罪的危害结果最后由其他共犯促成发生,亦能成立中止犯。第五,既遂原因力消除论。该观点认为,判断共犯中止有效性的标准是中止者必须使自己的行为与整体的共同犯罪行为解体,即主观上使自己的行为与整体的共同犯罪行为解体,即主观上切断与其他共犯之间的共同故意联系,客观上抵消自己先行行为对共同行为所起的合力作用,使之消除对犯罪形成既遂的原因力。

上述五种观点各有可取的地方,也有不足之处。应该根据不同的共同犯罪形态采用不同的观点。

本案中三被告人属简单共同犯罪,又称共同正犯(共同实行犯),即共同犯罪人共同故意实行某种犯罪客观要件的行为。由于共同正犯者的主观犯意和客观行为已形成一个有机整体,具有不可分割的特征,在认定行为人的犯罪中止时,故应从共同犯罪的整体性上加以考察,即"整体中止论"。故本案中张某的行为不能认定为抢劫罪的中止。因为"部分行为,全部责任"是共同犯罪与单独犯罪的实质区别,张某不仅要对自己的行为及结果承担责任,还要对共犯蒋某、解某的行为及结果负责。因此,在数人共同抢劫的案件中,只要其中有人抢劫既遂,整个共同犯罪也就既遂,全体共同犯罪人都应当承担既遂的罪责。张某只是放弃了自己的行为,并未有效地阻止蒋某、解某犯罪,故不成立犯罪中止。张某自动放弃犯罪行为,只是一个酌定量刑情节。在本案中,只有张某成功阻止蒋某、解某抢劫既遂,才能单独成立犯罪中止。

二、基本案例二

(一)从本强奸案谈适用"存疑有利于被告人"原则

【案情】 被告人张某,男,25岁,无业。

2006年7月16日22时许,被告人张某在北京市某地,酒后使用暴力将回家途中的朋友谯某拽至一10米深的死胡同内,将其压倒在地欲与其发生性关系,在扭打过程中谯某假意对被告人说:"别在这儿,去你家好吗?"此时张某酒醒觉得此事不好,便松开谯某,谯某趁机起身离开,张某跟在后面,从东向西,向被害人家走,在走出胡同口约10米远的大路上,谯某见一路人,大喊救命,遂事发。

(二)案例涉及的实体问题

根据刑法第24条第1款规定:"在犯罪过程中,自动放弃犯罪或者自动有效地防止犯罪结果发生的，是犯罪中止。"这一规定表明，犯罪中止的成立必须具备以下3个条件：一是必须发生在犯罪过程中，即从犯罪预备行为开始，到形成犯罪既遂形态以前这段时间内，且犯罪处于运动中而尚未停止在预备形态或者未遂形态。二是必须自动放弃犯罪或自动地防止犯罪结果的发生，具有中止的自动性和有效性。三是中止犯罪必须是彻底的而不是暂时的。上述3个条件必须同时具备，缺一不可。

本案中，对被告人张某因谯某劝说在胡同内主动停止犯罪行为的事实没有争议，即对构成犯罪中止的时间性、自动性和有效性没有异议。但对张某停止犯罪的彻底性存在不同意见，即张某停止犯罪后仍跟在谯某后面，是否为了另择地点继续犯罪。

一种观点认为，被告人张某在胡同内停止犯罪是谯某在为摆脱被告人控制而假意劝说下停止与其发生性关系的，而后被告人尾随谯某是为另择地点继续犯罪，犯罪行为并未彻底停止，犯罪终止的最终原因是因为碰见路人。因此，从整个犯罪过程来看，被告人的犯罪行为是因意志以外的原因停止的，是犯罪未遂，不是犯罪中止，被告人在胡同内主动停止犯罪的行为并不影响最终认定其犯罪未遂。

另一种观点认为，被告人在胡同内停止犯罪后是为了另择地点继续犯罪的证据不充分、存在疑问，难以认定。而被告人在胡同内实施犯罪过程中，因谯某多次规劝，酒醒后主动放弃犯罪的事实是清楚的，且没有异议，因此应当认定张某的行为属于犯罪中止。

因此，本案的关键问题是当对被告人在胡同内停止犯罪后的主观心理状态缺乏证据证明、存在疑问时，法院如何认定被告人的行为。

根据肖扬院长在第五次全国刑事审判工作会议上提出的人民法院刑事审判工作六项指导原则，"事实存疑时应当适用有利于被告人"的原则。具体而言，在对行为人的主观心理状态的认定存在疑问时，法官从证据事实出发，通过合理推定后若能够排除被告人主观上的犯罪因素，则适用该原则，否则不能适用。

（三）案例的实体分析

就本案来说，作者认为，应当按照"存疑做有利于被告人判决"的原则。

1. 从犯罪地点选择上看，被告人最初选择将谯某拽至深10米左右的死胡同内实施犯罪，证明被告人怕被别人发现，希望在隐蔽处进行，这是犯罪人的通常想法，同时，死胡同内较之其他地点，更有利于被告人作案。因此，如果被告人想继续犯罪，首先应当选择在胡同内。而且，胡同有10米多深，就被害人与被告人的力量对比及当时的情况来看，被告人完全有时间、有能力将被害人再次拽回胡同实施犯罪。而被告人放弃了当时犯罪的最佳地点，就此我们可以推断被告人已经放弃了犯罪。

2. 从被告人的行为看，二人从胡同出来从东向西，往被害人家方向走，而不是被害人在胡同内所说的去被告人家时，被告人只是被动地跟着，既没有威胁也没有强迫被害人选择什么方向前行，若被告人想继续犯罪，至少他应当通过某种方式控制被害人，主动选择犯罪地点，而不是被动地跟在被害人后面，由被害人选择。因此，我们可以推断被告人主观上放弃了对被害人的控制，进而推断被告人主观上已经放弃了犯罪。

3. 从客观条件的变化及被告人的人身危险性看,被告人跟随被害人从死胡同中走到街道上,客观环境发生了很大的变化。深夜十一点多,十米多深的死胡同是犯罪的有利条件;而街道即使在夜晚也有路灯,且有行人路过,像强奸这样的暴力犯罪不大可能在街道实施,更不可能在被害人家中发生。因此,客观环境的变化致使被告人再次犯罪的可能性及对被害人的人身危险性大大降低,而且从客观上失去了对被害人的控制,而这一结果完全是被告人自己的选择。所以,我们可以推定被告人在胡同内放弃犯罪后,并没有另择地点再次犯罪的主观目的。

值得注意的是,本案不同于在旷野中犯罪时地点的变化,若在旷野中实施强奸犯罪时,被告人起初听从被害人劝说,跟随被害人去其他地点,并不能就此推测被告人没有继续犯罪的目的。因为旷野中地理条件大致相同,变换地点并没有降低被告人的人身危险性,同时,对被害人的控制能力也没有因为地点的变化而减弱,仍然有继续犯罪的便利条件。被告人跟随被害人去其他地点,更可能是为了取得被害人的配合,而非放弃犯罪。但本案由于地理条件的特殊性,从胡同到街道,客观环境发生了本质的变化,被告人的人身危险性、对被害人的控制能力以及继续犯罪的条件已经远不如在胡同内,因此,我们可以就此做出如上推测。

4. 从被害人角度看,被害人谯某说"一直不敢走快及见到路人大喊"是因为害怕被告人继续犯罪,但这是被害人的想法,而不是被告人的想法,不能证明被告人还有继续犯罪的主观意图。因为,在当时的情形下,即使被告人已经放弃犯罪,只要被告人还在被害人身边,被害人就会不由自主地想,被告人是要继续犯罪的,这也是被害人的通常想法。所以,不能仅从被害人的主观想法来断定被告人的行为目的。

通过上述分析可知,被告人张某跟在谯某身后,并一起向谯某家方向走,具体是出于什么目的,现有证据无法证实,这成为本案存疑之处。但根据本案证据及对被告人主观意图的合理推定,无法得出唯一确定的结论,即:被告人有继续犯罪的动机。相反,更多的证据指向的是被告人可能没有继续犯罪的目的。所以,本案适用"存疑时有利于被告人"的原则,认定被告人张某犯罪中止更为准确。

第三节 犯罪预备的实训

一、基本案例一

(一)业务员为配偶投保不交保险费,应如何定性

【案情】 周某系中国人寿保险公司业务员,1998年4月28日其领取加盖公司印章的保险单和保费收据,填写了一张以自己为投保人、其丈夫郝某为被保险人、其子为受益人的养老还本保险单和一张"今收到郝某交来个体养老保险金保费 6.25 万元"的人身险保费收据(投保人收执联)。经调查,周某未向该公司交纳 6.25 万元保费和上述保险单副本及

有关档案，财务科并未在业务留存联加盖收讫章。当时的具体情况是：该公司为方便员工开展业务而规定，业务员可以直接在公司领取加盖公章的空白保险单和带有公章的保费收据及其他空白投保单、明细表、保险证证书。同客户签订保险单后，业务员可以代为收取保险费，并开具一式四联的保险收据，投保人收执联由客户保留，业务员将保费收据联、业务留存联、财务记账联交财务科收款，财务科收款员收取保险费后，将财务记账联留下，并在业务留存联上加盖收讫章，后返还业务员，业务员再将盖有收讫章的业务留存联收据同客户投保单、保险单副本及附件一并交业务档案员存档。

（二）案例涉及的实体问题

关于本案，存在以下分歧意见：

第一种意见认为，周某的行为符合刑法第198条第1款第1项规定，构成保险诈骗罪。第二种意见认为，周某的行为构成诈骗罪。第三种意见认为，周某的行为构成贪污罪。

（三）案例的实体分析

我认为，第一、二种意见没有客观真实地揭示本案的实质，因而不可取。第三种意见虽然触及了本案的实质问题，但却忽略了一个关键问题——犯罪形态，因而也不完全正确。我认为，本案中周某的行为应当认定为贪污的预备。分析如下：

1. 周某的行为不构成保险诈骗罪。根据刑法第198条的规定，构成保险诈骗罪，必须是行为人实施了刑法第198条规定的5种保险诈骗行为之一——投保人故意虚构保险标的，骗取保险金的；投保人、被保险人或者受益人对发生的保险事故编造虚假原因或者夸大损失程度，骗取保险金的；投保人、被保险人或者受益人编造未曾发生的保险事故，骗取保险金的；投保人、被保险人故意造成财产损失的保险事故，骗取保险金的；投保人、受益人故意造成被保险人死亡、伤残或者疾病，骗取保险金的。但就本案事实来看，周某的行为显然不属于保险诈骗的范畴。

2. 周某的行为不构成诈骗罪。诈骗罪的本质特征就是"骗"，即通过虚构事实使被害人信以为真从而自动交出财物，或者通过虚构事实使国家的专门机关信以为真从而强制被害人交出财物（如诉讼诈欺），进而达到骗取财物的目的。但值得注意的是，并非所有以欺骗手段获取财物的行为都是诈骗犯罪。如具有国家工作人员身份的行为人以虚报冒领的方式骗取本单位公共财物的，就是贪污而不是诈骗了。本案中，周某虽然使用了欺骗手段——虚构了投保事实，试图使其家人获得保险收益，但由于中国人寿保险公司乃是国有公司，周某又是该公司的业务员，她至少应当属于"受国有公司委托管理、经营国有财产的人员"。按照"特别法优于普通法"的原则，即使周某的行为符合诈骗罪的法条规定（普通法），也应按照贪污罪的法条规定（特别法）来处理。

3. 周某的行为也不能简单地认定为贪污罪，而是贪污的预备。本案的基本事实已经表明，周某属于受国有公司委托管理、经营国有财产的人员，符合贪污罪的主体特征。其在没有交纳分文的情况下，利用职务上的便利虚构6.25万元保险合同、开出以自己配偶为被保险人和其子为受益人的保险单，这些事实充分证明她在主观方面具有贪污犯罪的故意，并且具有为自己或者为他人非法占有公共财物的目的。但是应当指出，行为人虽然具有犯罪故意并实施了一定行为，并不等于行为人之行为就完全符合某罪的既遂形态。要准确判断行为人之行为处于何种故意犯罪阶段，关键要看行为人之行为客观上停顿在何种阶段。就与保险业务有关的贪污案件而言，还要充分考虑保险业务的特殊性。那么人寿保险的特殊性何在呢？我认为这种特殊性主要在于：首先，人寿保险合同是一种附条件合同，即只有在合同约定的保险事故发生后，保险公司才会履行支付保险金的义务；其次，人寿保险合同还必须有被保险人的认可，如果被保险人不知道他人给自己投人寿保险，更没有认可该保险合同，则根据我国保险法律、法规的相关规定，该保险合同属无效合同，保险公司将不会履行支付保险金的约定；第三，根据本案中人寿保险公司的操作规程，业务员同客户签订保险单后，业务员可以代为收取保险费，并开具一式四联的保险收据，投保人收执联由客户保留，业务员将保费收据联、业务留存联、财务记账联交财务科收款，财务科收款员收取保险费后，将财务记账联留下，并在业务留存联上加盖收讫章，后返还业务员，业务员再将盖有收讫章的业务留存联收据同客户投保单、保险单副本及附件一并交业务档案员存档。这就意味着，只有在业务员将收取的保险费实际交与保险公司财务部门，且财务部门在业务留存联盖上"收讫"专用章，再由业务员将盖有收讫章的业务留存联收据同客户投保单、保险单副本及附件一并交业务档案员存档后，该保险合同才在形式上合法，本案的行为人周某才有可能在将来骗取保险金。然而本案中，周某虽然虚构了人寿保险合同等，但她并没有向人寿保险公司的相关部门提交保险单副本及加盖收讫章的业务留存联和有关档案，因此，她所虚构的人寿保险合同在形式上也是不合法的。此一分析足以说明，由于人寿保险公司的档案中根本不存在周某虚构的保险事实（财务科并未在业务留存联加盖收讫章），周某是绝对不可能骗取保险金的，周某单方面的行为仅仅是为将来骗取保险金创造了条件。因此，周某的行为只能认定为贪污的预备。

二、基本案例二

（一）因被识破而抢劫失败被抓是预备还是未遂

【案情】 被告人张某和廖某因没钱用，在深圳租住的房里商量一起去抢辆的士卖钱用。后于2006年6月25日下午准备了鞋带、透明胶纸、螺丝刀、白色手套等作案工具从深圳搭车到河源市车站物色作案目标。至当晚十时左右，被告人张某和廖某在河源市沿城区南方车站搭乘陈某雄的吉利的士（价值人民币34500元），被告人张某坐在后排，廖某坐在副驾驶室准备到紫金县中坝实施抢劫。途中，廖某用手机写文字给被告人张某看，叫张某动手实施抢劫，因被告人张某犹豫而没有动手实施抢劫。故又找借口叫司机载他俩到五华县华阳镇，准备进行抢劫。当车行到华阳镇准备实施抢劫时，因司机警觉，以吃宵夜为由将被告人张某和廖某载到一宵夜档，后下车报警而未得逞。

（二）案例涉及的实体问题

本案定性为抢劫大家没有异议，但属犯罪的何种形态，存在以下两种意见：

第一种意见认为：张某与廖某的犯罪行为属未遂的犯罪形态。理由是张某伙同廖某抢劫前，事先商量并准备了抢劫时需要的工具，在河源市选择了犯罪对象——的士，同时接近了犯罪对象，在车上也一直准备实施抢劫，可认为张某与廖某着手实施犯罪，只是张某犹豫而迟迟没有动手，后来由于司机警觉而未得逞，这种结果是张某和廖某的不愿看到的，是属于意志以外的原因造成，故张某与廖某的行为属抢劫的未遂。

第二种意见认为：张某与廖某的犯罪行为属预备的犯罪形态。理由是张某和廖某两人虽准备了工具并接近了作案对象，但是始终没有开始动手实施抢劫行为，还处于抢劫的预备阶段。

（三）案例的实体分析

笔者同意第二种意见。未遂与预备本质区别在于，是否着手实施犯罪，着手是实行行为的起点。因为着手标志着犯罪行为进入了实行阶段，行为人所实施的是实行行为。通说认为，实行行为是刑法分则所规定的具体犯罪构成要件的行为，故着手意味着开始实施刑法分则所规定的具体犯罪构成要件的行为。也就是说，开始实施刑法分则所规定的具体犯罪构成要件的行为时就是着手。例如，抢劫罪的实行行为包含两个环节，一是使用暴力、胁迫或者其他强制手段，二是取得财物。因此，当行为人开始实施暴力或者胁迫等行为时，就是已经着手实施抢劫行为。

我们可以从主观和客观相统一的意义上去把握"着手"的概念：主观上，行为人实行犯罪的意志已经通过客观的实行行为开始充分表现出来；客观上，行为人已经开始直接实施具体犯罪构成客观方面的行为。但是，由于刑法分则规定了诸多具体犯罪，而且同一具体犯罪的行为方式也不完全相同，在认定行为人是否着手实行犯罪时，要根据不同犯罪、不同案件的具体情况进行判断。但从主观和客观相统一的原则出发，可以概括出一些着手实行犯罪的共同特征：1.着手实行犯罪的行为已经同直接客体发生了接触，或者说已经逼近了犯罪对象；2.行为人已经开始使用了所准备的犯罪工具，开始利用了所制造的条件；3.着手实行犯罪的行为是可以直接造成犯罪的结果的行为。本案中，张某与廖某为了实施抢车，准备了抢劫时所需的作案工具，并坐在的士上相机随时着手实施抢劫，主观上其犯罪的意图很明显，但是客观上俩人并没有使用暴力或发出威胁，也就是说，他们还没有着手实施抢劫行为，俩人的行为还处于预备阶段，因此张某与廖某的行为属犯罪行为属于预备的犯罪形态。

三、巩固练习

对一抢劫强奸案中被告人犯罪形态的理性思考

【案情】 被害人董某租住被告人李某租住房间的对面房间。某日，被告人李某见被害人董某的房门上插着钥匙，即起歹念，并持刀开门进入被害人董某的租房。被告人李某用刀抵住董某，并要其交出现金。被害人董某从桌子抽屉内的包内拿出现金100元交给被告人李某。被告人李某嫌钱少并将该100元现金扔回抽屉内，同时提出要与被害人董某发生性关系，被害人董某不从并极力反抗。期间,被告人李某将被害人董某的双上肢咬伤(表皮轻微伤)。之后,被害人董某假意答应下午去其租房内与被告人李某发生性关系,被告人李某才停止暴力行为。被告人李某回自己租房拿500元现金给被害人董某治伤,并要求其不许报警后又回自己住房。被害人董某见被告人李某回房,即打"110"报警,被告人李某被抓获归案。

【分歧】
第一种意见:认为本案被告人李某构成抢劫中止、强奸未遂。
第二种意见:李某构成抢劫罪(既遂)、强奸罪(中止)。

【评析】
笔者赞同第二种意见,其理由如下:
对本案中行为人的犯罪形态上作出如下思考:一,被告人李某的抢劫罪的犯罪形态,是既遂、未遂还是中止?抢劫罪所侵犯的客体是复杂客体(人身权和财产权),但是毕竟我国刑法将其归属为侵犯财产权益的犯罪,必然考虑其既遂状态是否劫取了财产,也就是说以被害人是否丧失了对财物的控制为标准,即只要行为人强取财物的行为使被害人丧失了对财物的控制(占有)就是抢劫既遂;然而抢劫罪也侵犯了人身权利,也并非将是否劫取财物作为认定既遂状态的唯一标准,那么抢劫罪的既遂的认定标准是只要具备劫取财物或者又侵犯人身权利造成轻伤以上后果之一的,均是抢劫既遂。本案中被告人李某通过暴力手段从被害人董某劫取了100元,根据有关民法理论认定动产移转的原则就是交付(占有),那么被害人将100元交付给被告人,被害人已经丧失了对该财物的控制,显然被告人已经构成了抢劫罪的既遂。作为犯罪既遂状态后是否还可以成立中止状态?犯罪既遂、未遂、中止、预备,作为故意犯罪的在发展过程所呈现的不同形态,必然是不兼容的。可见被告人李某已经属抢劫罪既遂状态,不能因为其嫌钱少把劫取返还被害人就是犯罪中止;如果可以这样认为的话,那么盗窃财物后有把所窃取的财物返还被害人就是犯罪中止,真如此,世上也就无犯罪既遂可言,任何有关财产犯罪具可通过返还财物后成立中止状态。据此,笔者认为:被告人李某已经抢劫罪既遂,但是其认为钱少而予以返还被害人是否可以认为主观恶意少,是嫌钱少而威逼被害人交出更多的财物还是其他目的?个人意见觉得有待研究。二,被告人李某强奸罪的犯罪状态,是未遂还是中止?犯罪中止和未遂的最根本的区别就是意志因素,中止要求行为人"自动放弃犯罪"和"自动有效地防止犯罪结果发生"。那么认定行为人是否构成犯罪中止就必须从行为人的主观上考虑,而不必参考客观条件,也无须从主客观条件上考虑。本案中,被害人董某承诺下午与被告人发生性关系为由,要求被告人停止强奸行为,但是被告人除了停止强奸行为外,还有其他的选择余地,也就是还是可以继续实施强奸行为。事实上,被告人也停止强奸行为,这行为的停止应该是基于被告人自己的主观意志,并非其他客观的原因导致。那么被告人意欲在下午与被害人发生性关系的意思,是基于被害人承诺后产生的意思,所述,这起抢劫强奸案件中,被告人李某构成抢劫罪(既遂)、强奸罪(中止)。

第三章 共同犯罪问题

第一节 简单共同犯罪问题实训

一、基本案例

二被告人黄某、王某预谋对汲某（女，二十二岁）进行抢劫，二人购买了弹簧刀、胶带、手套、假胸卡等作案工具，并事先对作案地点进行踩点观察。后两人按照事先分工，携带作案工具，假冒维修工进入汲某所住公寓欲实施抢劫。因汲某对二人行为产生怀疑而有所警惕，二人未敢实施，即逃离汲某家中，在逃离途中被保安人员抓获。检察机关认定二人构成抢劫罪，但系犯罪预备阶段的犯罪中止，应当免除处罚。法院认定二被告人系抢劫罪且系犯罪未遂，分别判处王某有期徒刑五年，黄某有期徒刑四年六个月。

二、案例的问题点

1. 简单共同犯罪；
2. 简单共同犯罪中的犯罪停止形态；
3. 个别共犯在什么情况下成立犯罪中止。

三、案例涉及的实体理论问题

（一）共同犯罪的成立

相对于单独犯罪而言，共同犯罪是一种复杂的犯罪。具有特殊的构成条件：

客观上必须具有共同的犯罪行为，即各共同犯罪人的行为都是指向同一的目标，彼此联系，互相配合，结成一个有机的犯罪行为整体。其具体要求为：一是各共同犯罪人所实施的行为都必须是犯罪行为；二是各个共同犯罪人的行为由一个共同的犯罪目标将他们的单个行为联系在一起，形成一个有机联系的犯罪活动整体；三是各共同犯罪人的行为都与发生的犯罪结果有因果关系。

主观上必须具有共同的犯罪故意。首先，有共同犯罪的认识因素：（1）各个共同犯罪人不仅认识到自己在实施某种犯罪，而且还认识到有其他共同犯罪人与自己一道在共同实施该种犯罪；（2）各个共同犯罪人认识到自己的行为和他人的共同犯罪行为结合会发生危害社会的结果,并且认识到他们的共同犯罪行为与共同犯罪结果之间的因果关系。其次,有共同犯罪的意志因素:(1)各共同犯罪人是经过自己的自由选择,决意与他人共同协力实施犯罪;(2)各共同犯罪人对他们的共同犯罪行为会发生危害社会的结果,都抱有希望或者放任的态度。

主体上,共同犯罪必须是两人以上。这里要注意准确对"人"的理解,这里的"人"是指符合刑法规定的作为犯罪主体条件的人,不仅包括达到刑事责任年龄、具备刑事责任能力的自然人,也包括法人、单位等法律拟制的人。具体而言,即包括两个以上的自然人所构成的共同犯罪,也包括两个以上的单位所构成的共同犯罪,还包括单位与有责任能力的自然人所构成的共同犯罪(后两种情况可称之为单位共同犯罪,对其处理既要根据总则关于共同犯罪的规定也要考虑关于单位犯罪的规定)。

(二)共同犯罪的类型

1. 任意共犯与必要共犯。前者是指刑法分则规定的本可以由一人实施的犯罪行为;后者是指刑法分则规定的只能以二人以上的共同行为作为犯罪构成要件的犯罪,即该种犯罪的主体必须是两人以上,主要是包括聚众性犯罪(如《刑法》第290条聚众扰乱社会秩序罪、《刑法》第317条聚众劫狱罪等)、集团性犯罪(如《刑法》第294条组织、领导、参加黑社会性质组织罪,《刑法》第317条组织越狱罪)。

2. 事先(事前)共犯与事中共犯。前者是指事前有同谋的共犯,即共犯人的共同犯罪故意,在着手实行犯罪前形成。后者即指事前无同谋的共犯,共同犯罪人的共犯故意,是在实行着手之际或犯罪过程中形成的。

3. 简单共犯与复杂共犯。简单共犯亦称共同正犯、共同实行犯,是指二人以上共同直接实行某一具体犯罪的构成要件的行为,共犯人都是实行犯,不存在组织犯、帮助犯、教唆犯问题。而复杂共犯是指各共同犯罪人之间存在着犯罪分工的共同犯罪,不仅存在直接着手实施共犯行为的实行犯,还有组织犯或教唆犯或帮助犯的分工。

4. 一般共犯与特殊共犯。一般共犯是指没有特殊组织形式的共同犯罪,共犯人是为实施某种犯罪而临时结合,一旦犯罪完成,这种结合便不复存在。特殊共犯亦称有组织的共同犯罪、集团性共犯,通称犯罪集团,是《刑法》第26条第2款规定的三人以上为共同实施犯罪而组成的较为固定的犯罪组织。

需要说明的是,上述共犯的分类形式是根据不同标准进行分类的,某一共同犯罪,完全可能属于多种形式的共犯形式。例如,甲乙密谋深夜盗窃,一人入室行窃,一人在门口望风。就共犯形式而言,甲乙共同盗窃,属于任意共犯、事前共犯、复杂共犯、一般共犯。

四、案例涉及的实体法律及相关规定

(一)《中华人民共和国刑法》

第二十二条 为了犯罪,准备工具、制造条件的,是犯罪预备。

对于预备犯，可以比照既遂犯从轻、减轻处罚或者免除处罚。

第二十三条　已经着手实行犯罪，由于犯罪分子意志以外的原因而未得逞的，是犯罪未遂。

对于未遂犯，可以比照既遂犯从轻或者减轻处罚。

第二十四条　在犯罪过程中，自动放弃犯罪或者自动有效地防止犯罪结果发生的，是犯罪中止。

对于中止犯，没有造成损害的，应当免除处罚；造成损害的，应当减轻处罚

第二十五条　共同犯罪是指二人以上共同故意犯罪。

二人以上共同过失犯罪，不以共同犯罪论处；应当负刑事责任的，按照他们所犯的罪分别处罚。

第二十六条　组织、领导犯罪集团进行犯罪活动的或者在共同犯罪中起主要作用的，是主犯。

三人以上为共同实施犯罪而组成的较为固定的犯罪组织，是犯罪集团。

对组织、领导犯罪集团的首要分子，按照集团所犯的全部罪行处罚。

对于第三款规定以外的主犯，应当按照其所参与的或者组织、指挥的全部犯罪处罚。

第二十七条　（从犯）在共同犯罪中起次要或者辅助作用的，是从犯。

对于从犯，应当从轻、减轻处罚或者免除处罚。

第二十八条　（胁从犯）对于被胁迫参加犯罪的，应当按照他的犯罪情节减轻处罚或者免除处罚。

第二十九条　（教唆犯）教唆他人犯罪的，应当按照他在共同犯罪中所起的作用处罚。教唆不满十八周岁的人犯罪的，应当从重处罚。

如果被教唆的人没有犯被教唆的罪，对于教唆犯，可以从轻或者减轻处罚。

（二）相关司法解释

2000年11月10日最高法院《关于审理交通肇事刑事案件具体应用法律若干问题的解释》第5条第2款规定：交通肇事后，单位主管人员、机动车辆所有人、承包人或者乘车人指使肇事人逃逸，致使被害人因得不到救助而死亡的，以交通肇事罪的共犯论处。（注：众所周知，交通肇事罪是最典型的过失犯罪，但在这种情形也存在共同犯罪。）

五、案例点评

（一）关于本案争议的焦点

对于本案二被告人所处的犯罪阶段及犯罪停止形态，检察机关与法院存在不同认识。检察机关认为本案二被告人系犯罪预备阶段的犯罪中止，法院认为二被告人应认定为犯罪未遂。

1．关于抢劫罪所处的犯罪阶段的不同认识

一种观点认为本案二犯罪嫌疑人尚未着手实施犯罪的实行行为，应处于犯罪的预备阶

段。根据刑法分则的规定，抢劫罪是指以非法占有为目的，当场使用暴力、胁迫或者其他令被害人不能抗拒的方法，强行劫取财物的行为。在本案当中，进入室内的犯罪嫌疑人黄某、王某尚未实施暴力、胁迫或其他方法劫取财物，也就是说，尚未着手实施刑法分则所规定的抢劫罪的实行行为，因此本案应处于犯罪的预备阶段。

另一种观点认为本案二犯罪嫌疑人已经着手实施犯罪的实行行为，应处于犯罪的实行阶段。入室抢劫是二犯罪嫌疑人经过制定作案计划、购买作案工具、对作案地点踩点观察后决定实施的，因此在犯罪嫌疑人黄某、王某假冒维修工进入被害人室内起，就已经开始着手实施犯罪的实行行为了，此时犯罪的预备阶段已经终止，进入犯罪的实行阶段。

2. 关于犯罪嫌疑人的行为属于犯罪中止、未遂的不同认识。

一种观点认为本案的犯罪嫌疑人黄某、王某属于犯罪中止。在本案中，进入室内的犯罪嫌疑人黄某、王某系两名男子，与被害人汲某一名女子，在一个相对封闭的空间，黄某、王某完全有条件及能力对汲某实施抢劫，且汲某的警觉并不能对二人起到强制作用，不足以阻止犯罪意志，二人只可能出于自己的主观意愿，才能停止继续犯罪行为，因此应当属于犯罪中止。

另一种观点认为犯罪嫌疑人黄某、王某的行为属于犯罪未遂。由于被害人汲某的警觉，犯罪嫌疑人黄某、王某因自身心理问题，对自身能力估计不足害怕罪行败露而不敢下手，属于意志以外的原因导致犯罪未得逞，所以应认定为未遂。

（二）对争议的分析

对于本案的分歧，笔者倾向于检察机关的认识，即二被告人的行为系犯罪预备阶段的犯罪中止，下面具体阐述一下理由：

1. 对于犯罪阶段的认识，本案的主要分歧在于犯罪行为是否已着手实施。行为人已经着手实施犯罪是分割犯罪预备阶段和犯罪实行阶段的临界点，这也是正确区分犯罪未遂和犯罪预备的主要标志，在司法实践中具有重要意义。

如何认定犯罪行为是否已着手实施，可以借助犯罪的预备行为和实行行为本质和作用的区别来分析。犯罪的预备行为是为刑法分则具体犯罪构成行为的实行和犯罪的完成创造便利条件，为其创造现实的可能性；而实行行为则是要直接完成犯罪，变预备阶段的实行和完成犯罪的可能性为现实性。这种主客观统一的区别为正确区分两种行为提供了一个原则标准，依此标准，并结合具体案件情况，分析界定预备行为和实行行为，就可以正确认定着手实施犯罪与否。在司法实践中和刑法理论上常存在争议的途中行为、尾随行为、守候行为、寻找行为，实际上都属于犯罪的预备行为而未着手实施犯罪，因为这些行为都是在为具体犯罪创造便利条件，而不是具体犯罪的实行行为本身，因而应认定行为人为预备犯而不是未遂犯。

本案当中二被告人为实施抢劫行为进行了充分的准备。二人预谋作案计划、购买作案工具、勘察犯罪场所等一系列行为是为实施抢劫罪进行的准备工具、制造条件的预备活动，属于犯罪的预备行为。二人假冒维修工进入汲某室内假装维修管道，一直在寻找机会靠近汲某，伺机对其施以暴力、胁迫或其他强制方法劫取财物。但由于汲某警惕性很高，对二人的犯罪意图有所察觉，始终与二人保持较远距离，且勒令二人赶快离开，使二人没有机会靠近汲某，也没有实施抢劫罪的实行行为即退出汲某的房间。正因为二被告人从始至终都未着手实施刑法分则所规定的抢劫罪的实行行为，所以我们认定处于犯罪的预备阶段。

2. 对于犯罪未遂、犯罪中止的区分主要在于犯罪行为的停止是由于犯罪分子意志以外的原因，还是犯罪分子主观上自动放弃犯罪或有效阻止犯罪结果的发生。

如何区分犯罪未遂和犯罪中止，著名的佛兰克公式为我们提供了一个标准，即"欲达目的而不能"的是犯罪未遂，"能达目的而不欲"的是犯罪中止。本案当中二被告人均是二十岁的青年，身富力强，且处在公寓内一个较为封闭的空间，当他们欲对一个女子实施抢劫时，是处于绝对优势的地位，在当时的情境之下是完全有可能实施抢劫行为的，被害人汲某的警惕并不能对二被告人起到强制作用，因此只有出于二人主观上的意愿自动中止犯罪，犯罪行为才能停止下来，二被告人的行为应认定为犯罪中止。

从另一个角度分析也能得出同样的结论。如认定犯罪未遂，除了必须是犯罪分子"意志以外的原因"使犯罪未得逞外，此"意志以外的原因"还必须满足"量"的条件，即足以阻止犯罪意志，也就是说，外界客观原因必须对犯罪分子停止犯罪起强制作用。刚才论述了本案的外界因素不足以阻止犯罪意志，不能起到犯罪行为停止的强制作用，因此认定犯罪未遂不能成立。

综上所述，本案二被告人的行为构成抢劫罪，但属于犯罪预备阶段的犯罪中止，应当免除处罚。

犯罪预备、犯罪未遂、犯罪中止的问题无论在司法实践中和还是刑法理论上都是存在争议的。对于此类案件的处理，应参照以下几条标准：第一，严格把握各种形态的特征。如犯罪未遂具有三项特征：（1）行为人已经着手实施犯罪；（2）犯罪未完成而停止；（3）犯罪停止在未完成形态是犯罪分子意志以外的原因所致。第二，准确界定各项形态的区别。如犯罪未遂和犯罪中止的主要区别在于是出于主观原因还是意志以外因素而停止犯罪。又如犯罪预备和犯罪中止的区别点在于是否着手实施犯罪。第三，具体案件具体分析，避免教条主义错误。不同的案件有其自身的个性、特殊性，而且主观因素的认定也有一定难度，因此要根据案件的证据具体分析。

正确区分犯罪行为所处的阶段，准确认定犯罪的停止形态，对于我们办案人员准确定罪量刑具有很重要的意义。但由于该理论无论在理论上还是在司法实务上都常存在争议，因此进一步加强对典型案例的探讨、明确区分的标准，是理论界及检法两家的一项重要工作。

六、巩固练习

1. 甲某有两个儿子，大儿子13岁，小儿子11岁。一天夜间，他带领两个儿子到某乙家盗窃财物。他进入房中行窃，小儿子在门外放风，大儿子进行运递，结果窃得大量财物。

（1）此父子三人的行为是否构成盗窃罪的共犯？为什么？（2）如果此案中，大儿子17岁，那么此父子三人的行为是否构成盗窃罪的共犯，为什么？

2. 强某因与他人的妻子通奸而遭到痛打，遂产生了盗枪报复的念头。某日晚11时，强某窜入本单位武器库，哄骗值班员岳某开门，用尖刀逼住岳某，岳某被迫打开武器库门。强某取走两支半自动步枪。强某离开时，岳某让强某把自己绑起来。强某就将岳某绑起，推倒在地。强某携枪前去报复，由于枪里没有子弹未能得逞。强某、岳某是否构成共同犯罪？为什么？

3. 甲乙二人预谋抢劫，观察到丙的丈夫外出多日，便乘夜色蒙面闯入丙家，丙受惊吓大声呼叫，甲便强行将丙推入洗手间，并对丙进行监管，由乙寻找财物。甲在看管丙的过程中，忽生歹念，强行奸污了丙。试问对甲乙二人的行为如何定罪处罚，并说明理由。

第二节 复杂共同犯罪问题实训

一、基本案例

陈某与许某因生意上的事情产生矛盾，遂与方某、郭某等人共同商议报复许某。一日，陈某得知许一人在家，便纠集郭某、李某、张某携带凶器一同前往许某家。途经方某家门口时，方某的父亲见如此架势，对其他4人说家里有急事要办，将方某拉回家中，陈某、郭某、李某、张某4人前往许家将许某砍成重伤。

二、案例的问题点

复杂共犯中个别共犯在什么情况下成立犯罪中止？

三、案例涉及的实体理论问题

复杂共同犯罪是指共同犯罪人之间存在着实行犯、教唆犯、帮助犯区分的共同犯罪。在复杂共同犯罪中，其犯罪中止的成立也可分为两种情况：（1）实行犯的中止。在复杂共同犯罪中，由于实行犯是具体着手实施犯罪行为的人，因此，实行犯只要中止自己的行为就构成犯罪中止。如果存在多个实行犯，则依照简单共同犯罪的处理原则进行处理。（2）教唆犯、从犯的中止。在教唆犯教唆、从犯帮助他人犯罪后，他人已预备犯罪或者已着手实行犯罪时，教唆犯、帮助犯自动放弃犯罪，阻止了他人继续犯罪或有效地防止了犯罪结果的发生，教唆犯、帮助犯才成立犯罪中止。除此之外，都不成立犯罪中止。

对于上述的简单共同犯罪中止，现在有一个例外。即"在强奸罪、脱逃罪等行为犯中，各实行犯的犯罪行为具有不可替代的特征，共同犯罪人如果有中止犯罪的意图，只需自动放弃本人的犯罪意志和犯罪行为即可,不以制止其他共同实行犯的犯罪行为为必需条件"。

四、案例涉及的实体法律及相关规定

《中华人民共和国刑法》

第二十五条 共同犯罪是指二人以上共同故意犯罪。

二人以上共同过失犯罪,不以共同犯罪论处;应当负刑事责任的,按照他们所犯的罪分别处罚。

第二十六条 组织、领导犯罪集团进行犯罪活动的或者在共同犯罪中起主要作用的,是主犯。

三人以上为共同实施犯罪而组成的较为固定的犯罪组织,是犯罪集团。

对组织、领导犯罪集团的首要分子,按照集团所犯的全部罪行处罚。

对于第三款规定以外的主犯,应当按照其所参与的或者组织、指挥的全部犯罪处罚。

第二十二条 为了犯罪,准备工具、制造条件的,是犯罪预备。

对于预备犯,可以比照既遂犯从轻、减轻处罚或者免除处罚。

第二十三条 已经着手实行犯罪,由于犯罪分子意志以外的原因而未得逞的,是犯罪未遂。

对于未遂犯,可以比照既遂犯从轻或者减轻处罚。

第二十四条 在犯罪过程中,自动放弃犯罪或者自动有效地防止犯罪结果发生的,是犯罪中止。

对于中止犯,没有造成损害的,应当免除处罚;造成损害的,应当减轻处罚。

五、案例点评

对于陈某等4人的行为构成故意伤害共同犯罪既遂无异议,但对方某的行为在共同犯罪中处于何种犯罪形态存在争议。

第一种意见认为,方某的行为系犯罪中止。理由是:在本案中,方某在其父亲的拦阻下,在主观上放弃了继续参与实施犯罪的意图,在客观上也主动停止了犯罪的继续实施和完成,虽然后来仍发生了许某被砍成重伤的结果,但方某并没有直接实施犯罪行为,故方某的行为属于犯罪中止,应从轻或减轻处罚。

第二种意见认为,方某的行为系犯罪未遂。理由是:在本案中,方某同陈某、郭某、李某、张某已经着手实施故意伤害犯罪行为,只是在前往被害人家中的途中被其父拦住而未能完成全部犯罪过程,应属未遂。

第三种意见认为,方某的行为系犯罪既遂。理由是:共同犯罪是在共同故意的支配下,由各共同犯罪人的行为所结成的有着内在联系的行为整体,方某仅仅是消极地停止了自己的犯罪行为，并没有采取措施消除其先前行为在心理和行为上对整个共同犯罪行为产生的积极作用，也没有采取措施防止犯罪结果发生，其仍应对犯罪结果承担既遂的刑事责任，因此方某的行为属于既遂。

本案的争议焦点是，在共同犯罪中，个别共犯即共同犯罪中单个行为人的行为能否构成犯罪中止。对这一问题主要有三种观点：第一种观点认为，所有单个行为人的行为成立犯罪中止均须符合既在主观上放弃犯罪意图，又在客观上积极阻止其他共犯继续实施犯罪或自动有效地防止犯罪结果的发生，方可成立犯罪中止。第二种观点认为，所有单个行为人只要在犯罪结果发生之前自动放弃其犯罪行为，便可成立犯罪中止。第三种观点认为，认定犯罪中止，要区分主犯还是从犯，主犯的犯罪中止须以在主观上放弃犯罪意图，又在客观上有效地防止犯罪结果的发生为条件，从犯的犯罪中止则在主观上要放弃犯罪，客观上有防止犯罪结果发生的行为，但不需以有效防止犯罪结果发生为前提。

第一种观点要求所有单个行为人成立犯罪中止均须满足有效防止整个共同犯罪结果的发生这一条件，实际上是无视主犯、从犯的特点和从犯成立犯罪中止能力相对较弱的实际，提高了从犯成立犯罪中止的条件，必然会挫伤和压制从犯中止犯罪的积极性。第二种观点对主犯成立犯罪中止放宽了条件，毕竟主犯的行为是产生共同犯罪结果的决定性原因，因此，主犯成立犯罪中止，必须以有效地防止共同犯罪结果的发生为必要条件，而第三种观点则充分考虑和区分了主从犯在共同犯罪中的地位和作用的不同。在认定成立犯罪中止条件上区别对待，这样既能打击犯罪，又能体现鼓励中止犯罪的立法宗旨。

刑法第二十四条规定：在犯罪过程中，自动放弃犯罪或者自动有效防止犯罪结果发生的，是犯罪中止。对于共同犯罪中的主犯，须自动有效防止犯罪结果的发生，对于从犯，由于其密谋犯罪的先前行为而导致其只有在采取措施阻止其他共犯继续犯罪或防止犯罪结果的发生的条件下方能成立犯罪中止，但基于从犯身份在共同犯罪中的作用有限，其阻止或防止犯罪结果发生的效果没有达到，也能成立犯罪中止。从犯的中止行为对于共同犯罪结果的发生来说可分为两种情形，即有效中止与无效中止，当从犯采取措施但未能防止共同犯罪结果发生时为无效中止，有效中止和无效中止理论符合立法的精神，体现在量刑上也有区别规定，即刑法第二十四条第二款规定："对于中止犯，没有造成损害的，应当免除刑罚；造成损害的，应当减轻处罚。"

从本案看，方某的行为构成犯罪既遂，不能以犯罪中止处理。因为，在本案中，方某商议并邀李某、张某报复许某，形成了共同的伤害故意，虽然方某在途中被其父亲拦阻，没有直接对被害人实施伤害行为，但在客观上方某没有采取任何阻止其他共犯继续犯罪或防止犯罪结果发生的措施，被害人被伤害的结果仍然发生。因此，包括方某在内的各犯罪行为人对许某形成了共同的伤害故意，在这个共同故意的支配下所实施的共同伤害行为从整体上已经实施并达到了既遂的状态。当然，考虑到方某的放弃行为，减轻了该共同犯罪的社会危害性，虽然对其不能认定为中止犯，但在量刑上，同样可以根据犯罪人的主观恶性和危害后果区别对待，对其从轻处罚。

六、巩固练习

1. 甲乙意图实施入户盗窃丁的财物,邀请丙为其在门口把风。三人来到丁门口后,丙由于害怕事发会受到法律的制裁,提出不干并且自己回了家。甲乙没有办法,在没有把风的情况下,入户盗窃了丁的财物。分析丁的犯罪形态。

2. 张某以提供金钱为约定教唆王某杀害李某。在王某正为实施杀人进行准备的时候,张某取消了这一约定,不提供金钱给王某。王某得知,但还是杀害了李某。分析张某的犯罪形态。

3. A、B、C三人共谋敲诈勒索他人,共同实施了胁迫行为后,A对B、C说:"请原谅,此后我与你们断绝关系"并尽力阻止B、C进一步实施犯罪行为,但B、C仍实施犯罪并犯罪既遂。分析A的犯罪形态。

第三节 教唆犯问题的实训

一、基本案例

1999年3、4月间,被害人王电力先后两次向被告人周丰琴借款共计5万元,用于购买出租车。后周多次向其索要借款,王均推诿未还,周便雇请被告人张惠永帮忙杀害王电力,并答应事成之后付酬金5万元。然后张又转雇被告人王少杰、李少军杀害王电力,并答应事成之后支付酬金3万元。正当王少杰、李少军实施犯罪预备的过程中,王电力答应周先还款1万元,所余欠款陆续返还。7月31日下午,被告人周丰琴给被告人张惠永打电话,称王电力已答应先还1万元,事情不要再干了。但张并未将周的旨意向王少杰、李少军传达。当晚王少杰、李少军以租车为名将王电力骗出,行驶途中二人合力将王电力杀死,并焚车后异地灭尸。事后张惠永向周丰琴索要佣金,周得知实情后便向张支付佣金3万元。

二、案例的问题点

对教唆犯犯罪中止的认定。

三、案例涉及的实体理论问题

教唆犯是指教唆他人犯罪的人。即自己并不亲自参加某种犯罪,而是以自己的言行去引起他人产生犯罪意图,通过他人去实施犯罪。

我国刑法理论界对教唆犯概念的表述,基本上可以概括为以下两种:1、教唆犯是故意地引起他人实行犯罪意图的人。2、教唆犯是教唆他人犯罪的人。

教唆犯是共同犯罪人中最为复杂的一种类型，社会危害性大。教唆犯的构成需要具备以下条件：

1. 必须具有引起他人产生犯罪意图的教唆行为。也就是用劝说、怂恿、利诱、收买、威胁等方法，将自己的犯罪意图灌输给本无犯罪意图，或虽有犯罪意图但不坚定的人，使他人接受自己犯罪意图，坚定犯罪的决心，以达到犯罪的目的。如果是对已经决定犯罪的人再用言辞鼓励，促其顺利实施犯罪，该种行为属于帮助犯罪，不属于教唆犯。

2. 必须具有教唆他人犯罪的故意，过失不能构成教唆犯。即明知自己的教唆行为会引起他人产生犯罪的意图，进而实施犯罪，并且希望或者放任他人去犯罪。如果由于言词不慎，无意间说的一些话，引起了他人的犯罪意图，导致了犯罪的发生，不能认为是教唆犯。

对于教唆犯的刑事责任，根据刑法的规定，分为以下三种情况：

1. 教唆他人犯罪，应当按照他在共同犯罪中所起的作用处罚。所谓教唆犯在共同犯罪中的作用，是指教唆行为在共同犯罪中所占的地位和它的实际危害，即教唆犯教唆的方法、手段、教唆的程度，对完成共同犯罪所起的作用，及其在实施所教唆的犯罪中所起的作用。由于教唆犯在共同犯罪中所起的作用不同，其行为的危害程度也不同，在处罚上也应有所不同，对在共同犯罪中起主要作用的应按照刑法关于主犯的处罚规定处罚。

2. 教唆不满18周岁的人犯罪，应当从重处罚。这主要是因为未成年人的发育不够成熟，辨别是非的能力较差，易受坏人教唆而陷入犯罪的歧途，所以教唆未成年人犯罪本身就是一种严重的犯罪行为，具有更大的社会危害性。为了保护青少年的健康成长，打击坏人对他们的腐蚀，法律作了特别规定。

3. 如果被教唆人没有犯被教唆的罪，对于教唆犯，可以从轻或者减轻处罚。所谓"被教唆人没有犯被教唆的罪"包括两种情况：一是教唆犯的教唆没有起到使被教唆人产生犯罪意图，实施犯罪的作用，被教唆人既没有实施教唆犯教唆的犯罪，也没有实施其他犯罪，其教唆行为没有造成任何实际危害结果。二是被教唆人没有犯所教唆的罪，而犯了其他罪。不论哪一种情况，都是教唆犯罪，应当承担刑事责任。但由于被教唆人没有实施所教唆的罪，教唆犯的教唆行为尚未造成实际的危害结果，或者虽造成危害结果，但与其教唆行为没有因果关系，因而对教唆犯可以从轻或者减轻处罚。

四、案例涉及的实体法律及相关规定

《中华人民共和国刑法》

第二十九条　教唆他人犯罪的，应当按照他在共同犯罪中所起的作用处罚。教唆不满十八周岁的人犯罪的，应当从重处罚。

如果被教唆的人没有犯被教唆的罪，对于教唆犯，可以从轻或者减轻处罚。

五、案例点评

此案在审理中，对四被告人的行为构成故意杀人罪且系共同犯罪没有争议，但对雇佣者周丰琴的行为是否成立犯罪中止有两种截然相反的意见：

第一种意见认为被告人周丰琴的行为构成故意杀人犯罪的中止犯。根据我国刑法第二十四条的规定，在犯罪过程中，自动放弃犯罪或者自动有效地防止犯罪结果发生的，是犯罪中止。从该规定看，犯罪中止包括两种情形，一是犯罪行为未实行终了而自动停止犯罪的犯罪中止。二是犯罪行为实行终了，但能自动、有效地防止犯罪结果发生的犯罪中止。在本案中，被告人周丰琴在犯罪行为未实行终了时自动停止犯罪，符合第一种情形犯罪中止的特征。因被告人周丰琴与王少杰、李少军根本不认识，并无直接联系，故周丰琴只需将其中止犯罪的意思通知到张惠永就可视为尽到义务，至于张惠永并未通知王少杰、李少军，致使王、李二人杀死被害人王电力的结果，是超出周丰琴后来意识内容的结果，此与周丰琴假如亲自将犯罪行为实行终了而未能自动有效地防止犯罪结果发生的情形有质的不同，故被告人周丰琴的行为成立中止犯。

第二种意见认为，被告人周丰琴的行为不构成犯罪中止，而构成故意杀人罪的既遂。因为周丰琴并未有效地防止王电力死亡结果的发生。无论是认定周丰琴的犯罪行为是未实行终了，或是实行终了，从其未能采取积极措施而有效地防止王电力死亡结果的发生来看，即不能构成犯罪中止，而是犯罪既遂，这也正是立法本意所在。

本案是典型的共同犯罪，其中，周丰琴居于教唆犯的地位，其他被告人居于被教唆的实行犯的地位，他们之间尽管分工不同或者在犯罪过程的各个阶段上的作用不同，但目的是同一的和明确的，各共同犯罪人的行为与犯罪结果均有着刑法上的因果关系。

在共同犯罪中，教唆犯在客观方面最显著的特点，是教唆者本人并不去直接实行某一具体的犯罪行为，而是教唆他人去实施。那么，教唆犯要成立犯罪中止，究竟是以教唆人行为中止为标准，还是以被教唆人之行为中止为标准呢？

教唆犯中止的成立，不仅要求教唆犯犯罪行为的中止，更应该要求被教唆人犯罪行为的中止，换言之，教唆犯必须有效地制止被教唆人实行犯罪，防止犯罪结果的发生。因为，教唆行为与实行行为及其所造成的犯罪结果之间存在刑法上的因果关系，在教唆犯教唆完毕后，其作为犯罪结果发生的原因力已经在发生作用，此时教唆犯要想成立犯罪中止，最根本的一条就是必须有效地消除自己先前行为已对共同犯罪行为所形成的原因力或原动力。在本案中，周丰琴要成立犯罪中止，必须使本人的教唆行为失去作为杀害王电力这一犯罪结果发生的原因力或原动力。进一步讲，周丰琴除了要制止其直接教唆的间接实行犯张惠永外，还要有效地亲自或通过张惠永去制止其间接教唆的直接实行犯王少杰和李少军，以采取积极有效的补救措施。否则，周丰琴自己虽有中止犯罪之意，但仅将其旨意传达至中间环节，并未将此旨意有效地传达至最后实施环节即直接实行犯，而是采取了一种放任的态度，最终未能有效地避免犯罪结果的发生，那么犯罪中止就无从谈起了。关于周丰琴对王电力死亡结果的放任态度,还可以从王、李二人杀死王电力后向其索要佣金,而其如数支付的行为上得到佐证。

综上所述,被告人周丰琴虽有中止犯罪之意思表示和相关行为,但因未能采取补救措施以阻止其他共犯利用其先前行为继续实施犯罪,特别是未能有效地防止王电力死亡这一结果的发生,故不构成犯罪中止,而是既遂。

六、巩固练习

1. 某甲出于报复社会的动机,意图挑起多人犯意盗抢一储蓄所钱财,遂将一张精心制作的大字报贴在外来民工、过往行人集中的十字路口,该大字报的内容主要是煽动、教唆、引诱人们去盗窃附近一家储蓄所钱财,并且大字报中还揭示了钱财存放的位置和大致数目等内容,结果果然有人因受大字报刺激而盗窃该储蓄所。评价某甲的行为。

2. 甲某教唆乙某(15岁)诈骗他人数额较大的财物,甲某是否构成教唆犯?

第四章 排除社会危害性的行为问题

第一节 正当防卫问题实训

一、基本案例

王某与妻子杨某多年来感情不和，2003年3月15日晚，两人在家中争吵。次日凌晨4时许，杨某乘王某熟睡，用事先准备好的刀子连刺王某左胸两刀。王某惊醒后，夺下刀子，顺势向杨某左胸刺一刀，杨某即倒地。王某忙用手机通知杨某的亲属快来救人。几分钟后，杨某亲属赶到，见杨某昏倒在地，王某倒在炕上。王某听来人说杨某已昏迷不醒时，又用刀自伤左胸一刀。王某和杨某均被送往医院，杨某经抢救无效死亡，法医鉴定：杨某系生前被他人用单刃锐器刺击胸部伤及肺脏、肺静脉，造成创伤性失血性休克死亡。王某经抢救脱险，法医鉴定：王某左胸部的三处刀伤致血气胸，系重伤。后查明，杨某在案发前曾写下其死后孩子交由他人抚养的遗嘱。

二、案例的问题点

1. 正当防卫构成条件；
2. 正当防卫与防卫过当的界限。

三、案例涉及的实体理论问题

正当防卫是在紧急状态下，为了保护合法权益而派生的一种权利。这种权利不是随时可以任意行使的。如果行使不当，或者滥用这种权利，不但达不到正当防卫的目的，反而可能对他人造成不应有的损害，危害社会，构成犯罪。因此，进行正当防卫必须遵守一定的条件。

1. 正当防卫的起因条件——必须有不法侵害行为发生。1. 中必须有不法侵害行为发生。对合法行为不能实施防卫。例如：公民依法扭送正在实施犯罪的人犯，执法人员依法拘捕人犯，人犯或第三者均不得以人身"受到侵害"而实行正当防卫。2. 中不法侵害行为必须是真实存在的，而不是假想的。没有不法侵害，行为人误以为有不法侵害发生而实施所谓的防卫，称为假想防卫。假想防卫，行为人主观上有过错的，按过失犯罪处理，无过错的，按意外事件处理，不承担刑事责任 3．中不法侵害行为通常应是人的不法行为。例如，狗要咬人，如果是野狗，可直接打死，不损害任何人的财产利益，如果是别人养的，打死就是紧急避险，即为了较大利益，牺牲较小利益也不承担责任，都不是正当防卫。

2．正当防卫的时间条件——不法侵害行为正在进行。即已经开始，尚未结束。如果不符合这个时间条件的防卫，称为防卫不适时。防卫不适时，有两种：不法侵害尚未开始就实施防卫，即"先下手为强"，叫事前防卫；不法侵害行为已经结束后实施的防卫，叫事后防卫。防卫不适时，属于故意犯罪。

3．正当防卫的对象条件——只能对不法侵害者本人实施。如果对第三者实施，属于故意犯罪。对于针对第三者进行所谓防卫的，应视不同情况处理。如果故意针对第三者进行所谓防卫，就应作为故意犯罪处理；如果误认为第三者是不法侵害者而进行所谓防卫的，则以假想防卫来处理。

4．正当防卫的主观条件——防卫意图。即行为人必须有正当的防卫意图，是为了保护公共利益、本人或者他人的权益，而决意制止不法侵害。如果没有防卫意图的防卫挑拨，互相斗殴、为保护非法利益而实行的防卫都不是正当防卫。防卫挑拨即以挑拨寻衅等不正当手段，故意激怒对方，引诱对方对自己进行侵害，然后以"正当防卫"为借口，实行加害的行为。防卫挑拨是利用正当防卫实行自己预谋的犯罪，应按故意犯罪论处。互相斗殴是指双方互相打架、结伙斗殴、聚众械斗等行为。互相斗殴的性质、情节和严重程度各有不同，可以表现为两人或多人厮打，也可表现为扰乱公共秩序的结伙斗殴，还可表现为持械聚众斗殴。引起互相斗殴的原因多种多样，危害结果也各有不同。不论何种情况的斗殴，彼此都有殴击或伤害对方的故意，双方主观上都没有正当防卫的意图，下手先后又难以证实，往往难分是非曲直，因而双方的行为都是违法的，属于不法与不法的关系，都不属于正当防卫的范畴。任何一方给对方造成了危害的，都要负法律责任。但互相斗殴的双方，如果其中一方确实不愿再打，并且已经停止了自己的殴打行为，离开了现场，而另一方仍不罢休，继续殴打对方，这时，继续殴打的一方就成为不法侵害者，应允许已经停止殴打的一方实行正当防卫。

5．正当防卫的限度条件——防卫行为不能明显超过必要限度造成重大损害。要求行为人的防卫行为是制止不法侵害行为所必需的，同时，防卫的手段、强度同侵害行为的手段、强度之间，防卫人对侵害人所造成的后果同侵害行为可能造成的危害结果之间基本相适应，不能明显超过必要限度，造成重大损害。如果符合其他四个条件，但是超过了必要限度的防卫行为，称为防卫过当。根据防卫过当的行为人主观上的罪过形式，确定其行为构成何罪。其罪过形式一般为过失，也可以为间接故意。因此，其行为可能构成过失致死罪、间接故意杀人罪等，不能认为构成防卫过当罪。防卫过当的，应当减轻或者免除处罚。

需要注意的是，并非凡是超过必要限度的，都是防卫过当，只有"明显"超过必要限度造成重大损害的，才是防卫过当。首先，轻微超过必要限度的不成立防卫过当，只有在能够被清楚容易地认定为超过必要限度时，才可能属于防卫过当。其次，造成一般损害的不成立防卫过当。最后，上述正当防卫的必要限度条件不适用于对严重危及人身安全的暴力犯罪所进行的防卫（无过当防卫）。鉴于严重危及人身安全的暴力犯罪的严重社会危害性，为了更好地保护公民的人身权利，刑法第20条第3款规定了无过当防卫。即对正在进行行凶、杀人、抢劫、强奸、绑架以及其他严重危及人身安全的暴力犯罪，采取防卫行为，造成不法侵害人伤亡的，不属于防卫过当，不负刑事责任。

四、案例涉及的实体法律及相关规定

《中华人民共和国刑法》

第二十条　为了使国家、公共利益、本人或者他人的人身、财产和其他权利免受正在进行的不法侵害，而采取的制止不法侵害的行为，对不法侵害人造成损害的，属于正当防卫，不负刑事责任。

正当防卫明显超过必要限度造成重大损害的，应当负刑事责任，但是应当减轻或者免除处罚。

对正在进行行凶、杀人、抢劫、强奸、绑架以及其他严重危及人身安全的暴力犯罪，采取防卫行为，造成不法侵害人伤亡的，不属于防卫过当，不负刑事责任。

五、案例点评

对此案的定性有四种意见。

第一种意见认为，王某与杨某多年来感情不和，杨某的死亡不违背王某的主观愿望。所以当杨某先用刀刺伤王某时，王某借机一刀即刺中杨某要害部位，致杨某死亡。王某不仅具有杀人故意，而且实施了杀人行为，直接造成了杨某死亡的危害后果，符合故意杀人罪的构成要件，应定故意杀人罪。

第二种意见认为，杨某倒地后，王某立即打电话通知杨某的亲属快来救人。这一情节说明，王某不希望也不放任杨某死亡后果的发生，因此王某不具有杀人故意；王某夺下杨某的刀子后，杨某对王某的不法侵害已经结束，此时王某不能持刀去对失去刀子的杨某实施防卫，因此王某的行为也不是正当防卫；从主观要件看，王某有伤害杨某的故意，其行为构成故意伤害罪。

第三种意见认为，在遭到杨某连刺两刀的情况下，王某夺刀后顺势刺杨某一刀，这种行为既不是故意杀人，也不是故意伤害，而是防卫。王某的防卫行为超过了必要限度，造成杨某死亡的重大损害后果，是防卫过当，依法应负刑事责任。由于王某主观上既没有杀人故意也没有伤害故意，只是出于防卫意图而导致杨某死亡，因此对王某的过当防卫行为，应以过失致人死亡罪论处。

第四种意见认为,杨某在案发前写下遗嘱,其死后要把孩子交他人抚养。这说明杨某不仅准备自己死,而且还准备让王某与她一起死。在这种心态支配下,杨某趁王某不备,持刀连刺王某胸部,其剥夺王某生命的企图十分明显。王某在自己生命受到威胁的情况下夺刀反抗,并以一刀致杨某倒地,其行为符合刑法第二十条的规定,是正当防卫。王某是在没有任何心理和精神准备的情况下突遭杨某袭击,情急之中夺刀捅伤杨某胸部,是对正在发生的不法侵害行为进行的防卫还击,目的是为了保护自身不受侵害,且有效地阻止了杨某的不法侵害行为。当时的情况决定了王某无条件去考虑其他防卫方法,因此王某的行为虽然造成杨某死亡,但不属于正当防卫超过必要限度。

第一种意见将王某主观上的故意杀人罪过解释为"王某与杨某多年感情不和,杨某的死亡不违背王某的主观愿望。"这不仅不合逻辑,且与本案事实不符,有客观归罪之嫌。

第二种意见认为王某夺刀后,杨某的不法侵害行为已经结束,这时王某还持刀去捅杨某,有伤害的故意,这种观点建立在不可靠的论据上。就本案事实看,王某夺刀反击时,杨某的不法侵害行为既没有实施完结,也没有自动中止。因此,以"杨某的不法侵害行为已经结束"这个不可靠的论据来论证王某没有防卫杨某的权利,由此认定王某的行为构成故意伤害罪,是不适当的。

第三种意见认定是防卫过当。笔者认为,不能以轻伤对轻伤,重伤对重伤,死亡对死亡,才认为防卫行为不超过必要限度。这种让防卫行为与侵害行为对等的要求,失去了正当防卫的立法本意。王某是在身受不法侵害两刀后夺刀反击时一刀造成杨某死亡,以此认定王某的防卫行为过当,欠妥。

第四种意见较为合适。刑法第二十条第三款规定:"对正在进行行凶、杀人、抢劫、强奸、绑架以及其他严重危及人身安全的暴力犯罪,采取防卫行为,造成不法侵害人伤亡的,不属于防卫过当,不负刑事责任。"从本案事实看,杨某已经抱定了与王某共死的决心,其用刀在王某胸部连刺两刀,此时,王某对杨某的杀人行为实施防卫,一刀致杨某死亡。无论从防卫的时间看,还是从防卫的对象看,或是从防卫的强度看,都符合刑法第二十条第三款所指的情形。这是法律有特殊规定的正当防卫行为,虽然造成了杨某死亡的结果,但王某依法不负刑事责任。因此,王某的行为是正当防卫,不是防卫过当。

六、巩固练习

1. 某市幼儿园保育员李某(女,30岁)于某日下午带领 8 名幼儿外出游玩。途中幼儿王某(女,3岁)失足坠入路旁粪池,李某见状只向农民高声呼救,不肯跳入粪池救人。约 20 分钟后,路过此地的农民张某听到呼救后赶来,一看此景,非常气愤,她身为教师,却不救人。张某随手给了那老师重重一棍,然后跳入粪池救人,但为时已晚,幼儿王某已被溺死,教师李某被打成重伤。

农民张某棒打教师的行为属正当防卫吗?

2. 赖某，男，25岁。某日晚，赖某见两男青年正在侮辱他的女朋友，即上前制止，被其中一男青年殴打被迫还手。对打时，便衣警察黄某路过，见状抓住赖的左肩，但未表明公安人员的身份。赖某误以为黄是帮凶，便拔刀刺黄左臂一刀逃走。

对赖某的行为应如何认定？并请说明理由。

3. 无业游民赵某为还赌债于某日晚将一刚下晚自习走在回家路上的中学生钱某拦住，持刀架在其脖子上要求钱某把钱拿出来。在此过程中，赵某忽然想起自己年轻求学时的辛酸，遂良心发现，觉得学生可怜，便抽身离开。看着拦路抢劫者离去的背影，怒气未消的钱某从地上捡起一石块将赵某砸伤。

钱某的行为是正当防卫吗？

第二节 紧急避险问题实训

一、基本案例

被告人郑某，男，48岁，某海轮船长。

1998年11月，郑的船由南美载货回国，途经公海时收到台风紧急预报，由于船远离陆地，不可能进港；而在原地抛锚或者继续前行、返航均不能避免台风的袭击。郑为减轻船的负荷，以免船毁人亡，即命令船员将所载货物的10%（价值10余万元人民币）抛入大海。然后继续前行。10小时后，台风突然转向，该船未遭到台风袭击。

二、案例的问题点

郑某的行为是否构成犯罪？原因是什么？

三、案例涉及的实体理论问题

紧急避险是刑法中规定的不作为犯罪处理的一种情形。根据刑法规定，为了使国家、公共利益、本人或者他人的人身、财产和其他权利免受正在发生的危险，不得已采取的紧急避险行为，造成损害的，不负刑事责任。紧急避险行为应当符合以下条件：

1. 采取紧急避险的目的，必须是为了使国家利益、公共利益、本人或者他人的人身、财产和其他权利免受危险。即实施紧急避险的目的是正当的，是为了保护合法权益。如果为了保护非法利益，不允许实行紧急避险，如犯罪嫌疑人为了逃避公安人员的追捕而侵入他人住宅，则不能视为紧急避险。

2. "危险"正在发生或即将发生，使上述合法权益受到威胁。尚未发生的危险或者已经结束的危险，以及主观假想的危险或者推测的危险，都不能采取紧急避险的行为。危险可以来自不同的方面：有的是自然的力量，如天然火灾、洪水、地震、山崩、海啸、狂风等；有的是动物的侵袭；有的是疾病等生理机能造成的危险；有的是人为的危害社会的行为。

3. 紧急避险行为是为了使更多更大的合法权益免受正在发生的危险，而不得已采取的损害另一种合法权益的行为，因此，紧急避险所造成的损害必须小于避免的损害。这是由紧急避险的性质决定的。所谓"紧急避险"是指用损害一种合法权益的方法保护另一种受到正在发生的危险威胁的合法权益的紧急措施。不论是受损害的还是被保护的合法权益，都是受国家法律保护的，只有损害的合法权益小于被保护的合法权益时，紧急避险的行为，才是对社会有益的，紧急避险才有实际意义。

由于紧急避险的特点是为了保护较大的合法利益，而不得不损害另一较小的合法利益，是行为人在不得已的情况下所采取的紧急措施，行为人在主观上没有过错，是一种有益于社会的合法行为，应当受到支持和鼓励。所以紧急避险不具有刑法意义上的社会危害性，而具有合法性。因此法律规定，不得已采取的紧急避险行为，造成损害的，不负刑事责任。

四、案例涉及的实体法律及相关规定

《中华人民共和国刑法》

第二十一条 为了使国家、公共利益、本人或者他人的人身、财产和其他权利免受正在发生的危险，不得已采取的紧急避险行为，造成损害的，不负刑事责任。紧急避险超过必要限度造成不应有的损害的，应当负刑事责任，但是应当减轻或者免除处罚。

第一款中关于避免本人危险的规定，不适用于职务上、业务上负有特定责任的人。

五、案例点评

本题案例中，能否认定郑某的行为是紧急避险的关键，在于确定以下两点：

一是是否确实收到了台风紧急警报。这是郑某在当时情况下认定危险是否迫在眉睫的唯一依据。如果郑某确实收到了这样的警报，那么，他认定危险迫在眉睫并且采取措施就是有根据的。

二是根据当时的情况，是否必须抛弃相当于总量的10%的货物才能确保船只的安全。这是认定郑某的行为是否适当的主要依据。

只要是郑某确实收到了台风紧急警报，并且从技术上来讲，在当时的情况下，郑某必须采取这样的措施才能确保船只安全，那么，郑某的行为就是合法的，属于紧急避险行为，不应当承担抛弃货物而造成损失的责任。

至于后来台风突然转向的情况，不在人力控制范围之内，因此不能成为判断郑某行为"不适当"的理由。

六、巩固练习

被告刘某,女,29岁,某县委共青团干部。

某夏季晚8时,刘某骑车回家路过一个小树林,被赵某持刀拦下预行强奸。刘某趁其不备用自行车上气筒将其打晕后逃至一个村庄,天气已晚被迫到一户人家借住。户主是个老太太十分善良,将其安排在一个炕上和其女儿一起居住。晚十时左右,刘因受惊吓不能入睡,忽听有人敲门,老太太开门后发现儿子赵某满头是血,便问,儿子说是被一个女人打的,并描述了女人的特征。老人说屋内有个借住的女人很像,就是在十点钟来的,赵某便悄悄进屋准备杀刘。刘听到他们母子俩谈话后,便悄悄与赵某的妹妹调换了睡觉的位置,致使赵某将其妹妹杀死后与其母亲一块抬出院外掩埋时逃走。

作业:请以小组形式对刘某的行为是否构成紧急避险进行模拟审判表演。

第三节 其他排除社会危害性的行为

一、基本案例

某女,因患恶性瘤入某院治疗,其夫系医务工作者入院陪伴。经诊查,发现患者恶性肿瘤已广泛转移,肺部转移尤为明显。病人住院日久不见好转而每况愈下,出现恶病质和呼吸困难,其夫曾提出"安乐死",但院方因未得到病人承诺和缺乏有关的法律依据而予以拒绝。一日,其夫趁经治医师不在现场,肌肉注射杜冷丁两支,致本有呼吸困难的病人呼吸衰竭死亡。

二、案例的问题点

1. 医生或者其他人帮助他人"安乐死"是否犯罪?
2. 排除犯罪的事由理论与实践运用。

三、案例涉及的实体理论问题

排除犯罪的事由,是指行为虽然在客观上造成了一定损害后果,表面上符合某些犯罪的客观要件,但实际上没有犯罪的社会危险性,并不符合犯罪构成,依法不成立犯罪的事由。我国刑法明文规定了正当防卫和紧急避险两种排除犯罪的事由。值得注意的是,除此两种之外,现实生活中仍然存在其他的排除犯罪的事由,本案中被害人承诺即为一种。

被害人的承诺,符合一定条件,便可以排除损害被害人法益的行为的犯罪性。罗马法上就有"得到承诺的行为不违法"的格言,但不能望文生义地予以适用。被害人请求或者许可行为人侵害其法益，表明其放弃了该法益，放弃了对该法益的保护。既然如此，法律就没有必要予以保护；损害被放弃的法益的行为，就不构成犯罪。但这并不意味着只要行为得到了被害人的承诺就不成立犯罪。

有些承诺并不影响犯罪的成立。例如：拐卖儿童的行为，即使得到儿童的承诺，也不影响拐卖儿童罪的成立。例如：嫖宿幼女罪，应以得到卖淫幼女的承诺为前提，如果没有得到卖淫幼女的承诺，则成立强奸罪。

由此可见，只有在其他以违反被害人意志为前提的犯罪中，被害人的承诺才可能排除行为的犯罪性，如非法侵入住宅罪、盗窃罪等。

需要注意的是，经被害人承诺的行为符合下列条件时，才排除行为的犯罪性：

1. 有效的承诺：以承诺者对被侵害的法益具有处分权限为前提。对于国家、公共利益与他人利益，不存在被害人承诺的问题，故只有被害人承诺侵害自己的法益时，才有可能排除行为的犯罪性。但即使是承诺侵害自己的法益时，也有一定限度。如经被害人承诺而杀害他人的行为，仍然成立故意杀人罪。

2. 承诺者必须对所承诺的事项的意义、范围具有理解能力。

3. 承诺是被害人的真实意志。

戏言性的承诺、基于强制或者威压做出的承诺，不影响行为的犯罪性。

4. 事实上必须存在承诺。只要被害人具有现实的承诺，即使没有表示于外部，也是有效的承诺。问题是，是否要求行为人认识到被害人的承诺？既然被害人同意行为人的行为与法益损害结果，就不存在受保护的法益，故没有必要要求行为人认识到被害人的承诺。

5. 承诺至迟必须存在于结果发生时。被害人在结果发生前变更承诺的，则原来的承诺无效。事后承诺不影响行为成立犯罪；否则国家的追诉权就会受被害人意志任意左右。

经承诺所实施的行为不得超出承诺的范围。例如：甲同意乙砍掉自己的一个小手指，而乙砍掉了甲的两个手指。这种行为仍然成立故意伤害罪。

经承诺所实施的行为本身必须不得违反法律规定，否则可能成立其他犯罪。例如：即使妇女同意数人同时对其实施淫乱行为，但如果数人以不特定或者多数人可能认识到的方式实施淫乱行为时，虽不构成强奸罪，但不排除聚众淫乱罪的成立。

所以被害人错误的承诺不能排除行为人的犯罪性：

（1）如果仅仅是关于承诺动机的错误，应认为该承诺具有效力，成为排除犯罪的事由。例如：妇女以为与对方发生性关系，对方便可以将其丈夫从监狱释放；但发生性关系后，对方并没有释放其丈夫。这种错误仅仅与承诺的动机有关，故不影响其效力，即对方的行为不成立强奸罪。（2）如果因为受骗而对所放弃的法益的种类、范围或者危险性发生了错误认识，其所做出的承诺则无效。例如：行为人冒充妇女的丈夫实施奸淫行为时，黑夜中的妇女以为对方是自己的丈夫而同意发生性关系的，其承诺无效。

四、案例涉及的实体法律及相关规定

《中华人民共和国刑法》

第二百三十二条　故意杀人的，处死刑、无期徒刑或者十年以上有期徒刑；情节较轻的，处三年以上十年以下有期徒刑。

五、案例点评

安乐死，译自古希腊 Euthanasia，英文解释为：无痛苦处死患不治之症而又非常痛苦者和非常衰老者。学界对这一希腊文的翻译可谓五花八门，总结起来不外乎有以下几种，"尊严死亡"、"快乐死亡"、"安死术"、"仁慈杀人"、"怜悯杀人"。这些定义其实都表示着这样一个定义，即我国刑法学界的通常概括："安乐死，也称无痛苦致死，是指对于患了绝症、濒临死亡的病人，由于难以忍受肉体的痛苦，本人或其家属要求其安乐地死去时，医生为了减少病人难以忍受的剧烈痛苦，采取措施提前结束病人的生命，使其安乐地死去。"

由于人们对于安乐死在主观上存在着不同的认识，特别是由于每个个体所崇尚的生命观、价值观受到个体的主观价值判断标准的影响，在安乐死问题上形成了两种主流学说观点，即安乐死的赞成派和安乐死的反对派。安乐死的赞成派主要对安乐死问题持以下学术意见："生命价值说"，生命是属于个人的，个体有权按自己的意愿自由处置自己的生命，同时从个人的社会属性上看，他势必又离不开社会，因此一个人生命的价值是个人和社会的结合体。一个个体的生命价值高低与其对社会的贡献密切相关。对于安乐死的适用对象来说，这类人是完全丧失劳动能力并且不能恢复的"索取性"人物，其生命已经无任何社会价值，对其也应当可以适用安乐死。"尊严说"，人的尊严具有最高价值，尊严使人有选择的自由，包括结束自己生命的自由。因此一个人的最基本的人格权利，即受尊重权应当受到保护，也就是说对于尊重保护最基本的人格权利角度来看，我们应当允许安乐死的存在。"生活质量说"，人生活的质量和意义不在于寿命的长度而在于生活中实际能享受到的幸福程度的高低。就像一句富有哲学意味的名言那样"我们不能改变人生的长度，但我们却能尽自己的最大努力改变生命的宽度"。追求生命质量是实现生命价值的重要目标，当一个人的生命只具有纯粹生物学意义上的存在或是只能在巨大痛苦中等待死亡时（生命质量已大大降低），这样的人再继续生活下去已失去生活所赋予他的意义。"资源有限说"，社会资源是有限的，特别是在倡导可持续发展的今天，对一个无望挽救的绝症患者投入大量的医疗力量实际上是浪费，应当将这些宝贵而有限的医疗资源节省下来用于救助那些可能治好的病人。"新医德说"，在著名的唯物主义学者弗朗西斯·培根的《新大西洋》一书中指出："医生的职责是不但要治愈病人，而且还要减轻他的痛苦和悲伤，这样做，不但会有利于他健康的恢复，而且也可能当他需要时使他安逸地死。"这一理论已经成为新医德观的主要理论依据。

即便是在赞同者内部，关于安乐死的实施对象，也还存在很大分歧。在认定安乐死的对象时主要有三类：植物人，脑死亡者，身患绝症濒临死亡而又极度痛苦者。也有人主张安乐死的对象主要是两种病人：一是身患绝症处于晚期而极度痛苦的病人，二是有严重残疾，生命质量和生命价值极其低下或已丧失的病人，如不可逆的植物人状态或已发生脑死亡者，严重畸形且医学上无法治疗的胎儿、新生儿等。还有学者将植物人和严重先天缺陷的新生儿排除，提出安乐死的实施对象应是医学上无法挽救存在痛苦的濒死者。

安乐死问题在我国刑法界已经成为越来越多的学者所共同关注的问题，我国首例安乐死案件发生在1986年6月29日，59岁的女患者夏素文因患肝硬化腹水，病情恶化之后住进陕西省汉中市传染病院。6月28日，夏素文的长子王明成找到查房的该院院长询问病情，当从院长口中得知其母已无生还希望时，提出"可否采取点措施，免得再受罪。"该要求在院长处被断然拒绝，但过后，夏的另外两个女儿与王明成一同恳求时任该院肝炎科主任蒲连升为其母实施安乐死措施。在要求提供书面保证的情况下，蒲连升答应了他们的要求，开出了若干毫克"冬眠灵"注射液，并亲自为夏素文注射，然而第一次注射并未导致患者死亡，其后受蒲嘱咐，该院实习护士又于次日向夏注射了若干毫克"冬眠灵"注射液，于是夏素文在凌晨死亡。原本此事就这样过去了，但后来夏素文子女因母亲后事再次找到该院院长时，该院院长由于与肝炎科主任蒲连升存在个人纠纷，所以改口说到其母病并非已经无药可救，仍然有生存希望。当时夏素文的子女间也正为遗产的归属而闹得兄妹不和，于是夏素文的两个女儿以"惩罚杀人凶手"的名义向汉中地区检察院提出控告，公安部队以涉嫌故意杀人罪将蒲连升、王明成逮捕。1991年4月，汉中市法院一审以"情节显著轻微，危害不大构不成犯罪"为由判决二人无罪。次年3月25日，二审维持了一审判决。

由上可见，在我国，"安乐死"还有待于法律的肯定，而且尽管"安乐死"似乎愈来愈被人们所理解，但实际上却争议迭起，并没有形成一种肯定的道德要求，因此"安乐死"目前尚不可取。本案例死者丈夫系医务工作者，不可能不了解"安乐死"尚有待于法律的确定和道德的肯定，因而，本案例即便视为"安乐死"，执行者也因为没有肯定的道德依据而应受到谴责。同时，更重要的是"安乐死"的积极意义在于提高临终病人的生命质量，减少病人痛苦，但本案例执行者并无准确的依据和手段来保证做到这一点，也未曾向医院方面正式地提出要求，他给病人造成的所谓的"无痛苦死亡"或许恰恰造成了病人最大的内心痛苦甚至死不瞑目。

"安乐死"即便被法律确定，道德肯定，医务工作者有权力有责任实施"安乐死"时，其执行者均应有临终患者的书面或亲口的承诺，并有法定证明人证明方可执行。目前国外执行的"安乐死"案例就极为慎重而有法律效力。即便为绝症患者，其"安乐死"的实施也应有可信的本人明确表示。有的病人认为死亡是最大的痛苦，其痛苦超生理的精神的承受力，"安乐死"对这种病人就失去了意义。因此，"安乐死"如无患者各种形式的表态而被实施，那么无论如何都是不道德的。执行"安乐死"，起码应依据病人本人严肃的选择（缺乏此类能力的人例外，如婴儿、植物人等），由所住医院的经治医师会同有关部门共同执行。众所周知，当诊治失误致死人命时，经治医师将负法律责任和医疗事故。本案例死者丈夫自恃懂医，无视经治医师的职权，并趁人不备且无有关部门会同便置病人于死地，作为病人的丈夫，他更有厌弃病笃的妻子而利用"懂医"进行谋杀的嫌疑，应受到道德的谴责和法律的审判。

六、巩固练习

1. 被告人赵××，男，19岁。

一天晚上九时许，赵××在某市738厂门口见陈××等三人骑一辆自行车由西向东而来，误认为是同厂青年，便伸手拦截。陈等三人误认为赵要抢帽子，便停下来寻找砖头、石块，返回质问。赵躲进738厂。后因马路上有人吵架，赵出来围观，又遇见陈×等人，赵再次回厂躲避，但陈等一起追上质问，赵当即向陈等讲明是认错了人，不是抢帽子。陈不谅解，手持砖块向赵面部猛打，将赵的左上颌及牙齿砸伤，赵随即拔出随身所带大号水果刀向陈猛戳一刀，将陈刺成重伤，陈跑至三十米处倒地，赵当即将其送往医院抢救。

请分析：赵××的行为属于什么性质的行为？是否构成犯罪？为什么？

2. 被告人何××，男，43岁，某建筑工程队队长。

某市镇一家饭馆突然失火，火焰顿时随风烧向邻屋。当消防车赶来抢救时，火舌已伸向第三家邻居。此时，正在附近建筑工地施工的队长何××，带领十多个工人奔到现场后并未参加救火，却命令工人们迅速拆毁近邻第四家房屋。何本人则与另外两个工人跑回工地，驾驶着吊车和推土机赶到现场也投入拆房行动。他一面组织部分工人协助抢出房内物品，一面指挥工人们赶快用斧头、锯子截断房屋的横梁和柱脚，开动推土机冲撞墙壁。何本人随即开动吊车，把屋顶梁架吊离原地，再叫工人们用铲车铲出一条隔离空道。当火焰蔓延到第三家邻居房屋尾部时，才被消防队员们奋力扑灭。

请分析：何××的行为是什么性质的行为？是否应负刑事责任？为什么？

第五章 分则问题

第一节 危害公共安全的犯罪——交通肇事罪

一、基本案例

犯罪嫌疑人张某驾驶货车在马路上行驶，撞上骑自行车欲横穿马路的被害人黄某，黄某被撞倒地，张某立即停车，并用手机拨打电话报警，随后路过的一名证人也打电话报警，但都没能打通，两人遂一同在路上拦车欲救助被害人，但没有车愿意停下。张某见被害人伤势严重，在没有对现场情况进行标注的情况下，就用肇事车辆将被害人送到医院抢救，但被害人仍因抢救无效死亡。后经交警部门责任认定：因张某发生交通事故后用肇事汽车将伤者送往医院时未保留事故现场及做相应标记，致使责任无法认定，其行为违反了《福建省道路交通管理实施办法》第三十六条之规定。根据《道路交通事故处理办法》第二十一条之规定，张某应负事故的全部责任。交警部门以张某涉嫌交通肇事罪向检察院移送审查起诉。

二、案例的问题点

1. 中致人死亡并负交通事故全部责任的行为人是否一定构成交通肇事罪？
2. 中交通事故与交通肇事的区别。

三、案例涉及的实体理论问题

交通肇事罪的构成条件：

交通肇事罪，是指违反交通管理法规，因而发生重大事故，致人重伤、死亡或者使公私财产遭受重大损失的行为。

客体要件：本罪侵犯的客体，是交通运输的安全。交通运输，是指与一定的交通工具与交通设备相联系的铁路、公路、水上及空中交通运输，这类交通运输的特点是与广大人民群众的生命财产安全紧密相连，一旦发生事故，就会危害到不特定多数人的生命安全，造成公私财产的广泛破坏，所以，其行为本质上是危害公共安犯罪。

客观要件：本罪客观方面表现为在交通运输活动中违反交通运输管理法规，因而发生重大事故，致人重伤、死亡或者使公私财产遭受重大损失的行为。由此可见，本罪的客观方面是由以下4个相互不可分割的因素组成的：

1. 必须有违反交通运输管理法规的行为。在交通运输中实施了违反交通运输管理法规的行为，这是交通事故的原因，也是承担处罚的法律基础。所谓交通运输法规，是指保证交通运输正常进行和交通运输安全的规章制度，包括水上、海上、空中、公路、铁路等各个交通运输系统的安全规则、章程以及从事交通运输工作必须遵守的纪律、制度等。如《城市交通规则》、《机动车管理办法》、《内河避碰规则》、《航海避碰规则》、《渡口守则》、《中华人民共和国海上交通安全法》等。违反上述规则就可能造成重大交通事故。在实践中，违反交通运输管理法规行为主要表现为违反劳动纪律或操作规程，玩忽职守或擅离职守、违章指挥、违章作业，或者违章行驶等。例如，公路违章的有：无证驾驶、强行超车、超速行驶、酒后开车；航运违章的有：船只强行横越，不按避让规章避让，超速抢档，在有碍航行处锚泊或停靠；航空违章的有：违反空中交通管理擅自起飞，偏离飞行航线，无故不与地面联络，等等。上述违章行为的种种表现形式，可以归纳为作为与不作为两种基本形式，不论哪种形式，只要是违章，就具备构成本罪的条件。

2. 必须发生重大事故，致人重伤、死亡或者使公私财产遭受重大损失的严重后果。这是构成交通肇事罪的必要条件之一。行为人虽然违反了交通运输管理法规，但未造成上述法定严重后果的，不构成本罪。

3. 严重后果必须由违章行为引起，二者之间存在因果关系。虽然行为人有违章行为，造成严重后果，而且在时间上存在先行后续关系，则不构成本罪。

4. 违反规章制度，致人重伤、死亡或者使公私财产遭受重大损失的行为，必须发生在从始发车站、码头、机场准备载人装货至终点车站、码头、机场旅客离去、货物卸完的整个交通运输活动过程中。从空间上说，必须发生在铁路、公路、城镇道路和空中航道上；从时间上说，必须发生在正在进行的交通运输活动中。如果不是发生在上述空间、时间中，而是在工厂、矿山、林场、建筑工地、企业事业单位、院落内作业，或者进行其他非交通运输活动，如检修、冲洗车辆等，一般不构成本罪。检察院1992年3月23日《关于在厂（矿）区机动车造成伤亡事故的犯罪案件如何定性处理问题的批复》中指出：在厂（矿）区机动车作业期间发生的伤亡事故案件，应当根据不同情况，区别对待；在公共交通管理范围内，因违反交通运输规章制度，发生重大事故，应按刑法第113条规定处理。违反安全生产规章制度，发生重大伤亡事故，造成严重后果的，应按刑法第114条规定处理；在公共交通管理范围外发生的，应当定重大责任事故罪。由此可见，对于这类案件的认定，关键是要查明它是否发生在属于公共交通管理的铁路、公路上。利用大型的、现代化的交通运输工具从事交通运输活动，违反规章制度，致人重伤、死亡或者使公私财产遭受重大损失的，应定交通肇事罪，这是没有异议的。但是，对于利用非机动车，如自行车、三轮车、马车等，从事交通运输活动，违章肇事，使人重伤、死亡，是否构成交通肇事罪，存在不同的看法。第一种意见认为：交通肇事罪属于危害公共安全的犯罪，即能够同时造成不特定的多人伤亡或者公私财产的广泛损害，而驾驶非机动车从事交通运输活动，违章肇事，一般只能给特定的个别人造成伤亡或者数量有限的财产损失，不具有危害公共安全的性质，因此，不应定交通肇事罪，而应根据具体情况，确定其犯罪的性质，造成他人死亡的，定过失致人死亡罪；造成重伤的，定过失重伤罪。第二种意见认为，它虽一般只能造成特定的个别人的伤亡或者有限的损失，但不能因此而否认其具有危害公共安全的性质，况且许多城镇交通事故都直接或间接与非机动车违章行车有关。因此，上述人员违章肇事，应当以交通肇事罪论处。如果因其撞死人而按致人死亡罪论处，因其撞伤人而按过失重伤罪论处，是不合理的。目前司法实践中，一般按第二种意见定罪判刑，即以交通肇事罪论处。

主体要件 本罪的主体为一般主体。即凡年满16周岁、具有刑事责任能力的自然人均可构成。主体不能理解为在上述交通运输部门工作的一切人员，也不能理解为仅指火车、汽车、电车、船只、航空器等交通工具的驾车人员，而应理解为一切直接从事交通运输业务和保证交通运输的人员以及非交通运输人员。交通运输人员具体地说，包括以下4种从事交通运输的人员，（1）交通运输工具的驾驶人员，如火车、汽车、电车司机等；（2）交通设备的操纵人员，如扳道员、巡道员、道口看守员等；（3）交通运输活动的直接领导、指挥人员，如船长、机长、领航员、调度员等；（4）交通运输安全的管理人员，如交通监理员、交通警察等。他们担负的职责同交通运输有直接关系，一旦不正确履行自己的职责，都可能造成重大交通事故。

非交通运输人员违反规章制度，如非司机违章开车，在交通运输中发生重大事故，造成严重后果的，也构成本罪的主体。最高人民法院、最高人民检察院《关于办理盗窃案件具体应用法律的若干问题的解释》中指出，"在偷开汽车中因过失撞死、撞伤他人或者撞坏了车辆，又构成其他罪的，应按交通肇事罪与他罪并罚"这一解释说明，非交通运输人员构成交通肇事罪，并不以肇事行为发生在交通运输过程中为要件。

主观要件 本罪主观方面表现为过失，包括疏忽大意的过失和过于自信的过失。这种过失是指行为人对自己的违章行为可能造成的严重后果的心理态度而言。行为人在违反规章制度上可能是明知故犯，如酒后驾车、强行超车、超速行驶等，但对自己的违章行为可能发生重大事故，造成严重后果，应当预见而因疏忽大意，没有预见，或者虽已预见，但轻信能够避免，以致造成了严重后果。

四、案例涉及的实体法律及相关规定

（一）《中华人民共和国刑法》

第一百三十三条 违反交通运输管理法规，因而发生重大事故，致人重伤、死亡或者使公私财产遭受重大损失的，处三年以下有期徒刑或者拘役；交通运输肇事后逃逸或者有其他特别恶劣情节的，处三年以上七年以下有期徒刑；因逃逸致人死亡的，处七年以上有期徒刑。

（二）相关司法解释

最高人民法院《关于审理交通肇事刑事案件具体应用法律若干问题的解释》（2000.11.15 法释〔2000〕33号）

为依法惩处交通肇事犯罪活动，根据刑法有关规定，现将审理交通肇事刑事案件具体应用法律的若干问题解释如下：

第一条 从事交通运输人员或者非交通运输人员，违反交通运输管理法规发生重大交通事故，在分清事故责任的基础上，对于构成犯罪的，依照刑法第一百三十三条的规定定罪处罚。

第二条 交通肇事具有下列情形之一的，处三年以下有期徒刑或者拘役：

（一）死亡一人或者重伤三人以上，负事故全部或者主要责任的；

（二）死亡三人以上，负事故同等责任的；

（三）造成公共财产或者他人财产直接损失，负事故全部或者主要责任，无能力赔偿数额在三十万元以上的。

交通肇事致一人以上重伤，负事故全部或者主要责任，并具有下列情形之一的，以交通肇事罪定罪处罚：

（一）酒后、吸食毒品后驾驶机动车辆的；

（二）无驾驶资格驾驶机动车辆的；

（三）明知是安全装置不全或者安全机件失灵的机动车辆而驾驶的；

（四）明知是无牌证或者已报废的机动车辆而驾驶的；

（五）严重超载驾驶的；

（六）为逃避法律追究逃离事故现场的。

第三条 "交通运输肇事后逃逸"，是指行为人具有本解释第二条第一款规定和第二款第（一）至（五）项规定的情形之一，在发生交通事故后，为逃避法律追究而逃跑的行为。

第四条 交通肇事具有下列情形之一的，属于"有其他特别恶劣情节"，处三年以上七年以下有期徒刑：

（一）死亡二人以上或者重伤五人以上，负事故全部或者主要责任的；

（二）死亡六人以上，负事故同等责任的；

（三）造成公共财产或者他人财产直接损失，负事故全部或者主要责任，无能力赔偿数额在六十万元以上的。

第五条 "因逃逸致人死亡"，是指行为人在交通肇事后为逃避法律追究而逃跑，致使被害人因得不到救助而死亡的情形。交通肇事后，单位主管人员、机动车辆所有人、承包人或者乘车人指使肇事人逃逸，致使被害人因得不到救助而死亡的，以交通肇事罪的共犯论处。

第六条 行为人在交通肇事后为逃避法律追究，将被害人带离事故现场后隐藏或者遗弃，致使被害人无法得到救助而死亡或者严重残疾的，应当分别依照刑法第二百三十二条、

第二百三十四条第二款的规定，以故意杀人罪或者故意伤害罪定罪处罚。

第七条　单位主管人员、机动车辆所有人或者机动车辆承包人指使、强令他人违章驾驶造成重大交通事故，具有本解释第二条规定情形之一的，以交通肇事罪定罪处罚。

第八条　在实行公共交通管理的范围内发生重大交通事故的，依照刑法第一百三十三条和本解释的有关规定办理。

在公共交通管理的范围外，驾驶机动车辆或者使用其他交通工具致人伤亡或者致使公共财产或者他人财产遭受重大损失，构成犯罪的，分别依照刑法第一百三十四条、第一百三十五条、第二百三十三条等规定定罪处罚。

第九条　各省、自治区、直辖市高级人民法院可以根据本地实际情况，在三十万元至六十万元、六十万元至一百万元的幅度内，确定本地区执行本解释第二条第一款第（三）项、第四条第（三）项的起点数额标准，并报最高人民法院备案。

最高人民法院《关于审理盗窃案件具体应用法律的若干问题的解释》（1998.3.10 法释〔1998〕4号）

第十二条　审理盗窃案件，应当注意区分盗窃罪与其他犯罪的界限：

（四）在偷开机动车辆过程中发生交通肇事构成犯罪，又构成其他罪的，应当以交通肇事罪和其他罪实行数罪并罚。

最高人民法院、最高人民检察院《关于严格依法处理道路交通肇事案件的通知》（1987.8.12 法（研）发〔1987〕21号）

（三）具有下列情节之一，并符合上述（一）或者（二）的规定，按照（一）或者（二）的规定从重处罚：

1. 犯交通肇事罪，畏罪潜逃，或有意破坏、伪造现场，毁灭证据，或隐瞒事故真相，嫁祸于人的；
2. 酒后驾车的；
3. 非司机驾驶机动车辆的；
4. 驾驶无牌照车辆的；
5. 明知机动车辆关键部件失灵仍然驾驶的；
6. 具有其他特别恶劣情节的。

（三）其他法律法规

《中华人民共和国道路交通安全法》

第一章　总　　则

第一条　为了维护道路交通秩序，预防和减少交通事故，保护人身安全，保护公民、法人和其他组织的财产安全及其他合法权益，提高通行效率，制定本法。

第二条　中华人民共和国境内的车辆驾驶人、行人、乘车人以及与道路交通活动有关的单位和个人，都应当遵守本法。

第三条　道路交通安全工作，应当遵循依法管理、方便群众的原则，保障道路交通有序、安全、畅通。

第四条　各级人民政府应当保障道路交通安全管理工作与经济建设和社会发展相适应。

县级以上地方各级人民政府应当适应道路交通发展的需要，依据道路交通安全法律、法规和国家有关政策，制定道路交通安全管理规划，并组织实施。

第五条　国务院公安部门负责全国道路交通安全管理工作。县级以上地方各级人民政府公安机关交通管理部门负责本行政区域内的道路交通安全管理工作。

县级以上各级人民政府交通、建设管理部门依据各自职责，负责有关的道路交通工作。

第六条　各级人民政府应当经常进行道路交通安全教育，提高公民的道路交通安全意识。

公安机关交通管理部门及其交通警察执行职务时，应当加强道路交通安全法律、法规的宣传，并模范遵守道路交通安全法律、法规。

机关、部队、企业事业单位、社会团体以及其他组织，应当对本单位的人员进行道路交通安全教育。

教育行政部门、学校应当将道路交通安全教育纳入法制教育的内容。

新闻、出版、广播、电视等有关单位，有进行道路交通安全教育的义务。

第七条　对道路交通安全管理工作，应当加强科学研究，推广、使用先进的管理方法、技术、设备。

第二章　车辆和驾驶人

第一节　机动车、非机动车

第八条　国家对机动车实行登记制度。机动车经公安机关交通管理部门登记后，方可上道路行驶。尚未登记的机动车，需要临时上道路行驶的，应当取得临时通行牌证。

第九条　申请机动车登记，应当提交以下证明、凭证：

（一）机动车所有人的身份证明；

（二）机动车来历证明；

（三）机动车整车出厂合格证明或者进口机动车进口凭证；

（四）车辆购置税的完税证明或者免税凭证；

（五）法律、行政法规规定应当在机动车登记时提交的其他证明、凭证。

公安机关交通管理部门应当自受理申请之日起五个工作日内完成机动车登记审查工作，对符合前款规定条件的，应当发放机动车登记证书、号牌和行驶证；对不符合前款规定条件的，应当向申请人说明不予登记的理由。

公安机关交通管理部门以外的任何单位或者个人不得发放机动车号牌或者要求机动车悬挂其他号牌，本法另有规定的除外。

机动车登记证书、号牌、行驶证的式样由国务院公安部门规定并监制。

第十条　准予登记的机动车应当符合机动车国家安全技术标准。申请机动车登记时，应当接受对该机动车的安全技术检验。但是，经国家机动车产品主管部门依据机动车国家安全技术标准认定的企业生产的机动车型，该车型的新车在出厂时经检验符合机动车国家安全技术标准，获得检验合格证的，免予安全技术检验。

第十一条 驾驶机动车上道路行驶，应当悬挂机动车号牌，放置检验合格标志、保险标志，并随车携带机动车行驶证。

机动车号牌应当按照规定悬挂并保持清晰、完整，不得故意遮挡、污损。

任何单位和个人不得收缴、扣留机动车号牌。

第十二条 有下列情形之一的，应当办理相应的登记：

（一）机动车所有权发生转移的；

（二）机动车登记内容变更的；

（三）机动车用作抵押的；

（四）机动车报废的。

第十三条 对登记后上道路行驶的机动车，应当依照法律、行政法规的规定，根据车辆用途、载客载货数量、使用年限等不同情况，定期进行安全技术检验。对提供机动车行驶证和机动车第三者责任强制保险单的，机动车安全技术检验机构应当予以检验，任何单位不得附加其他条件。对符合机动车国家安全技术标准的，公安机关交通管理部门应当发给检验合格标志。

对机动车的安全技术检验实行社会化，具体办法由国务院规定。

机动车安全技术检验实行社会化的地方，任何单位不得要求机动车到指定的场所进行检验。

公安机关交通管理部门、机动车安全技术检验机构不得要求机动车到指定的场所进行维修、保养。

机动车安全技术检验机构对机动车检验收取费用，应当严格执行国务院价格主管部门核定的收费标准。

第十四条 国家实行机动车强制报废制度，根据机动车的安全技术状况和不同用途，规定不同的报废标准。

应当报废的机动车必须及时办理注销登记。

达到报废标准的机动车不得上道路行驶。报废的大型客、货车及其他营运车辆应当在公安机关交通管理部门的监督下解体。

第十五条 警车、消防车、救护车、工程救险车应当按照规定喷涂标志图案，安装警报器、标志灯具。其他机动车不得喷涂、安装、使用上述车辆专用的或者与其相类似的标志图案、警报器或者标志灯具。

警车、消防车、救护车、工程救险车应当严格按照规定的用途和条件使用。

公路监督检查的专用车辆，应当依照公路法的规定，设置统一的标志和示警灯。

第十六条 任何单位或者个人不得有下列行为：

（一）拼装机动车或者擅自改变机动车已登记的结构、构造或者特征；

（二）改变机动车型号、发动机号、车架号或者车辆识别代号；

（三）伪造、变造或者使用伪造、变造的机动车登记证书、号牌、行驶证、检验合格标志、保险标志；

（四）使用其他机动车的登记证书、号牌、行驶证、检验合格标志、保险标志。

第十七条　国家实行机动车第三者责任强制保险制度，设立道路交通事故社会救助基金。具体办法由国务院规定。

第十八条　依法应当登记的非机动车，经公安机关交通管理部门登记后，方可上道路行驶。

依法应当登记的非机动车的种类，由省、自治区、直辖市人民政府根据当地实际情况规定。

非机动车的外形尺寸、质量、制动器、车铃和夜间反光装置，应当符合非机动车安全技术标准。

第二节　机动车驾驶人

第十九条　驾驶机动车，应当依法取得机动车驾驶证。

申请机动车驾驶证，应当符合国务院公安部门规定的驾驶许可条件；经考试合格后，由公安机关交通管理部门发给相应类别的机动车驾驶证。

持有境外机动车驾驶证的人，符合国务院公安部门规定的驾驶许可条件，经公安机关交通管理部门考核合格的，可以发给中国的机动车驾驶证。

驾驶人应当按照驾驶证载明的准驾车型驾驶机动车；驾驶机动车时，应当随身携带机动车驾驶证。

公安机关交通管理部门以外的任何单位或者个人，不得收缴、扣留机动车驾驶证。

第二十条　机动车的驾驶培训实行社会化，由交通主管部门对驾驶培训学校、驾驶培训班实行资格管理，其中专门的拖拉机驾驶培训学校、驾驶培训班由农业（农业机械）主管部门实行资格管理。

驾驶培训学校、驾驶培训班应当严格按照国家有关规定，对学员进行道路交通安全法律、法规、驾驶技能的培训，确保培训质量。

任何国家机关以及驾驶培训和考试主管部门不得举办或者参与举办驾驶培训学校、驾驶培训班。

第二十一条　驾驶人驾驶机动车上道路行驶前，应当对机动车的安全技术性能进行认真检查；不得驾驶安全设施不全或者机件不符合技术标准等具有安全隐患的机动车。

第二十二条　机动车驾驶人应当遵守道路交通安全法律、法规的规定，按照操作规范安全驾驶、文明驾驶。

饮酒、服用国家管制的精神药品或者麻醉药品，或者患有妨碍安全驾驶机动车的疾病，或者过度疲劳影响安全驾驶的，不得驾驶机动车。

任何人不得强迫、指使、纵容驾驶人违反道路交通安全法律、法规和机动车安全驾驶要求驾驶机动车。

第二十三条 公安机关交通管理部门依照法律、行政法规的规定，定期对机动车驾驶证实施审验。

第二十四条 公安机关交通管理部门对机动车驾驶人违反道路交通安全法律、法规的行为，除依法给予行政处罚外，实行累积记分制度。公安机关交通管理部门对累积记分达到规定分值的机动车驾驶人，扣留机动车驾驶证，对其进行道路交通安全法律、法规教育，重新考试；考试合格的，发还其机动车驾驶证。

对遵守道路交通安全法律、法规，在一年内无累积记分的机动车驾驶人，可以延长机动车驾驶证的审验期。具体办法由国务院公安部门规定。

第三章 道路通行条件

第二十五条 全国实行统一的道路交通信号。

交通信号包括交通信号灯、交通标志、交通标线和交通警察的指挥。

交通信号灯、交通标志、交通标线的设置应当符合道路交通安全、畅通的要求和国家标准，并保持清晰、醒目、准确、完好。

根据通行需要，应当及时增设、调换、更新道路交通信号。增设、调换、更新限制性的道路交通信号，应当提前向社会公告，广泛进行宣传。

第二十六条 交通信号灯由红灯、绿灯、黄灯组成。红灯表示禁止通行，绿灯表示准许通行，黄灯表示警示。

第二十七条 铁路与道路平面交叉的道口，应当设置警示灯、警示标志或者安全防护设施。无人看守的铁路道口，应当在距道口一定距离处设置警示标志。

第二十八条 任何单位和个人不得擅自设置、移动、占用、损毁交通信号灯、交通标志、交通标线。

道路两侧及隔离带上种植的树木或者其他植物，设置的广告牌、管线等，应当与交通设施保持必要的距离，不得遮挡路灯、交通信号灯、交通标志，不得妨碍安全视距，不得影响通行。

第二十九条 道路、停车场和道路配套设施的规划、设计、建设，应当符合道路交通安全、畅通的要求，并根据交通需求及时调整。

公安机关交通管理部门发现已经投入使用的道路存在交通事故频发路段，或者停车场、道路配套设施存在交通安全严重隐患的，应当及时向当地人民政府报告，并提出防范交通事故、消除隐患的建议，当地人民政府应当及时做出处理决定。

第三十条 道路出现坍塌、坑漕、水毁、隆起等损毁或者交通信号灯、交通标志、交通标线等交通设施损毁、灭失的，道路、交通设施的养护部门或者管理部门应当设置警示标志并及时修复。

公安机关交通管理部门发现前款情形，危及交通安全，尚未设置警示标志的，应当及时采取安全措施，疏导交通，并通知道路、交通设施的养护部门或者管理部门。

第三十一条　未经许可，任何单位和个人不得占用道路从事非交通活动。

第三十二条　因工程建设需要占用、挖掘道路，或者跨越、穿越道路架设、增设管线设施，应当事先征得道路主管部门的同意；影响交通安全的，还应当征得公安机关交通管理部门的同意。

施工作业单位应当在经批准的路段和时间内施工作业，并在距离施工作业地点来车方向安全距离处设置明显的安全警示标志，采取防护措施；施工作业完毕，应当迅速清除道路上的障碍物，消除安全隐患，经道路主管部门和公安机关交通管理部门验收合格，符合通行要求后，方可恢复通行。

对未中断交通的施工作业道路，公安机关交通管理部门应当加强交通安全监督检查，维护道路交通秩序。

第三十三条　新建、改建、扩建的公共建筑、商业街区、居住区、大（中）型建筑等，应当配建、增建停车场；停车泊位不足的，应当及时改建或者扩建；投入使用的停车场不得擅自停止使用或者改作他用。

在城市道路范围内，在不影响行人、车辆通行的情况下，政府有关部门可以施划停车泊位。

第三十四条　学校、幼儿园、医院、养老院门前的道路没有行人过街设施的，应当施画人行横道线，设置提示标志。

城市主要道路的人行道，应当按照规划设置盲道。盲道的设置应当符合国家标准。

第四章　道路通行规定

第一节　一般规定

第三十五条　机动车、非机动车实行右侧通行。

第三十六条　根据道路条件和通行需要，道路划分为机动车道、非机动车道和人行道的，机动车、非机动车、行人实行分道通行。没有划分机动车道、非机动车道和人行道的，机动车在道路中间通行，非机动车和行人在道路两侧通行。

第三十七条　道路划设专用车道的，在专用车道内，只准许规定的车辆通行，其他车辆不得进入专用车道内行驶。

第三十八条　车辆、行人应当按照交通信号通行；遇有交通警察现场指挥时，应当按照交通警察的指挥通行；在没有交通信号的道路上，应当在确保安全、畅通的原则下通行。

第三十九条　公安机关交通管理部门根据道路和交通流量的具体情况，可以对机动车、非机动车、行人采取疏导、限制通行、禁止通行等措施。遇有大型群众性活动、大范围施工等情况，需要采取限制交通的措施，或者作出与公众的道路交通活动直接有关的决定，应当提前向社会公告。

第四十条　遇有自然灾害、恶劣气象条件或者重大交通事故等严重影响交通安全的情形，采取其他措施难以保证交通安全时，公安机关交通管理部门可以实行交通管制。

第四十一条　有关道路通行的其他具体规定，由国务院规定。

第二节　机动车通行规定

第四十二条　机动车上道路行驶，不得超过限速标志标明的最高时速。在没有限速标志的路段，应当保持安全车速。

夜间行驶或者在容易发生危险的路段行驶，以及遇有沙尘、冰雹、雨、雪、雾、结冰等气象条件时，应当降低行驶速度。

第四十三条　同车道行驶的机动车，后车应当与前车保持足以采取紧急制动措施的安全距离。有下列情形之一的，不得超车：

（一）前车正在左转弯、掉头、超车的；

（二）与对面来车有会车可能的；

（三）前车为执行紧急任务的警车、消防车、救护车、工程救险车的；

（四）行经铁路道口、交叉路口、窄桥、弯道、陡坡、隧道、人行横道、市区交通流量大的路段等没有超车条件的。

第四十四条　机动车通过交叉路口，应当按照交通信号灯、交通标志、交通标线或者交通警察的指挥通过；通过没有交通信号灯、交通标志、交通标线或者交通警察指挥的交叉路口时，应当减速慢行，并让行人和优先通行的车辆先行。

第四十五条　机动车遇有前方车辆停车排队等候或者缓慢行驶时，不得借道超车或者占用对面车道，不得穿插等候的车辆。

在车道减少的路段、路口，或者在没有交通信号灯、交通标志、交通标线或者交通警察指挥的交叉路口遇到停车排队等候或者缓慢行驶时，机动车应当依次交替通行。

第四十六条　机动车通过铁路道口时，应当按照交通信号或者管理人员的指挥通行；没有交通信号或者管理人员的，应当减速或者停车，在确认安全后通过。

第四十七条　机动车行经人行横道时，应当减速行驶；遇行人正在通过人行横道，应当停车让行。

机动车行经没有交通信号的道路时，遇行人横过道路，应当避让。

第四十八条　机动车载物应当符合核定的载重量，严禁超载；载物的长、宽、高不得违反装载要求，不得遗洒、飘散载运物。

机动车运载超限的不可解体的物品，影响交通安全的，应当按照公安机关交通管理部门指定的时间、路线、速度行驶，悬挂明显标志。在公路上运载超限的不可解体的物品，并应当依照公路法的规定执行。

机动车载运爆炸物品、易燃易爆化学物品以及剧毒、放射性等危险物品，应当经公安机关批准后，按指定的时间、路线、速度行驶，悬挂警示标志并采取必要的安全措施。

第四十九条　机动车载人不得超过核定的人数，客运机动车不得违反规定载货。

第五十条　禁止货运机动车载客。

货运机动车需要附载作业人员的，应当设置保护作业人员的安全措施。

第五十一条　机动车行驶时，驾驶人、乘坐人员应当按规定使用安全带，摩托车驾驶人及乘坐人员应当按规定戴安全头盔。

第五十二条　机动车在道路上发生故障，需要停车排除故障时，驾驶人应当立即开启危险报警闪光灯，将机动车移至不妨碍交通的地方停放；难以移动的，应当持续开启危险报警闪光灯，并在来车方向设置警告标志等措施扩大示警距离，必要时迅速报警。

第五十三条　警车、消防车、救护车、工程救险车执行紧急任务时，可以使用警报器、标志灯具；在确保安全的前提下，不受行驶路线、行驶方向、行驶速度和信号灯的限制，其他车辆和行人应当让行。

警车、消防车、救护车、工程救险车非执行紧急任务时，不得使用警报器、标志灯具，不享有前款规定的道路优先通行权。

第五十四条　道路养护车辆、工程作业车进行作业时，在不影响过往车辆通行的前提下，其行驶路线和方向不受交通标志、标线限制，过往车辆和人员应当注意避让。

洒水车、清扫车等机动车应当按照安全作业标准作业；在不影响其他车辆通行的情况下，可以不受车辆分道行驶的限制，但是不得逆向行驶。

第五十五条　高速公路、大中城市中心城区内的道路，禁止拖拉机通行。其他禁止拖拉机通行的道路，由省、自治区、直辖市人民政府根据当地实际情况规定。

在允许拖拉机通行的道路上，拖拉机可以从事货运，但是不得用于载人。

第五十六条　机动车应当在规定地点停放。禁止在人行道上停放机动车；但是，依照本法第三十三条规定施划的停车泊位除外。

在道路上临时停车的，不得妨碍其他车辆和行人通行。

第三节　非机动车通行规定

第五十七条　驾驶非机动车在道路上行驶应当遵守有关交通安全的规定。非机动车应当在非机动车道内行驶；在没有非机动车道的道路上，应当靠车行道的右侧行驶。

第五十八条　残疾人机动轮椅车、电动自行车在非机动车道内行驶时，最高时速不得超过十五公里。

第五十九条　非机动车应当在规定地点停放。未设停放地点的，非机动车停放不得妨碍其他车辆和行人通行。

第六十条　驾驭畜力车，应当使用驯服的牲畜；驾驭畜力车横过道路时，驾驭人应当下车牵引牲畜；驾驭人离开车辆时，应当拴系牲畜。

第四节　行人和乘车人通行规定

第六十一条　行人应当在人行道内行走，没有人行道的靠路边走。

第六十二条　行人通过路口或者横过道路，应当走人行横道或者过街设施；通过有交通信号灯的人行横道，应当按照交通信号灯指示通行；通过没有交通信号灯、人行横道的路口，或者在没有过街设施的路段横过道路，应当在确认安全后通过。

第六十三条　行人不得跨越、倚坐道路隔离设施，不得扒车、强行拦车或者实施妨碍道路交通安全的其他行为。

第六十四条　学龄前儿童以及不能辨认或者不能控制自己行为的精神疾病患者、智力障碍者在道路上通行，应当由其监护人、监护人委托的人或者对其负有管理、保护职责的人带领。

盲人在道路上通行，应当使用盲杖或者采取其他导盲手段，车辆应当避让盲人。

第六十五条　行人通过铁路道口时，应当按照交通信号或者管理人员的指挥通行；没有交通信号和管理人员的，应当在确认无火车驶临后，迅速通过。

第六十六条　乘车人不得携带易燃易爆等危险物品，不得向车外抛洒物品，不得有影响驾驶人安全驾驶的行为。

第五节　高速公路的特别规定

第六十七条　行人、非机动车、拖拉机、轮式专用机械车、铰接式客车、全挂拖斗车以及其他设计最高时速低于七十公里的机动车，不得进入高速公路。高速公路限速标志标明的最高时速不得超过一百二十公里。

第六十八条　机动车在高速公路上发生故障时，应当依照本法第五十二条的有关规定办理；但是，警告标志应当设置在故障车来车方向一百五十米以外，车上人员应当迅速转移到右侧路肩上或者应急车道内，并且迅速报警。

机动车在高速公路上发生故障或者交通事故，无法正常行驶的，应当由救援车、清障车拖曳、牵引。

第六十九条　任何单位、个人不得在高速公路上拦截检查行驶的车辆，公安机关的人民警察依法执行紧急公务除外。

第五章　交通事故处理

第七十条　在道路上发生交通事故，车辆驾驶人应当立即停车，保护现场；造成人身伤亡的，车辆驾驶人应当立即抢救受伤人员，并迅速报告执勤的交通警察或者公安机关交通管理部门。因抢救受伤人员变动现场的，应当标明位置。乘车人、过往车辆驾驶人、过往行人应当予以协助。

在道路上发生交通事故，未造成人身伤亡，当事人对事实及成因无争议的，可以即行撤离现场，恢复交通，自行协商处理损害赔偿事宜；不即行撤离现场的，应当迅速报告执勤的交通警察或者公安机关交通管理部门。

在道路上发生交通事故，仅造成轻微财产损失，并且基本事实清楚的，当事人应当先撤离现场再进行协商处理。

第七十一条　车辆发生交通事故后逃逸的，事故现场目击人员和其他知情人员应当向公安机关交通管理部门或者交通警察举报。举报属实的，公安机关交通管理部门应当给予奖励。

第七十二条　公安机关交通管理部门接到交通事故报警后，应当立即派交通警察赶赴现场，先组织抢救受伤人员，并采取措施，尽快恢复交通。

交通警察应当对交通事故现场进行勘验、检查，搜集证据；因搜集证据的需要，可以扣留事故车辆，但是应当妥善保管，以备核查。

对当事人的生理、精神状况等专业性较强的检验，公安机关交通管理部门应当委托专门机构进行鉴定。鉴定结论应当由鉴定人签名。

第七十三条　公安机关交通管理部门应当根据交通事故现场勘验、检查、调查情况和有关的检验、鉴定结论，及时制作交通事故认定书，作为处理交通事故的证据。交通事故认定书应当载明交通事故的基本事实、成因和当事人的责任，并送达当事人。

第七十四条　对交通事故损害赔偿的争议，当事人可以请求公安机关交通管理部门调解，也可以直接向人民法院提起民事诉讼。

经公安机关交通管理部门调解，当事人未达成协议或者调解书生效后不履行的，当事人可以向人民法院提起民事诉讼。

第七十五条　医疗机构对交通事故中的受伤人员应当及时抢救，不得因抢救费用未及时支付而拖延救治。肇事车辆参加机动车第三者责任强制保险的，由保险公司在责任限额范围内支付抢救费用；抢救费用超过责任限额的，未参加机动车第三者责任强制保险或者肇事后逃逸的，由道路交通事故社会救助基金先行垫付部分或者全部抢救费用，道路交通事故社会救助基金管理机构有权向交通事故责任人追偿。

第七十六条　机动车发生交通事故造成人身伤亡、财产损失的，由保险公司在机动车第三者责任强制保险责任限额范围内予以赔偿；不足的部分，按照下列规定承担赔偿责任：

（一）机动车之间发生交通事故的，由有过错的一方承担赔偿责任；双方都有过错的，按照各自过错的比例分担责任。

（二）机动车与非机动车驾驶人、行人之间发生交通事故，非机动车驾驶人、行人没有过错的，由机动车一方承担赔偿责任；有证据证明非机动车驾驶人、行人有过错的，根据过错程度适当减轻机动车一方的赔偿责任；机动车一方没有过错的，承担不超过百分之十的赔偿责任。

交通事故的损失是由非机动车驾驶人、行人故意碰撞机动车造成的，机动车一方不承担赔偿责任。

第七十七条　车辆在道路以外通行时发生的事故，公安机关交通管理部门接到报案的，参照本法有关规定办理。

第六章　执法监督

第七十八条　公安机关交通管理部门应当加强对交通警察的管理，提高交通警察的素质和管理道路交通的水平。

公安机关交通管理部门应当对交通警察进行法制和交通安全管理业务培训、考核。交通警察经考核不合格的，不得上岗执行职务。

第七十九条　公安机关交通管理部门及其交通警察实施道路交通安全管理，应当依据法定的职权和程序，简化办事手续，做到公正、严格、文明、高效。

第八十条 交通警察执行职务时,应当按照规定着装,佩戴人民警察标志,持有人民警察证件,保持警容严整,举止端庄,指挥规范。

第八十一条 依照本法发放牌证等收取工本费,应当严格执行国务院价格主管部门核定的收费标准,并全部上缴国库。

第八十二条 公安机关交通管理部门依法实施罚款的行政处罚,应当依照有关法律、行政法规的规定,实施罚款决定与罚款收缴分离;收缴的罚款以及依法没收的违法所得,应当全部上缴国库。

第八十三条 交通警察调查处理道路交通安全违法行为和交通事故,有下列情形之一的,应当回避:

(一)是本案的当事人或者当事人的近亲属;

(二)本人或者其近亲属与本案有利害关系;

(三)与本案当事人有其他关系,可能影响案件的公正处理。

第八十四条 公安机关交通管理部门及其交通警察的行政执法活动,应当接受行政监察机关依法实施的监督。

公安机关督察部门应当对公安机关交通管理部门及其交通警察执行法律、法规和遵守纪律的情况依法进行监督。

上级公安机关交通管理部门应当对下级公安机关交通管理部门的执法活动进行监督。

第八十五条 公安机关交通管理部门及其交通警察执行职务,应当自觉接受社会和公民的监督。

任何单位和个人都有权对公安机关交通管理部门及其交通警察不严格执法以及违法违纪行为进行检举、控告。收到检举、控告的机关,应当依据职责及时查处。

第八十六条 任何单位不得给公安机关交通管理部门下达或者变相下达罚款指标;公安机关交通管理部门不得以罚款数额作为考核交通警察的标准。

公安机关交通管理部门及其交通警察对超越法律、法规规定的指令,有权拒绝执行,并同时向上级机关报告。

第七章 法律责任

第八十七条 公安机关交通管理部门及其交通警察对道路交通安全违法行为,应当及时纠正。

公安机关交通管理部门及其交通警察应当依据事实和本法的有关规定对道路交通安全违法行为予以处罚。对于情节轻微,未影响道路通行的,指出违法行为,给予口头警告后放行。

第八十八条 对道路交通安全违法行为的处罚种类包括:警告、罚款、暂扣或者吊销机动车驾驶证、拘留。

第八十九条 行人、乘车人、非机动车驾驶人违反道路交通安全法律、法规关于道路通行规定的,处警告或者五元以上五十元以下罚款;非机动车驾驶人拒绝接受罚款处罚的,可以扣留其非机动车。

第九十条 机动车驾驶人违反道路交通安全法律、法规关于道路通行规定的，处警告或者二十元以上二百元以下罚款。本法另有规定的，依照规定处罚。

第九十一条 饮酒后驾驶机动车的，处暂扣一个月以上三个月以下机动车驾驶证，并处二百元以上五百元以下罚款；醉酒后驾驶机动车的，由公安机关交通管理部门约束至酒醒，处十五日以下拘留和暂扣三个月以上六个月以下机动车驾驶证，并处五百元以上两千元以下罚款。

饮酒后驾驶营运机动车的，处暂扣三个月机动车驾驶证，并处五百元罚款；醉酒后驾驶营运机动车的，由公安机关交通管理部门约束至酒醒，处十五日以下拘留和暂扣六个月机动车驾驶证，并处两千元罚款。

一年内有前两款规定醉酒后驾驶机动车的行为，被处罚两次以上的，吊销机动车驾驶证，五年内不得驾驶营运机动车。

第九十二条 公路客运车辆载客超过额定乘员的，处二百元以上五百元以下罚款；超过额定乘员百分之二十或者违反规定载货的，处五百元以上两千元以下罚款。

货运机动车超过核定载质量的，处二百元以上五百元以下罚款；超过核定载质量百分之三十或者违反规定载客的，处五百元以上两千元以下罚款。

有前两款行为的，由公安机关交通管理部门扣留机动车至违法状态消除。

运输单位的车辆有本条第一款、第二款规定的情形，经处罚不改的，对直接负责的主管人员处两千元以上五千元以下罚款。

第九十三条 对违反道路交通安全法律、法规关于机动车停放、临时停车规定的，可以指出违法行为，并予以口头警告，令其立即驶离。

机动车驾驶人不在现场或者虽在现场但拒绝立即驶离，妨碍其他车辆、行人通行的，处二十元以上二百元以下罚款，并可以将该机动车拖移至不妨碍交通的地点或者公安机关交通管理部门指定的地点停放。公安机关交通管理部门拖车不得向当事人收取费用，并应当及时告知当事人停放地点。

因采取不正确的方法拖车造成机动车损坏的，应当依法承担补偿责任。

第九十四条 机动车安全技术检验机构实施机动车安全技术检验超过国务院价格主管部门核定的收费标准收取费用的，退还多收取的费用，并由价格主管部门依照《中华人民共和国价格法》的有关规定给予处罚。

机动车安全技术检验机构不按照机动车国家安全技术标准进行检验，出具虚假检验结果的，由公安机关交通管理部门处所收检验费用五倍以上十倍以下罚款，并依法撤销其检验资格；构成犯罪的，依法追究刑事责任。

第九十五条 上道路行驶的机动车未悬挂机动车号牌，未放置检验合格标志、保险标志，或者未随车携带行驶证、驾驶证的，公安机关交通管理部门应当扣留机动车，通知当事人提供相应的牌证、标志或者补办相应手续，并可以依照本法第九十条的规定予以处罚。

当事人提供相应的牌证、标志或者补办相应手续的，应当及时退还机动车。

故意遮挡、污损或者不按规定安装机动车号牌的，依照本法第九十条的规定予以处罚。

第九十六条 伪造、变造或者使用伪造、变造的机动车登记证书、号牌、行驶证、检验合格标志、保险标志、驾驶证或者使用其他车辆的机动车登记证书、号牌、行驶证、检验合格标志、保险标志的，由公安机关交通管理部门予以收缴，扣留该机动车，并处二百元以上两千元以下罚款；构成犯罪的，依法追究刑事责任。

当事人提供相应的合法证明或者补办相应手续的，应当及时退还机动车。

第九十七条 非法安装警报器、标志灯具的，由公安机关交通管理部门强制拆除，予以收缴，并处二百元以上两千元以下罚款。

第九十八条 机动车所有人、管理人未按照国家规定投保机动车第三者责任强制保险的，由公安机关交通管理部门扣留车辆至依照规定投保后，并处依照规定投保最低责任限额应缴纳的保险费的二倍罚款。

依照前款缴纳的罚款全部纳入道路交通事故社会救助基金。具体办法由国务院规定。

第九十九条 有下列行为之一的，由公安机关交通管理部门处二百元以上二千元以下罚款：

（一）未取得机动车驾驶证、机动车驾驶证被吊销或者机动车驾驶证被暂扣期间驾驶机动车的；

（二）将机动车交由未取得机动车驾驶证或者机动车驾驶证被吊销、暂扣的人驾驶的；

（三）造成交通事故后逃逸，尚不构成犯罪的；

（四）机动车行驶超过规定时速百分之五十的；

（五）强迫机动车驾驶人违反道路交通安全法律、法规和机动车安全驾驶要求驾驶机动车，造成交通事故，尚不构成犯罪的；

（六）违反交通管制的规定强行通行，不听劝阻的；

（七）故意损毁、移动、涂改交通设施，造成危害后果，尚不构成犯罪的；

（八）非法拦截、扣留机动车辆，不听劝阻，造成交通严重阻塞或者较大财产损失的。

行为人有前款第二项、第四项情形之一的，可以并处吊销机动车驾驶证；有第一项、第三项、第五项至第八项情形之一的，可以并处十五日以下拘留。

第一百条 驾驶拼装的机动车或者已达到报废标准的机动车上道路行驶的，公安机关交通管理部门应当予以收缴，强制报废。

对驾驶前款所列机动车上道路行驶的驾驶人，处二百元以上两千元以下罚款，并吊销机动车驾驶证。

出售已达到报废标准的机动车的，没收违法所得，处销售金额等额的罚款，对该机动车依照本条第一款的规定处理。

第一百零一条 违反道路交通安全法律、法规的规定，发生重大交通事故，构成犯罪的，依法追究刑事责任，并由公安机关交通管理部门吊销机动车驾驶证。

造成交通事故后逃逸的,由公安机关交通管理部门吊销机动车驾驶证,且终生不得重新取得机动车驾驶证。

第一百零二条 对六个月内发生二次以上特大交通事故负有主要责任或者全部责任的专业运输单位,由公安机关交通管理部门责令消除安全隐患,未消除安全隐患的机动车,禁止上道路行驶。

第一百零三条 国家机动车产品主管部门未按照机动车国家安全技术标准严格审查,许可不合格机动车型投入生产的,对负有责任的主管人员和其他直接责任人员给予降级或者撤职的行政处分。

机动车生产企业经国家机动车产品主管部门许可生产的机动车型,不执行机动车国家安全技术标准或者不严格进行机动车成品质量检验,致使质量不合格的机动车出厂销售的,由质量技术监督部门依照《中华人民共和国产品质量法》的有关规定给予处罚。

擅自生产、销售未经国家机动车产品主管部门许可生产的机动车型的,没收非法生产、销售的机动车成品及配件,可以并处非法产品价值三倍以上五倍以下罚款;有营业执照的,由工商行政管理部门吊销营业执照,没有营业执照的,予以查封。

生产、销售拼装的机动车或者生产、销售擅自改装的机动车的,依照本条第三款的规定处罚。

有本条第二款、第三款、第四款所列违法行为,生产或者销售不符合机动车国家安全技术标准的机动车,构成犯罪的,依法追究刑事责任。

第一百零四条 未经批准,擅自挖掘道路、占用道路施工或者从事其他影响道路交通安全活动的,由道路主管部门责令停止违法行为,并恢复原状,可以依法给予罚款;致使通行的人员、车辆及其他财产遭受损失的,依法承担赔偿责任。

有前款行为,影响道路交通安全活动的,公安机关交通管理部门可以责令停止违法行为,迅速恢复交通。

第一百零五条 道路施工作业或者道路出现损毁,未及时设置警示标志、未采取防护措施,或者应当设置交通信号灯、交通标志、交通标线而没有设置或者应当及时变更交通信号灯、交通标志、交通标线而没有及时变更,致使通行的人员、车辆及其他财产遭受损失的,负有相关职责的单位应当依法承担赔偿责任。

第一百零六条 在道路两侧及隔离带上种植树木、其他植物或者设置广告牌、管线等,遮挡路灯、交通信号灯、交通标志,妨碍安全视距的,由公安机关交通管理部门责令行为人排除妨碍;拒不执行的,处二百元以上两千元以下罚款,并强制排除妨碍,所需费用由行为人负担。

第一百零七条 对道路交通违法行为人予以警告、二百元以下罚款,交通警察可以当场作出行政处罚决定,并出具行政处罚决定书。

行政处罚决定书应当载明当事人的违法事实、行政处罚的依据、处罚内容、时间、地点以及处罚机关名称,并由执法人员签名或者盖章。

第一百零八条　当事人应当自收到罚款的行政处罚决定书之日起十五日内，到指定的银行缴纳罚款。

对行人、乘车人和非机动车驾驶人的罚款，当事人无异议的，可以当场予以收缴罚款。

罚款应当开具省、自治区、直辖市财政部门统一制发的罚款收据；不出具财政部门统一制发的罚款收据的，当事人有权拒绝缴纳罚款。

第一百零九条　当事人逾期不履行行政处罚决定的，作出行政处罚决定的行政机关可以采取下列措施：

（一）到期不缴纳罚款的，每日按罚款数额的百分之三加处罚款；

（二）申请人民法院强制执行。

第一百一十条　执行职务的交通警察认为应当对道路交通违法行为人给予暂扣或者吊销机动车驾驶证处罚的，可以先予扣留机动车驾驶证，并在二十四小时内将案件移交公安机关交通管理部门处理。

道路交通违法行为人应当在十五日内到公安机关交通管理部门接受处理。无正当理由逾期未接受处理的，吊销机动车驾驶证。

公安机关交通管理部门暂扣或者吊销机动车驾驶证的，应当出具行政处罚决定书。

第一百一十一条　对违反本法规定予以拘留的行政处罚，由县、市公安局、公安分局或者相当于县一级的公安机关裁决。

第一百一十二条　公安机关交通管理部门扣留机动车、非机动车，应当当场出具凭证，并告知当事人在规定期限内到公安机关交通管理部门接受处理。

公安机关交通管理部门对被扣留的车辆应当妥善保管，不得使用。

逾期不来接受处理，并且经公告三个月仍不来接受处理的，对扣留的车辆依法处理。

第一百一十三条　暂扣机动车驾驶证的期限从处罚决定生效之日起计算；处罚决定生效前先予扣留机动车驾驶证的，扣留一日折抵暂扣期限一日。

吊销机动车驾驶证后重新申请领取机动车驾驶证的期限，按照机动车驾驶证管理规定办理。

第一百一十四条　公安机关交通管理部门根据交通技术监控记录资料，可以对违法的机动车所有人或者管理人依法予以处罚。对能够确定驾驶人的，可以依照本法的规定依法予以处罚。

第一百一十五条　交通警察有下列行为之一的，依法给予行政处分：

（一）为不符合法定条件的机动车发放机动车登记证书、号牌、行驶证、检验合格标志的；

（二）批准不符合法定条件的机动车安装、使用警车、消防车、救护车、工程救险车的警报器、标志灯具，喷涂标志图案的；

（三）为不符合驾驶许可条件、未经考试或者考试不合格人员发放机动车驾驶证的；

（四）不执行罚款决定与罚款收缴分离制度或者不按规定将依法收取的费用、收缴的罚款及没收的违法所得全部上缴国库的；

（五）举办或者参与举办驾驶学校或者驾驶培训班、机动车修理厂或者收费停车场等经营活动的；

（六）利用职务上的便利收受他人财物或者谋取其他利益的；

（七）违法扣留车辆、机动车行驶证、驾驶证、车辆号牌的；

（八）使用依法扣留的车辆的；

（九）当场收取罚款不开具罚款收据或者不如实填写罚款额的；

（十）徇私舞弊，不公正处理交通事故的；

（十一）故意刁难，拖延办理机动车牌证的；

（十二）非执行紧急任务时使用警报器、标志灯具的；

（十三）违反规定拦截、检查正常行驶的车辆的；

（十四）非执行紧急公务时拦截搭乘机动车的；

（十五）不履行法定职责的。

公安机关交通管理部门有前款所列行为之一的，对直接负责的主管人员和其他直接责任人员给予相应的行政处分。

第一百一十六条　依照本法第一百一十五条的规定，给予交通警察行政处分的，在作出行政处分决定前，可以停止其执行职务；必要时，可以予以禁闭。

依照本法第一百一十五条的规定，交通警察受到降级或者撤职行政处分的，可以予以辞退。

交通警察受到开除处分或者被辞退的，应当取消警衔；受到撤职以下行政处分的交通警察，应当降低警衔。

第一百一十七条　交通警察利用职权非法占有公共财物，索取、收受贿赂，或者滥用职权、玩忽职守，构成犯罪的，依法追究刑事责任。

第一百一十八条　公安机关交通管理部门及其交通警察有本法第一百一十五条所列行为之一，给当事人造成损失的，应当依法承担赔偿责任。

第八章　附　　则

第一百一十九条　本法中下列用语的含义：

（一）"道路"，是指公路、城市道路和虽在单位管辖范围但允许社会机动车通行的地方，包括广场、公共停车场等用于公众通行的场所。

（二）"车辆"，是指机动车和非机动车。

（三）"机动车"，是指以动力装置驱动或者牵引，上道路行驶的供人员乘用或者用于运送物品以及进行工程专项作业的轮式车辆。

（四）"非机动车"，是指以人力或者畜力驱动，上道路行驶的交通工具，以及虽有动力装置驱动但设计最高时速、空车质量、外形尺寸符合有关国家标准的残疾人机动轮椅车、电动自行车等交通工具。

（五）"交通事故"，是指车辆在道路上因过错或者意外造成的人身伤亡或者财产损失的事件。

第一百二十条　中国人民解放军和中国人民武装警察部队在编机动车牌证、在编机动车检验以及机动车驾驶人考核工作，由中国人民解放军、中国人民武装警察部队有关部门负责。

第一百二十一条　对上道路行驶的拖拉机，由农业（农业机械）主管部门行使本法第八条、第九条、第十三条、第十九条、第二十三条规定的公安机关交通管理部门的管理职权。

农业（农业机械）主管部门依照前款规定行使职权，应当遵守本法有关规定，并接受公安机关交通管理部门的监督；对违反规定的，依照本法有关规定追究法律责任。

本法施行前由农业（农业机械）主管部门发放的机动车牌证，在本法施行后继续有效。

第一百二十二条　国家对入境的境外机动车的道路交通安全实施统一管理。

第一百二十三条　省、自治区、直辖市人民代表大会常务委员会可以根据本地区的实际情况，在本法规定的罚款幅度内，规定具体的执行标准。

第一百二十四条　本法自2004年5月1日起施行。

五、案例点评

因发生碰撞时，现场也没有目击证人，被害人也已经死亡，张某在抢救被害人时没有保护现场，也没有在现场做标记，故货车与自行车相撞时两车的行驶路线、速度等情况现在均只有嫌疑人1人的供述，没有其他证据相印证，而根据嫌疑人自己供述的情况，当时货车的车速并没有超过该地点限速，也不存在酒后驾车等违反道路交通管理法规的情形。交警部门之所以认定张某应负事故全部责任只是因为张某在交通事故发生后没有保护现场、等候处理，未做标记就将肇事车辆驶离现场，致使交通事故责任无法认定，根据《道路交通事故管理办法》做出其应负全部责任的认定结论。

我国《刑法》第一百三十三条和《最高院关于审理交通肇事刑事案件具体应用法律若干问题的解释》对办理交通肇事案件做了全面的规定，根据以上条文在司法实践中形成了交通肇事罪的认定程序：1.根据交警部门出具的责任认定书确定嫌疑人的行为有无违反交通管理法规，对事故承担何种性质的责任（如全部、部分）；2.查明被害人的重伤、死亡与嫌疑人违反交通管理法规的行为之间有无因果关系。本案特别之处在于交警部门认定张某应承担全部责任的依据是张某在事故发生后的违规行为，而非事故行为本身。所以在本案现有的证据的情况下，对张某的行为如何处理上就存在两种不同意见：

一种意见认为张某在发生交通事故后，没有履行保护现场的法定义务，将肇事车辆驶离现场时，并且没有在现场设置标记，违反了道路交通管理法规所规定的交通参与者的法定义务，并且该事故属重大交通事故，致一人死亡，交警部门也认定其应当负事故的全部责任，故应以交通肇事罪追究其刑事责任。

另一种意见认为在现有的证据下，无法认定张某是因为实施了违反了道路交通管理法规的行为，因而造成了这起重大交通事故，交警部门的责任认定书中所确认的违反交通道路管理法规的行为是发生在事故之后的，所认定的张某所负的全部责任的行为与被害人死亡之间并无因果关系，故认为不应当认定其构成交通肇事罪。

构成犯罪的客观要件需要具备三个条件：其一是行为，其二是发生了侵害刑法所保护的社会关系的后果，其三是嫌疑人的行为与结果之间还必须存在因果关系。根据我国《刑法》第一百三十三条的规定，行为人必须是"违法交通道路管理法规，因而发生重大事故，致人重伤、死亡或者使公共财产遭受重大损失的"才构成交通肇事罪。解析条文后可以清楚地看出，构成交通肇事罪的犯罪客观要件是：1. 行为人有违反交通道路管理法规的行为；2. 发生致人重伤、死亡或者使公共财产遭受重大损失的结果；3. 重大事故必须是因为行为人违反了交通道路管理法规的行为所造成的。第1、2个条件在时间上是有先后顺序的，应当是先发生了第1个条件的行为，然后才发生了第2个条件的结果。而从本案的证据来看，目前没有证据证实张某在造成被害人死亡的严重后果之前有违反交通道路管理法规的行为，也就是说张某构成交通肇事罪的客观要件中的因果关系是欠缺的，根据"疑罪从无"的司法原则，不能认定嫌疑人的行为构成交通肇事罪。

就像第一种观点中认为的一样，张某在事故发生后，没有履行保护现场及制作标记的法定义务，就将肇事车辆开离现场的行为，是违反了交通道路管理法规，应当负事故的全部责任，但这只是行政上的责任认定，这些行为是发生在碰撞结果发生之后的，并不是造成被害人死亡的原因，不能简单地认为张某违反交通道路管理法规并造成了重大事故，他就一定构成了交通肇事罪。司法机关在追究嫌疑人刑事责任时，依据的应当是《刑法》及相关的刑事司法解释，交警部门的责任认定书只是本案的证据之一，是认定嫌疑人是否构成交通肇事罪的条件之一，但绝非是唯一条件。我们不能仅根据责任认定的结论以及造成了1人死亡的结果这两个条件，就认定张某构成交通肇事罪，而不去审查这当中的先后顺序及因果关系。

六、巩固练习

1. 李司机驾车超速行驶，在一路口将前方的王某撞飞，造成王某重伤。王某为逃避法律责任并不施救，反加速继续前行。另一司机陶某见状，驾车追赶王，并示意其停车。行至一闹市路口，王某为摆脱追赶，不顾路上众多行人，硬闯人群，将赵某等三人当场撞死。

2. 在江苏省徐州市贾汪区某乡村小学工作的朱某在没有考取驾照的情况下，于2004年5月14日以2400元的价格购得一辆过期报废的面包车。次日晨，他驾车路过徐州市铜山县利国中学附近时，将行人林某撞倒，林某当场昏迷。朱某看到四周无人，遂将伤者抱上车带到野外，抛弃于山脚下一土坑内，然后驾车逃离，结果伤者因颅脑损伤未能得到及时救治而死亡。16日，朱某被公安机关缉拿归案。请问，朱某的行为构成何罪？

3. 2004年6月，我市郝店镇村民张某酒后无证驾驶二轮摩托车，途中与一辆拖拉机相撞，张某受伤。经法医鉴定，张某构成重伤。交警认定张某负此起事故的主要责任。对张某是否应追究刑事责任，我们有两种分歧意见：一种意见认为，交通肇事犯罪的客体是公共安全，侵犯的是不特定对象，张某的行为符合《最高人民法院关于审理交通肇事刑事案件具体应用法律若干问题的解释》（法释[2000]33号）（以下简称《解释》）第二条第二款（一）、（二）项规定的情形，构成交通肇事罪，应按《刑法》第一百三十三条追究刑事责任。另一种意见认为，《解释》的第二条第二款中"交通肇事致一人以上重伤"，是指他人，不包括自身。故不构成犯罪，不应承担刑事责任。请问：张某的行为是否构成交通肇事罪？依据是什么？

4. 华某与梁某在小饭馆喝了六瓶啤酒后，华某骑上车，而梁某坐在了他的自行车后座上。华某由于不胜酒力，难以控制自行车，当车行驶到灯市口西街西口时摔倒，造成梁某颅脑损伤死亡，后华某被抓获。

东城交通支队作出的交通事故认定书分析事故形成原因为：华某骑自行车上路行驶后座载人，违反了《北京市实施道路交通安全法办法》第55条："驾驶非机动车应当遵守下列规定：……（八）成年人驾驶自行车可以在固定座椅内载一名儿童，但不得载12岁以上的人员"的规定，是造成此事故的主要原因。事故认定书确定华某对此事故负主要责任；梁某因违反规定搭乘自行车，负次要责任。

近日，东城区人民检察院以交通肇事罪对华某提起诉讼。

请问：华某是否构成交通肇事罪？

第二节 侵犯公民的人身权利犯罪——故意伤害罪

一、基本案例

被告人李德昌，男，36岁，被捕前系农民。

1992年3月3日，淮阴县公安局对被告人李德昌以涉嫌故意伤害立案侦查。侦查终结后移送检察机关审查起诉。1992年9月1日淮阴市人民检察院向淮阴市中级人民法院依法起诉。起诉书认定被告人李德昌犯罪事实如下：

1992年1月7日下午四时许，被告人李德昌因琐事与李德海等人厮打，厮打中被告人李德昌持木锨猛击李德怀（系李德海胞弟，男，14岁）头部一下，致李德怀颅脑损伤，经抢救无效于次日下午死亡。

1992年9月11日淮阴市中级人民法院以故意伤害罪判处被告人李德昌无期徒刑，剥夺政治权利终身。李德昌未提出上诉。判决发生法律效力后，其父李永恩不服，以"事情的引起和扩大不在被告方"为由提出申诉。江苏省淮阴市中级人民法院受理后，1997年12月经审判委员会讨论决定：撤销该院一审判决，另行组成合议庭进行再审。

再审查明，被告人李德昌同本族兄弟李德海等十来人于1992年1月7日中午在小孩姑父家出礼，同桌喝酒时，因劝酒引起纠纷，互相厮打，后被人劝阻。下午四时许，李德海、李德波等人先到家，把中午的事告诉小叔李永清，当时李德昌父亲李永恩在场，双方均不冷静，言语中流露出准备打架。此时，王爱标（李德昌妹婿）、李德生途经李永清家门前时，李德海首先打王爱标一拳，又引起双方再次厮打。李德昌见状即空手快步赶到现场，混入厮打。李德怀见其哥李德海被打，即拿筑钩上去帮其哥，当被人拦住夺下时，李德昌持锹打李德怀头部一下，致李德怀当场倒地。经医院抢救无效，于次日下午死亡。经公安机关法医鉴定，死者李德怀系头部遭钝性物体作用致颅脑损伤死亡。

原审被告人李德昌对被指控的故意伤害犯罪事实未提出异议，但其辩称：中午在沙立田家吃酒，弟兄们引起争吵，厮打，双方均有责任，后经人劝阻，事态已平息；在回到家后，是李德海和李永清等人持凶器，重新挑起事端。自己在双方打起来后，与李德怀（本案死者）才参与。在厮打中，自己只打一锹，偏偏又打在死者的头部。其侵害的手段单一，不属情节恶劣，又系家庭纠纷引起，自己归案后认罪态度较好，原判量刑重，请法庭在量刑上从轻判处。

1998年4月17日淮阴市中级人民法院再审认为：公诉机关指控被告人李德昌犯故意伤害罪的事实清楚，证据确实充分，指控罪名正确，予以采纳。被告人李德昌提出"只打一锹，偏偏又打在了死者的头部。其侵害手段单一，不属情节恶劣"的辩解理由成立。依照1979年《中华人民共和国刑法》第一百三十四条第一、二款、第五十一条第一款、第五十二条之规定，于1998年4月17日改判被告人李德昌犯故意伤害罪，判处有期徒刑十五年，剥夺政治权利五年。

宣判后淮阴市人民检察院认为量刑畸轻，遂于1998年6月4日向江苏省高级人民法院提出抗诉。抗诉书指出：

被害人李德怀年仅十四岁，手中的筑钩已被他人夺下，对他人已不构成威胁的情况下，被告人李德昌持械猛击李德怀头部，出手凶狠，致被害人当即倒地，颅脑严重损伤死亡，情节恶劣，后果严重；被告人李德昌作案后，既没有对被害人予以积极救治，也没有主动到政法机关投案自首，无从轻处罚条件。淮阴市中级人民法院以"只打一锹，偏偏又打在死者头上，其侵害手段单一，不属情节恶劣"为由对李德昌从轻判处，没有体现罪刑相适应的原则。

1998年9月17日江苏省高级人民法院依法组成合议庭公开审理此案。审理认为：江苏省淮阴市人民检察院以改判不当提出的抗诉理由成立，予以采纳。依照《中华人民共和国刑事诉讼法》第一百八十九条第二项之规定，撤销江苏省淮阴市中级人民法院再审刑事判决。维持江苏省淮阴市中级人民法院一审刑事判决：以故意伤害罪，判处被告人李德昌无期徒刑，剥夺政治权利终身。

二、案例的问题点

1. 被告李德昌的行为的定性：属于斗殴还是故意伤害罪还是故意杀人罪？
2. 斗殴事件与刑事案件的区别。
3. 故意伤害案件中伤情鉴定与行为定性的关系。

三、案例涉及的实体理论问题

1. 故意杀人罪；
2. 故意伤害（致死）罪；
3. 故意杀人罪与故意伤害（致死）罪的司法实践中的认定。

四、案例涉及的实体法律及相关规定

（一）《中华人民共和国治安管理处罚法》

第四十三条 殴打他人的，或者故意伤害他人身体的，处五日以上十日以下拘留，并处二百元以上五百元以下罚款；情节较轻的，处五日以下拘留或者五百元以下罚款。

有下列情形之一的，处十日以上十五日以下拘留，并处五百元以上一千元以下罚款：

1. 结伙殴打、伤害他人的；
2. 殴打、伤害残疾人、孕妇、不满十四周岁的人或者六十周岁以上的人的；
3. 多次殴打、伤害他人或者一次殴打、伤害多人的。

（二）《人体轻伤鉴定标准（试行）》 法司发〔1990〕6号

第一章 总则

第一条 本标准根据《中华人民共和国刑法》有关规定，以医学和法医学的理论与技术为基础，结合法医检案的实践经验制定，为轻伤鉴定提供依据。

第二条 轻伤是指物理、化学及生物等各种外界因素作用于人体，造成组织、器官结构的一定程度的损害或者部分功能障碍，尚未构成重伤又不属轻微伤害的损伤。

第三条 鉴定损伤程度，应该以外界因素对人体直接造成的原发性损害及后果为依据，包括损伤当时的伤情、损伤后引起的并发症和后遗症等，全面分析，综合评定。

第四条 鉴定人应当由法医师或者具有法医学鉴定资格的人员担任；也可以由司法机关聘请或者委托的主治医师以上人员担任。

鉴定人有权了解案情、调阅案卷、病历和勘验现场，有关单位有责任予以配合。

鉴定人必须坚持实事求是的原则，应用科学的检测方法，保守案件秘密，遵守有关法律规定。

第二章 头颈部损伤

第五条 帽状腱膜下血肿头皮撕脱伤面积达20平方厘米（儿童达10平方厘米）；头皮

外伤性缺损面积达 10 平方厘米（儿童达 5 平方厘米）。

第六条　头皮锐器创口累计长度达 8 厘米，儿童达 6 厘米；钝器创口累计长度达 6 厘米，儿童达 4 厘米。

第七条　颅骨单纯性骨折。

第八条　头部损伤确证出现短暂的意识障碍和近事遗忘。

第九条　眼损伤

（一）眼睑损伤影响面容或者功能的；

（二）眶部单纯性骨折；

（三）泪器部分损伤及功能障碍；

（四）眼球部分结构损伤，影响面容或者功能的；

（五）损伤致视力减退，两眼矫正视力减退至 0.7 以下（较伤前视力下降 0.2 以上），单眼矫正视力减退至 0.5 以下（较伤前视力下降 0.3 以上）；原单眼为低视力者，伤后视力减退 1 个级别。

视野轻度缺损；

（六）外伤性斜视。

第十条　鼻损伤

（一）鼻骨粉碎性骨折，或者鼻骨线形骨折伴有明显移位的；

（二）鼻损伤明显影响鼻外形或者功能的。

第十一条　耳损伤

（一）耳廓损伤致明显变形；一侧耳廓缺损达一耳的 10%，或者两侧耳廓缺损累计达一耳的 15%；

（二）外伤性鼓膜穿孔；

（三）外耳道损伤致外耳道狭窄；

（四）耳损伤造成一耳听力减退达 41 分贝，两耳听力减退达 30 分贝。

第十二条　口腔损伤

（一）口唇损伤影响面容、发音或者进食；

（二）牙齿脱落或者折断 2 枚以上；

（三）口腔组织、器官损伤，影响语言、咀嚼或者吞咽功能的；

（四）涎腺损伤伴有功能障碍。

第十三条　颧骨骨折或者上、下颌骨骨折；颞下颌关节损伤致张口度（上下切牙切缘间距）小于 3 厘米。

第十四条　面部软组织单个创口长度达 3.5 厘米（儿童达 3 厘米），或者创口累计长度达 5 厘米（儿童达 4 厘米）或者颌面部穿透创。

第十五条　面部损伤后留有明显瘢痕，单条长 3 厘米或者累计长度达 4 厘米；单块面积 2 平方厘米或者累计面积达 3 平方厘米；影响面容的色素改变 6 平方厘米。

第十六条 面神经损伤致使部分面肌瘫痪影响面容及功能的。

第十七条 颈部软组织单个创口长度达 5 厘米或者累计创口长度达 8 厘米。未达到上款规定但有运动功能障碍的。

第十八条 颈部损伤出现窒息征象的。

第十九条 颈部损伤伤及甲状腺、咽喉、气管或者食管的。

第三章 肢体损伤

第二十条 肢体软组织挫伤占体表总面积6%以上。

第二十一条 肢体皮肤及皮下组织单个创口长度达 10 厘米（儿童达 8 厘米）或者创口累计总长度达 15 厘米（儿童达 12 厘米）；伤及感觉神经、血管、肌腱影响功能的。

第二十二条 皮肤外伤性缺损须植皮的。

第二十三条 手损伤

（一）1 节指骨（不含第 2 至 5 指末节）粉碎性骨折或者 2 节指骨线形骨折；

（二）缺失半个指节；

（三）损伤后出现轻度挛缩、畸形、关节活动受限或者侧方不稳；

（四）舟骨骨折、月骨脱位或者掌骨完全性骨折。

第二十四条 足损伤

（一）2 节趾骨骨折；

（二）缺失 1 个趾节；

（三）庶骨 2 节骨折；跗骨、距骨、跟骨骨折；踝关节骨折或者庶跗关节脱位。撕脱骨折除外。

第二十五条 四肢长骨骨折；膑骨骨折。

第二十六条 肢体大关节脱位、关节韧带部分撕裂、半月板损伤或者肢体软组织损伤后瘢痕挛缩致关节功能障碍。

第四章 躯干部和会阴部损伤

第二十七条 躯干部软组织挫伤比照第二十条。

第二十八条 躯干部创口比照第二十一条。

第二十九条 躯干部穿透创未伤及内脏器官或者重要血管、神经的。

第三十条 胸部损伤引起气胸、血胸或者较大面积的单纯性皮下气肿，未出现呼吸困难。

第三十一条 胸部受挤压，出现窒息征象。

第三十二条 肩胛骨、锁骨或者胸骨骨折；胸锁关节或者肩锁关节脱位.

第三十三条 肋骨骨折（一处单纯性肋骨线形骨折除外）。

第三十四条 女性乳房损伤导致一侧乳房明显变形或者部分缺失；一侧乳房乳腺导管损伤。

第三十五条 腹部闭合性损伤确证胃、肠、肝、脾或者胰挫伤。

第三十六条　外伤性血尿（显微镜检查红细胞>10/高倍视野）持续时间超过二周。

第三十七条　会阴部软组织挫伤达 10 平方厘米（儿童酌减）或者血肿二周内不能完全吸收的。

第三十八条　阴茎挫伤致排尿困难；阴茎部分缺损、畸形；阴囊撕脱伤、阴囊血肿、鞘膜积血；一侧睾丸脱位、扭转或者萎缩。

第三十九条　会阴、阴囊创口长度达 2 厘米；阴茎创口长度达 1 厘米。

第四十条　外伤性肛裂、肛瘘或者肛管狭窄。

第四十一条　阴道撕裂伤、子宫或者附件损伤。

第四十二条　损伤致孕妇难免流产。

第四十三条　外伤性脊柱骨折或者脱位；外伤性椎间盘突出；外伤影响脊髓功能，短期内能恢复的。

第四十四条　骨盆骨折。

第五章　其他损伤

第四十五条　烧、烫伤

（一）烧烫伤占体表面积

浅二度 5%以上（儿童 3%以上）；

深二度 2%以上（儿童 1%以上）；

三度 0.1%以上。

（二）头、手、会阴部二度以上烧烫伤，影响外形、容貌或者活动功能的。

（三）呼吸道烧烫伤。

第四十六条　冻伤比照本标准相关条文。

第四十七条　电烧伤当时伴有意识障碍或者全身抽搐。

第四十八条　损伤致异物存留深部软组织内。

第四十九条　各种损伤出血出现休克前期症状体征的。

第五十条　多部位软组织挫伤比照第二十条。

第五十一条　多部位软组织创伤比照第二十一条。

第五十二条　其他物理性、化学性、生物性损伤，致人体组织、器官结构轻度损害或者部分功能障碍的比照本标准相关条文。

第六章　附则

第五十三条　多种损伤均未达本标准的，不能简单相加作为轻伤。若有三种（类）损伤均接近本标准的，可视具体情况，综合评定。

第五十四条　本标准所定各种数据冠有"以上"或者"以下"的均含本数。

第五十五条　本标准适用于《中华人民共和国刑法》规定的伤害他人身体健康的法医学鉴定。

第五十六条　本标准自 1990 年 7 月 1 日起试行。

(三)《人体重伤鉴定标准》

(1990年3月29日司法部、最高人民法院、最高人民检察院、公安部司发[1990]070号印发)

第一章 总则

第一条 本标准依照《中华人民共和国刑法》第八十五条规定,以医学和法医学的理论和技术为基础,结合我国法医检案的实践经验,为重伤的鉴定提供科学依据和统一标准。

第二条 重伤是指使人肢体残废、毁人容貌、丧失听觉、丧失视觉、丧失其他器官功能或者其他对于人身健康有重大伤害的损伤。

第三条 评定损伤程度,必须坚持实事求是的原则,具体伤情,具体分析。损伤程度包括损伤当时原发性病变、与损伤有直接联系的并发症,以及损伤引起的后遗症。鉴定时,应依据人体损伤当时的伤情及其损伤的后果或者结局,全面分析,综合评定。

第四条 鉴定损伤程度的鉴定人,应当由法医师或者具有法医学鉴定资格的人员担任,也可以由司法机关委托、聘请的主治医师以上人员担任。鉴定时,鉴定人有权了解与损伤有关的案情、调阅案卷和病历、勘验现场,有关单位有责任予以配合。鉴定人应当遵守有关法律规定,保守案件秘密。

第五条 损伤程度的鉴定,应当在判决前完成。

第二章 肢体残废

第六条 肢体残废是指由各种致伤因素致使肢体缺失或者肢体虽然完整但已丧失功能。

第七条 肢体缺失是指下列情形之一:

(一)任何一手拇指缺失超过指间关节;

(二)一手除拇指外,任何三指缺失均超过近侧指间关节,或者两手除拇指外,任何四指缺失均超过近侧指间关节;

(三)缺失任何两指及其相连的掌骨;

(四)缺失一足百分之五十或者足跟百分之五十;

(五)缺失一足第一趾和其余任何二趾,或者一足除第一趾外,缺失四趾;

(六)两足缺失五个以上的足趾;

(七)缺失任何一足第一趾及其相连的跖骨;

(八)一足除第一趾外,缺失任何三趾及其相连的跖骨。

第八条 肢体虽然完整,但是已丧失功能,是指下列情形之一:

(一)肩关节强直畸形或者关节运动活动度丧失达百分之五十[1];

(二)肘关节活动限制在伸直位,活动度小于90度或者限制在功能位,活动度小于10度;

(三)肱骨骨折并发假关节、畸形愈合严重影响上肢功能;

(四)前臂骨折畸形愈合强直在旋前位或者旋后位;

（五）前臂骨折致使腕和掌或者手指功能严重障碍；
（六）前臂软组织损伤致使腕和掌或者手指功能严重障碍；
（七）腕关节强直、挛缩畸形或者关节运动活动度丧失达百分之五十；
（八）掌指骨骨折影响一手功能，不能对指和握物[2]；
（九）一手拇指挛缩畸形，不能对指和握物；
（十）一手除拇指外，其余任何三指挛缩畸形，不能对指和握物；
（十一）髋关节强直、挛缩畸形或者关节运动活动度丧失达百分之五十；
（十二）膝关节强直、挛缩畸形屈曲超过30度或者关节运动活动度丧失达百分之五十；
（十三）任何一侧膝关节十字韧带损伤造成旋转不稳定，其功能严重障碍；
（十四）踝关节强直、挛缩畸形或者关节运动活动度丧失达百分之五十；
（十五）股骨干骨折并发假关节、畸形愈合缩短超过5厘米、成角畸形超过30度或者严重旋转畸形；
（十六）股骨颈骨折不愈合、股骨头坏死或者畸形俞合严重影响下肢功能；
（十七）胫腓骨骨折并发假关节、畸形愈合缩短超过5厘米、成角畸形超过30度或者严重旋转畸形；
（十八）四肢长骨（肱骨、桡骨、尺骨、股骨、胫腓骨）开放性、闭合性骨折并发慢性骨髓炎；
（十九）肢体软组织疤痕挛缩，影响大关节运动功能，活动度丧失达百分之五十；
（二十）肢体重要神经（臂丛及其重要分支、腰骶丛及其重要分支）损伤，严重影响肢体运动功能；
（二十一）肢体重要血管损伤，引起血液循环障碍，严重影响肢体功能。

第三章　容貌毁损

第九条　毁人容貌是指毁损他人面容[3]，致使容貌显著变形、丑陋或者功能障碍。

第十条　眼部毁损是指下列情形之一：
（一）一侧眼球缺失或者萎缩；
（二）任何一侧眼睑下垂完全覆盖瞳孔；
（三）眼睑损伤显著影响面容；
（四）一侧眼部损伤致成鼻泪管全部断裂、内眦韧带断裂影响面容；
（五）一侧眼眶骨折显著塌陷。

第十一条　耳廓毁损是指下列情形之一：
（一）一侧耳廓缺损达百分之五十或者两侧耳廓缺损总面积超过一耳百分之六十；
（二）耳廓损伤致使显著变形。

第十二条　鼻缺损、塌陷或者歪曲致使显著变形。

第十三条　口唇损伤显著影响面容。

第十四条　颧骨损伤致使张口度（上下切牙切缘间距）小于1.5厘米；颧骨骨折错位

愈合致使面容显著变形。

第十五条 上、下颌骨和颞颌关节毁损是指下列情形之一：

（一）上、下颌骨骨折致使面容显著变形；

（二）牙齿脱落或者折断共七个以上；

（三）颞颌关节损伤致使张口度小于 1.5 厘米或者下颌骨健侧向伤侧偏斜，致使面下部显著不对称。

第十六条 其他容貌毁损是指下列情形之一：

（一）面部损伤留有明显块状疤痕，单块面积大于 4 平方厘米，两块面积大于 7 平方厘米，三块以上总面积大于 9 平方厘米或者留有明显条状疤痕，单条长于 5 厘米，两条累计长度长于 8 厘米，三条以上累计总长度长于 10 厘米，致使眼睑、鼻、口唇、面颊等部位容貌毁损或者功能障碍；

（二）面神经损伤造成一侧大部面肌瘫痪，形成眼睑闭合不全，口角歪斜；

（三）面部损伤留有片状细小疤痕、明显色素沉着或者明显色素减退，范围达面部面积百分之三十；

（四）面颈部深二度以上烧、烫伤后导致疤痕挛缩显著影响面容或者颈部活动严重障碍。

第四章 丧失听觉[4]

第十七条 损伤后，一耳语音听力减退在 91 分贝以上。

第十八条 损伤后，两耳语音听力减退在 60 分贝以上。

第五章 丧失视觉[5]

第十九条 各种损伤致使视觉丧失是指下列情形之一：

（一）损伤后，一眼盲；

（二）损伤后，两眼低视力，其中一眼低视力为 2 级。

第二十条 眼损伤或者颅脑损伤致使视野缺损（视野半径小于 10 度）。

第六章 丧失其他器官功能

第二十一条 丧失其他器官功能是指丧失听觉、视觉之外的其他器官的功能或者功能严重碍障。条文另有规定的，依照规定。

第二十二条 眼损伤或者颅脑损伤后引起不能恢复的复视，影响工作和生活。

第二十三条 上、下颌骨骨折或者口腔内组织、器官损伤（如舌损伤等）致使语言、咀嚼或者吞咽能力明显障碍。

第二十四条 喉损伤后引起不能恢复的失音、严重嘶哑。

第二十五条 咽、食管损伤留有疤痕性狭窄导致吞咽困难。

第二十六条 鼻、咽、喉损伤留有疤痕性狭窄导致呼吸困难[6]。

第二十七条 女性两侧乳房损伤丧失哺乳能力。

第二十八条 肾损伤并发肾性高血压、肾功能严重障碍。

第二十九条 输尿管损伤留有狭窄致使肾积水、肾功能严重障碍。

第三十条　尿道损伤留有尿道狭窄引起排尿困难、肾功能严重障碍。

第三十一条　肛管损伤致使严重大便失禁或者肛管严重狭窄。

第三十二条　骨盆骨折致使骨盆腔内器官功能严重障碍。

第三十三条　子宫、附件损伤后期并发内生殖器萎缩或者影响内生殖器发育。

第三十四条　阴道损伤累及周围器官造成瘘管或者形成疤痕致其功能严重障碍。

第三十五条　阴茎损伤后引起阴茎缺损、严重畸形致其功能严重障碍。

第三十六条　睾丸或者输精管损伤丧失生殖能力。

第七章　其他对于人体健康的重大损伤

第三十七条　其他对于人体健康的重大损伤是指上述几种重伤之外的在受伤当时危及生命或者在损伤过程中能够引起威胁生命的并发症，以及其他严重影响人体健康的损伤。

第一节　颅脑损伤

第三十八条　头皮撕脱伤范围达头皮面积百分之二十五并伴有失血性休克；头皮损伤致使头皮丧失生存能力，范围达头皮面积百分之二十五。

第三十九条　颅盖骨折（如线形、凹陷、粉碎等）伴有脑实质及血管损伤，出现脑受压症状和体征；硬脑膜破裂。

第四十条　开放性颅脑损伤。

第四十一条　颅底骨折伴有面、听神经损伤或者脑脊液漏长期不愈。

第四十二条　颅脑损伤当时出现昏迷（30分钟以上）和神经系统体征，如单瘫、偏瘫、失语等。

第四十三条　颅脑损伤，经脑 CT 扫描显示脑挫伤，但是必须伴有神经系统症状和体征。

第四十四条　颅脑损伤致成硬脑膜外血肿、硬脑膜下血肿或者脑内血肿。

第四十五条　外伤性蛛网膜下腔出血伴有神经系统症状和体征。

第四十六条　颅脑损伤引起颅内感染，如脑膜炎、脑脓肿等。

第四十七条　颅脑损伤除嗅神经之外引起其他脑神经不易恢复的损伤。

第四十八条　颅脑损伤引起外伤性癫痫。

第四十九条　颅脑损伤导致严重器质性精神障碍。

第五十条　颅脑损伤致使神经系统实质性损害引起的症状与病征，如颈内动脉——海绵窦瘘、下丘脑——垂体功能障碍等。

第二节　颈部损伤

第五十一条　咽喉、气管、颈部、口腔底部及其邻近组织的损伤引起呼吸困难。

第五十二条　颈部损伤引起一侧颈动脉、椎动脉血栓形成、颈动静脉瘘或者假性动脉瘤。

第五十三条　颈部损伤累及臂丛，严重影响上肢功能；颈部损伤累及胸膜顶部致成气胸引起呼吸困难。

第五十四条 甲状腺损伤伴有喉返神经损伤致其功能严重障碍。
第五十五条 胸导管损伤。
第五十六条 咽、食管损伤引起局部脓肿、纵隔炎或者败血症。
第五十七条 颈部损伤导致异物存留在颈深部，影响相应组织、器官功能。

第三节 胸部损伤

第五十八条 胸部损伤引起血胸或者气胸，并发生呼吸困难。
第五十九条 肋骨骨折致使呼吸困难。
第六十条 胸骨骨折致使呼吸困难。
第六十一条 胸部损伤致成纵隔气肿、呼吸窘迫综合征或者气管、支气管破裂。
第六十二条 气管、食管损伤致成纵隔炎、纵隔脓肿、纵隔气肿、血气胸或者脓胸。
第六十三条 心脏损伤；胸部大血管损伤。
第六十四条 胸部损伤致成脓胸、肺脓肿、肺不张、支气管胸膜瘘、食管胸膜瘘或者支气管食管瘘。
第六十五条 胸部的严重挤压致使血液循环障碍、呼吸运动障碍、颅内出血。
第六十六条 女性一侧乳房缺失。

第四节 腹部损伤

第六十七条 胃、肠、胆道系统穿孔、破裂。
第六十八条 肝、脾、胰等器官破裂；因损伤致使这些器官形成血肿、脓肿。
第六十九条 肾破裂；尿外渗须手术治疗（包含肾动脉淤塞术）。
第七十条 输尿管损伤致使尿外渗。
第七十一条 腹部损伤致成腹膜炎、败血症、肠梗阻或者肠瘘等。
第七十二条 腹部损伤致使腹腔积血，须手术治疗。

第五节 骨盆部损伤

第七十三条 骨盆骨折严重变形。
第七十四条 尿道破裂、断裂须行手术修补。
第七十五条 膀胱破裂。
第七十六条 阴囊撕脱伤范围达阴囊皮肤面积百分之五十；两侧睾丸缺失。
第七十七条 损伤引起子宫或者附件穿孔、破裂。
第七十八条 孕妇损伤引起早产、死胎、胎盘早期剥离、流产并发失血性休克或者严重感染。
第七十九条 幼女外阴或者阴道严重损伤。

第六节 脊柱和脊髓损伤

第八十条 脊柱骨折或者脱位，伴有脊髓损伤或者多根脊神经损伤。
第八十一条 脊髓实质性损伤影响脊髓功能，如肢体活动功能、性功能或者大小便严重障碍。

第七节 其他损伤

第八十二条 烧、烫伤。

（一）成人烧、烫伤总面积（一度烧、烫伤面积不计算在内，下同）在百分之三十以上或者三度在百分之十以上；儿童总面积在百分之十以上或者三度在百分之五以上。

烧、烫伤面积低于上述程度但有下列情形之一：

1. 出现休克；
2. 吸入有毒气体中毒；
3. 严重呼吸道烧伤；
4. 伴有并发症导致严重后果；
5. 其他类似上列情形的。

（二）特殊部位（如面、手、会阴等）的深二度烧、烫伤，严重影响外形和功能，参照本标准有关条文。

第八十三条 冻伤出现耳、鼻、手足等部位坏死及功能严重障碍，参照本标准有关条文。

第八十四条 电击损伤伴有严重并发症或者遗留功能障碍，参照本标准有关条文。

第八十五条 物理、化学或者生物等致伤因素引起损伤，致使器官功能严重障碍，参照本标准有关条文。

第八十六条 损伤导致异物存留在脑、心、肺等重要器官内。

第八十七条 损伤引起创伤性休克、失血性休克或者感染性休克。

第八十八条 皮下组织出血范围达全身体表面积百分之三十；肌肉及深部组织出血，伴有并发症或者遗留严重功能障碍。

第八十九条 损伤引起脂肪栓塞综合症。

第九十条 损伤引起挤压综合征。

第九十一条 各种原因引起呼吸障碍，出现窒息征象并伴有并发症或者遗留功能障碍。

第八章 附则

第九十二条 符合《中华人民共和国刑法》第八十五条的损伤，本标准未作规定的，可以比照本标准相应的条文作出鉴定。

前款规定的鉴定应由地（市）级以上法医学鉴定机构作出或者予以复核。

第九十三条 三处（种）以上损伤均接近本标准有关条文的规定，可视具体情况，综合评定为重伤或者不评定为重伤。

第九十四条 本标准所说的"以上"、"以下"都连本数在内。

第九十五条 本标准仅适用于《中华人民共和国刑法》规定的重伤的法医学鉴定。

第九十六条 本标准自 1990 年 7 月 1 日起施行。

1986 年发布的《人体重伤鉴定标准（试行）》同时废止。

本标准施行前，已作出鉴定尚未判决的，仍适用 1986 年发布的《人体重伤鉴定标准（试行）》。

《人体重伤鉴定标准》说明

1. 鉴定关节运动活动度，应从被检关节的整体功能判定，可参照临床常用的正常人体关节活动度值进行综合分析后做出。检查时，须了解该关节过去的功能状态，并与健侧关节运动活动度比对。

2. 对指活动是指拇指的指腹与其余各指的指腹相对合的动作。

3. 面容的范围是指前额发际下，两耳根前与下颌下缘之间的区域，包括额部、眶部、鼻部、口唇部、颏部、颧部、颊部、腮腺咬肌部和耳廓。

4. 鉴定听力减退的方法：

（1）听力检查宜用纯音听力计以气导为标准，听力级单位为分贝（db），一般采用500、1000和2000赫兹三个频率的平均值。这一平均值相当于生活语音的听力阈值。

（2）听力减退在25分贝以下的，应属于听力正常。

（3）损伤后，两耳听力减退按如下方法计算：（较好耳的听力减退×5＋较差耳的听力减退×1）除以6。如计算结果，听力减退在60分贝以上就属于重伤。

（4）老年性听力损伤修正，按60岁开始，每年递减0.5分贝。

（5）有关听力检查，鉴定人认为必要时，可选择适当的方法（如声阻抗、耳蜗电图、听觉脑干诱发电位等）进行测定。

5. 鉴定视力障碍方法：

（1）凡损伤眼裸视或加用镜片（包括接触镜、针孔镜等）远距视力可达到正常视力范围（0.8以上）或者接近正常视力范围（0.4—0.8）的都不作视力障碍论。

视力障碍（0.3以下）者分级见下表：（表格从略）

如中心视力好而视野缩小，以注视点为中心，视野半径小于10°而大于5°者为3级；如半径小于5°者为4级。

评定视力障碍，应以"远距视力"为标准，参考"近距视力"。

中心视力检查法：用通用标准视力表检查远距视力和近距视力。

（2）中心视力检查法：用通用标准视力表检查远距视力和近距视力。对颅脑损伤者，应作中心暗点、生理盲点和视野检查。对有复视的更应详细检查，分析复视性质与程度。

（3）有关视力检查，鉴定人认为必要时，可选择适当的方法（如视觉电生理）进行测定。

6. 呼吸困难是由于通气的需要量超过呼吸器官的通气能力所引起。

症状：自觉气短、空气不够用、胸闷不适。

体征：呼吸频率增快，幅度加深或变浅，或者伴有周期节律异常、鼻翼扇动、紫绀等。

实验室检查：

（1）动脉血液气体分析，动脉血氧分压可在8.0kPa（60mmHg）以下；

（2）胸部X线检查；

（3）肺功能测验。

诊断呼吸困难，必须同时伴有症状和体征。实验室检查以资参考。

五、案例点评

故意杀人罪是指故意地非法剥夺他人生命的行为。

故意内容为不顾受害人死伤的，造成受害人死亡的，属于间接故意杀人，应认定为故意杀人罪。故意伤害罪侵害的是他人的身体权，故意杀人罪一般较易区分，侵害的是他人生命权。但在以下两种情况下区别就比较困难：一是故意伤害致死和故意杀人既遂。二者主观上都是故意犯罪，且客观上都造成了被害人死亡的结果。二是故意伤害和故意杀人未遂。二者在主观上也同属故意犯罪，但客观上都没有造成被害人死亡的结果。

区别故意杀人罪同故意伤害罪的关键，就在于两罪犯罪故意内容不同。故意杀人罪的故意内容是剥夺他人生命，希望或放任他人死亡结果的发生，而故意伤害罪的故意内容只是要损害他人身体，并不是剥夺他人的生命。即使伤害行为客观上造成被害人的死亡，也往往是由于行为时出现未曾料到的原因而致打击方向出现偏差，或因伤势过重等情况而引起。行为人对这种死亡后果既不希望，也不放任，完全是出于过失。因此，不能将故意伤害致死同故意杀人等同。故意杀人罪是指故意非法剥夺他人生命的行为，故意伤害罪是指故意非法地损害他人身体健康的行为。是其故意的内容表现为明知自己的行为会伤害他人的身体健康，并且希望或者放任这种结果发生的行为，从概念上讲，故意伤害罪与故意杀人罪之间的界限是比较明确的，但在司法实践中具体认定故意伤害与故意杀人（未遂）却是十分复杂的。

从目前理论界来看，一般认为故意杀人罪与故意伤害罪的根本区别在于故意内容的不同，即犯罪行为人主观上是具有非法剥夺他人生命的故意，还是具有侵害他人身体健康的故意，只有根据犯罪嫌疑人故意的实际内容才能准确区分这两种犯罪，原因在于：①行为人的主观意识是决定其行为的主观根据，这种主观根据决定行为的性质；②刑法上所称的行为是行为人犯罪意识表现于外部的身体动作；③故意内容不同就可能构成不同的罪名，故意杀人罪（未遂）和故意伤害罪在客观方面、后果可能是相同的，行为大体是相似的，因而要区分这两种罪也只能从主观方面去寻找它们的不同的犯罪根据，以故意内容区别这两种犯罪行为，行为人的犯罪目的是不可忽视的，但也存在着没有犯罪目的的间接故意的罪过形式，因此，仅凭有无杀人目的去判断，而不考虑间接故意，同样会导致定罪错误。

综上，虽然故意杀人罪和故意伤害罪这两种犯罪在客观上都有可能造成被害人死亡的后果，但两种的犯罪构成是有区别的。关键是需要查明行为人的主观心理状态，即是否有非法剥夺他人生命的故意来区分两罪。而查明行为人的主观心理状态，应当全面研究犯罪的起因和经过，案发时间、地点和环境，犯罪的手段、工具，攻击的部位和强度，犯罪的后果以及行为人对被害人是否抢救等案件的全部因素来证实行为人的主观心理状态，以查明行为人的真实犯意。具有杀人故意的无论是否造成死亡结果的，均应认定为故意杀人罪，凡只有伤害故意的无论是否造成死亡结果，都认定故意伤害罪。

六、巩固练习

1. 犯罪嫌疑人陈某和婆婆汤某平时因生活琐事经常争吵，2000年10月23日上午7时许，陈某在本市万河桥46号1幢101室家中，又因家庭琐事与丈夫王某、婆婆汤某发生争吵，王某离家后，陈某迁怒于汤某，继续与之争吵，并将汤推倒在地，继而用羊角榔头猛击汤头部多次，致汤右顶枕部颅板粉碎性凹陷性骨折，颅内血肿伴脑挫伤，右颞、顶枕部皮下血肿，急送医院抢救治疗脱险，经苏州市公安局法医鉴定，汤某的损伤已构成人体重伤。

练习要求：请分析陈某的行为是构成故意杀人罪（未遂）还是故意伤害罪？

2. 胡桂珍故意伤害案

被告人胡桂珍，女，1963年6月28日生，黑龙江省哈尔滨市人，汉族，大专文化，系哈尔滨市香坊区司法局会计，住哈尔滨市南岗区鸿翔名苑7号楼1单元13层3号。

2005年6月23日，胡桂珍因涉嫌故意伤害被大庆市公安局龙南分局刑事拘留，当日因严重腰椎骨折变更为取保候审，2006年6月21日由龙南分局决定监视居住，2007年1月4日由大庆市让胡路区人民法院决定继续监视居住。

（1）检察院起诉书认定的事实和罪名

2006年9月20日，大庆市让胡路区人民检察院以庆让检刑诉[2006]第240号起诉书认定：2005年3月27日20时50分，在让胡路区大庆第一中学高中部四楼化学组办公室门口，被告人胡桂珍因其儿子孙仲辰被其同学王卓（17岁）找校外人员殴打一事，趁老师靳淑凡将王卓叫到该办公室门口了解情况时，气愤之下冲到王卓身前伸手打了王卓右脸一耳光，造成王卓右耳鼓膜外伤性穿孔。经大庆市公安局、黑龙江省公安厅法医鉴定所受损伤为轻伤。

该区检察院认为，被告人胡桂珍故意损害他人身体健康，致人轻伤，其行为触犯了《刑法》第二百三十四条第一款之规定，犯罪事实清楚，证据确实、充分，应当以故意伤害罪追究其刑事责任。

（2）被告人胡桂珍对主要事实的供述和辩解

2007年11月13日，胡桂珍故意伤害一案在大庆市让胡路区人民法院开庭审理，胡桂珍在法庭审理时的辩解意见为：她没有殴打和伤害王卓。具体理由为：A 胡桂珍身高仅1.59米，而王卓身高1.86米，两人距离70cm，她的右手如何能接触到王卓的右耳部？B 2005年3月27日晚王卓抢劫伤害案发后，同日被龙南分局连续讯问24小时，并没有反映出耳膜穿孔的症状。C 在场证人靳淑凡只是听到声音，不能作为定案依据。

（3）律师的辩护意见

胡桂珍辩护律师一审的辩护意见为：检察机关指控胡桂珍犯故意伤害罪事实不清，缺乏证据，罪名不成立，请求法庭对胡桂珍作出证据不足、指控的犯罪不能成立的无罪判决。

练习要求：围绕此案件组织模拟审判，熟悉和掌握故意杀人罪与故意伤害罪的司法认定。

第三节　主要财产犯罪及其相互关系问题

一、基本案例

2006年4月21日晚10时，许霆来到天河区黄埔大道某银行的ATM取款机取款。结果取出1000元后，他惊讶地发现银行卡账户里只被扣了1元，狂喜之下，许霆连续取款5.4万元。当晚，许霆回到住处，将此事告诉了同伴郭安山。两人随即再次前往提款，之后反复操作多次。后经警方查实，许霆先后取款171笔，合计17.5万元；郭安山则取款1.8万元。事后，二人各携赃款潜逃。

同年11月7日，郭安山向公安机关投案自首，并全额退还赃款1.8万元。经天河区法院审理后，法院认定其构成盗窃罪，但考虑到其自首并主动退赃，故对其判处有期徒刑一年，并处罚金1000元。而潜逃一年的许霆，17.5万元赃款因投资失败而挥霍一空，今年5月在陕西宝鸡火车站被警方抓获。日前，广州市中院审理后认为，被告许霆以非法侵占为目的，伙同同案人采用秘密手段，盗窃金融机构，数额特别巨大，行为已构成盗窃罪，遂判处无期徒刑，剥夺政治权利终身，并处没收个人全部财产。

二、案例的问题点

1．罪与非罪的问题，案件应适用民法还是适用刑法？（不当得利与民事侵权以及相关刑事犯罪之间的区别）

2．罪名的确定问题，是定盗窃罪、诈骗罪还是侵占罪？

3．是否属于法无明文规定的情形，即是否与罪刑法定原则相违背？ATM机究竟是否属于金融机构？

4．量刑问题，被害人的过错能否影响量刑？

三、案例涉及的实体理论问题

（一）盗窃罪犯罪构成

盗窃罪是指以非法占有为目的，秘密窃取数额较大的公私财物或者多次盗窃公私财物的行为。

1．客体要件

本罪侵犯的客体是公私财物的所有权。侵犯的对象，是国家、集体或个人的财物，一般是指动产而言，但不动产上之附着物，可与不动产分离的，例如，田地上的农作物、山上的树木、建筑物上之门窗等，也可以成为本罪的对象。另外，能源如电力、煤气也可成为本罪的对象。

盗窃罪侵犯的客体是公私财物的所有权。所有权包括占有、使用、收益、处分等权能。盗窃罪侵犯的对象是公私财物，这种公私财物的特征是：

（1）能够被人们所控制和占有。能够被人们所控制和占有的财物必须是依据五官的功能可以认识的有形的东西。控制和占有是事实上的支配。这种支配不仅仅是单纯的物理的有形的支配。有时占有可以说是一种社会观念，必须考虑到物的性质，物所处的时空等，要按照社会上的一般观念来决定某物有没有被占有。有时即使在物理的或有形的支配达不到的场合，从社会观念上也可以认为是占有。例如，在自己住宅的范围内一时找不到的手表、戒指，仍没有失去占有。如没有回到主人住所和主人身边习惯的牲畜即使离开了主人的住所，仍属主人占有。震灾发生时，为了暂时避难而搬出去放置在路边的财物，仍归主人占有。放养在养殖场的鱼和珍珠贝归养殖人占有。这里所说的手表、戒指、牲畜、鱼等仍可成为盗窃罪侵犯的对象。随着科学技术的发展，无形物也能够被人们所控制，也就能够成为盗窃罪侵犯的对象，如电力、煤气、手机号码等。不能被人们控制的阳光、风力、空气、电波、磁力等就不能成为盗窃罪侵犯的对象。

（2）具有一定的经济价值，这种经济价值是客观的，可以用货币来衡量的，如有价证券等，具有主观价值（如有纪念意义的信件）及几乎无价值的东西，就不能成为我国盗窃罪侵犯的对象。盗窃行为人如果将这些无价值的财物偷出去后，通过出售或交换，获得了有价值的财物（相当于销赃数额），且数额较大，则应定盗窃罪。

（3）能够被移动。所有的动产和不动产上的附着物都可能成为盗窃罪侵犯的对象。如开采出来的石头，从自然状态下运回的放在一定范围内的砂子，放在盐厂的海水，地上的树等。不动产不能成为盗窃罪侵犯的对象，盗卖不动产，是非所有人处理所有权，买卖关系无效，属于民事上的房地产纠纷，不能按盗窃罪处理。

（4）他人的财物。盗窃犯不可能盗窃自己的财物，他所盗窃的对象是"他人的财物"。虽然是自己的财物，但由他人合法占有或使用，亦视为"他人的财物"。如寄售、托运、租借的物品。但有时也有这种情况，由自己合法所有、使用、处分的财物，也应视为"他人的财物"。如在主人的店里出售物品的雇员，在现实中监视、控制、出售的物品，仓库管理员领取的库存品，旅客借用旅馆的电视等。遗忘物是遗忘人丢失但知其所在的财物，大多处于遗忘人支配力所及的范围内，其所有权或占有权仍属于遗忘人，亦视为"他人的财物"，遗失物是失主丢失而又不知其所在的财物。行为人拾得遗失物，应按《民法通则》处理，一般不构成犯罪。无主物是被所有人抛弃的财物、无人继承的遗产等。占有无主物，不构成犯罪。被人抛弃的财物归先占者所有。占有无人继承的遗产应退还给国家或集体。埋藏物、隐藏物不是无主物。根据《民法通则》规定："所有人不明的埋藏物、隐藏物，归国家所有。"盗掘墓葬，盗取财物数额较大，以盗窃罪论处。《文物保护法》规定："私自挖掘古文化遗址、古墓葬的，以盗窃论处。"

（5）一些特殊的财物尽管具备上述四个特征，仍不能成为盗窃对象。如枪支、弹药，正在使用的变压器等。不同的财物或同一财物处于不同的位置、状态，它所表现的社会关系不同，作为犯罪对象时，它所代表的犯罪客体也不同。如盗窃通讯线路上的电线构成破坏通讯设施罪，盗窃仓库中的电线则构成盗窃罪。因为前者的直接客体是通讯方面的公共安全，而后者的直接客体是公私财物的所有权。盗窃枪支、弹药则构成盗窃枪支、弹药罪，不构成盗窃罪。因为它侵犯的客体是公共安全。

2．客观要件

本罪在客观方面表现为行为人具有秘密窃取数额较大的公私财物或者多次秘密窃取公私财物的行为。

所谓秘密窃取，是指行为人采取自认为不为财物的所有者、保管者或者经手者发觉的方法，暗中将财物取走的行为。其具有以下特征：

（1）秘密窃取是指在取得财物的过程中没有被发现，是在暗中进行的。如果正在取财的过程中，就被他人发现阻止，而仍强行拿走的，则不是秘密窃取，构成犯罪，应以抢夺罪或抢劫罪论处，如果取财时没有发觉，但财物窃到手后即被发觉，尔后公开携带财物逃跑的，仍属于秘密窃取，要以盗窃论处；如果施用骗术，转移被害人注意力，然后在其不知不觉的情况下取走财物的仍构成秘密窃取；如果事先乘人不备，潜入某一场所，在无人发现的过程中秘密取财的，也为秘密窃取。

（2）秘密窃取是针对财物所有人、保管人、经手人而言的，即为财物的所有人、保管人、经手人没有发觉。在窃取财物的过程中，只要财物的所有人、保管人、经手人没有发觉，即使被其他人发现的，也应是本罪的秘密窃取。

（3）秘密窃取，是指行为人自认为没有被财物所有人、保管人经手人发觉。如果在取财过程中，事实上已为被害人发觉，但被害人由于种种原因未加阻止，行为人对此也不知道被发觉，把财物取走的，仍为秘密窃取。如果行为人已明知被他人发觉即使被害人未阻止而仍取走的，行为带有公然性，这时就不再属于秘密窃取，构成犯罪的也而据其行为的性质以抢夺罪或抢劫罪论处。至于其方式则多种多样，有的是采取撬锁破门、打洞跳窗、冒充找人等入室盗窃；有的是在公共场所割包掏兜、顺手牵羊进行盗窃；等等。但不论其形式如何，只要其本质上属于秘密窃取，就可构成本罪的盗窃行为。

秘密窃取的公私财物必须达到数额较大或者虽然没有达到数额较大但实行了多次盗窃的，才能认定为犯罪。如果没有达到数额较大且盗窃次数亦没有达到多次，则不能构成本罪。数额较大一般是指实际窃取了数额较大的财物。行为人没有实际取得财物，即盗窃未遂，一般情况下不应以犯罪处理。但如果以盗窃巨款、珍贵文物等贵重物品为目标，潜入银行、博物馆等盗窃未遂的，仍应认为构成本罪未遂而追究其刑事责任。

根据本条规定，构成盗窃犯罪要以盗窃数额达到较大或者次数达到多次，否则就不构成犯罪。

3．主体要件

本罪主体是一般主体，凡达到刑事责任年龄（16周岁）且具备刑事责任能力的人均能构成。对主体的修改是对本罪修改的重要内容。依原刑法，已满14岁不满16岁的少年犯惯窃罪、重大盗窃罪的,应当负刑事责任。本法取消了此规定。

4. 主观要件

本罪在主观方面表现为直接故意,且具有非法占有的目的。

盗窃罪故意的内容包括:

(1) 行为人明确地意识到其盗窃行为的对象是他人所有或占有的财物。行为人只要依据一般的认识能力和社会常识,推知该物为他人所有或占有即可。至于财物的所有人或占有人是谁,并不要求行为人有明确、具体的预见或认识。如放在宿舍外的自行车,河中一群暂时无人看管的鸭子,客车行李架上的行李等。如果行为人过失地将他人的财物误认为是自己的财物取走,在发现之后予以返还的,由于缺少故意的内容和非法占有的意图,不成立盗窃罪;

(2) 对盗窃后果的预见。如进入银行偷保险柜,就意图盗窃数额巨大或特别巨大的财物。进入博物馆就意图偷文物。这样的犯意,表明了盗窃犯意图给社会造成危害的大小,也就表明了其行为的社会危害性。根据主客观相一致的原则,非法占有不仅包括自己占有,也包括为第三者或集体占有。对非法窃取并占为己有的财物,随后又将其毁弃、赠予他人或者又被他人非法占有的,系案犯对财物的处理问题,改变不了其非法侵犯财产所有权的性质,不影响盗窃罪的成立。如果对某种财物未经物主同意,暂时挪用或借用,无非法占有的目的,用后准备归还的,不能构成盗窃罪。构成其他犯罪的,可以将这一情况作为情节考虑。有一些偷汽车的案件即属此种情况。

(二) 诈骗罪犯罪构成

诈骗罪,是指以非法占有为目的,用虚构事实或者隐瞒真相的方法,骗取数额较大的公私财物的行为。

1. 客体要件

本罪侵犯的客体是公私财物所有权。有些犯罪活动,虽然也使用某些欺骗手段,甚至也追求某些非法经济利益,但因其侵犯的客体不是或者不限于公私财产所有权。所以,不构成诈骗罪。例如:拐卖妇女、儿童的,属于侵犯人身权利罪。

诈骗罪侵犯的对象,仅限于国家、集体或个人的财物,而不是骗取其他非法利益。其对象,也应排除金融机构的贷款。因本法已于第193条特别规定了贷款诈骗罪。

2. 本罪的客观要件

本罪在客观上表现为使用欺诈方法骗取数额较大的公私财物。首先,行为人实施了欺诈行为,欺诈行为从形式上说包括两类,一是虚构事实,二是隐瞒真相;从实质上说是使被害人陷入错误认识的行为。欺诈行为的内容是,在具体状况下,使被害人产生错误认识,并作出行为人所希望的财产处分,因此,不管是虚构、隐瞒过去的事实,还是现在的事实与将来的事实,只要具有上述内容的,就是一种欺诈行为。如果欺诈内容不是使他们作出财产处分的,则不是诈骗罪的欺诈行为。欺诈行为必须达到使一般人能够产生错误认识的程度,对自己出卖的商品进行夸张,没有超出社会容忍范围的,不是欺诈行为。欺诈行为的手段、方法没有限制，既可以是语言欺诈，也可以是动作欺诈；欺诈行为本身既可以是作为，也可以是不作为，即有告知某种事实的义务，但不履行这种义务，使对方陷入错误认识或者继续陷入错误认识，行为人利用这种认识错误取得财产的，也是欺诈行为。根据本法第300条规定，组织和利用会道门、邪教组织或者利用迷信骗取财物的以诈骗罪论处。

欺诈行为使对方产生错误认识，对方产生错误认识是行为人的欺诈行为所致；即使对方在判断上有一定的错误，也不妨碍欺诈行为的成立。在欺诈行为与对方处分财产之间，必须介入对方的错误认识；如果对方不是因欺诈行为产生错误认识而处分财产，就不成立诈骗罪。欺诈行为的对方只要求是具有处分财产的权限或者地位的人，不要求一定是财物的所有人或占有人。行为人以提起民事诉讼为手段，提供虚假的陈述、提出虚伪的证据，使法院作出有利于自己的判决，从而获得财产的行为，称为诉讼欺诈，成立诈骗罪。

成立诈骗罪要求被害人陷入错误认识之后作出财产处分，财产处分包括处分行为与处分意识。作出这样的要求是为了区分诈骗罪与盗窃罪。处分财产表现为直接交付财产，或者承诺行为人取得财产，或者承诺转移财产性利益。行为人实施欺诈行为，使他人放弃财物，行为人拾取该财物的，也应以诈骗罪论处。但是，向自动售货机中投入类似硬币的金属片，从而取得售货机内的商品的行为，不构成诈骗罪，只能成立盗窃罪。

欺诈行为使被害人处分财产后，行为人便获得财产，从而使被害人的财产受到损害，根据本条的规定，诈骗公私财物数额较大的，才构成犯罪。根据有关司法解释，诈骗罪的数额较大，以2000元为起点。但这并不意味着诈骗未遂的，不构成犯罪。诈骗未遂，情节严重的，也应当定罪并依法处罚。需要研究的是，行为人使用欺诈方法骗取财物，但同时支付了相当价值的物品时，是否成立诈骗罪？有人认为诈骗罪所造成的损害是指被害人整体财产的减少，故上述行为不成立诈骗罪；有人认为是被害人个别财产的丧失，故上述行为仍然成立诈骗罪；还有人认为诈骗罪是对信义诚实的侵害，不要求发生财产损害。我们认为，诈骗罪是对个别财产的犯罪，而不是对整体财产的犯罪。被害人因被欺诈花3万元人民币购买3万元的物品，虽然财产的整体没有受到损害，但从个别财产来看，如果没有行为人的欺诈，被害人不会花3万元购买该物品，花去3万元便是个别财产的损害。因此，使用欺诈手段使他人陷入错误认识骗取财物的，即使支付了相当价值的物品，也应认定为诈骗罪。

诈骗罪并不限于骗取有体物，还包括骗取无形物与财产性利益。根据本法第210条的有关规定，使用欺骗手段骗取增值税专用发票或者可以用于骗取出门退税、抵扣税款的其他发票的，成立诈骗罪。

3．本罪的主体要件

本罪主体是一般主体，凡达到法定刑事责任年龄、具有刑事责任能力的自然人均能构成本罪。

4．本罪的主观要件

本罪在主观方面表现为直接故意，并且具有非法占有公私财物的目的。

四、案例涉及的实体法律及相关规定

（一）《中华人民共和国刑法》

第二百六十四条　盗窃公私财物，数额较大或者多次盗窃的，处三年以下有期徒刑、拘役或者管制，并处或者单处罚金；数额巨大或者有其他严重情节的，处三年以上十年以下有期徒刑，并处罚金；数额特别巨大或者有其他特别严重情节的，处十年以上有期徒刑或者无期徒刑，并处罚金或者没收财产；有下列情形之一的，处无期徒刑或者死刑，并处没收财产：

（1）盗窃金融机构，数额特别巨大的；

（2）盗窃珍贵文物，情节严重的。

第一百九十六条第三款　盗窃信用卡并使用的，依照本法第二百六十四条的规定定罪处罚。

第二百一十条第一款　盗窃增值税专用发票或者可以用于骗取出口退税、抵扣税款的其他发票的，依照本法第二百六十四条的规定罪处罚。

第二百五十三条　邮政工作人员私自开拆或者隐匿、毁弃邮件、电报的，处二年以下有期徒刑或者拘役。

犯前款罪而窃取财物的，依照本法第二百六十四条的规定定罪从重处罚。

第二百六十五条　以牟利为目的，盗接他人通信线路、复制他人电信码号或者明知是盗接、复制的电信设备、设施而使用的，依照本法第二百六十四条的规定定罪处罚。

第二百六十九条　犯盗窃、诈骗、抢夺罪，为窝藏赃物、抗拒抓捕或者毁灭罪证而当场使用暴力或者以暴力相威胁的，依照本法第二百六十三条的规定定罪处罚。

第二百八十七条　利用计算机实施金融诈骗、盗窃、贪污、挪用公款、窃取国家秘密或者其他犯罪的，依照本法有关规定定罪处罚。

（二）最高人民法院《关于审理盗窃案件具体应用法律若干问题的解释》

为依法惩处盗窃犯罪活动，根据刑法有关规定，现就审理盗窃案件具体应用法律的若干问题解释如下：

第一条　根据刑法第二百六十四条的规定，以非法占有为目的，秘密窃取公私财物数额较大或者多次盗窃公私财物的行为，构成盗窃罪。

（一）盗窃数额，是指行为人窃取的公私财物的数额。

（二）盗窃未遂，情节严重，如以数额巨大的财物或者国家珍贵文物等为盗窃目标的，应当定罪处罚。

（三）盗窃的公私财物，包括电力、煤气、天然气等。

（四）偷拿自己家的财物或者近亲属的财物，一般可不按犯罪处理；确有追究刑事责任必要的，处罚时也应与在社会上作案的有所分别。

第二条　刑法第二百六十五条规定的"以牟利为目的"，是指为了出售、出租、自用、转让等谋取经济利益的行为。

第三条　盗窃公私财物"数额较大"、"数额巨大"、"数额特别巨大"的标准如下：

（一）个人盗窃公私财物价值人民币五百元至两千元以上的，为"数额较大"。

（二）个人盗窃公私财物价值人民币五千元至二万元以上的，为"数额巨大"。

（三）个人盗窃公私财物价值人民币三万元至十万元以上的，为"数额特别巨大"。

各省、自治区、直辖市高级人民法院可根据本地区经济发展状况，并考虑社会治安状况，在前款规定的数额幅度内，分别确定本地区执行的"数额较大"、"数额巨大"、"数额特别巨大"的标准。

第四条　对于一年内入户盗窃或者在公共场所扒窃三次以上的，应当认定为"多次盗窃"，以盗窃罪定罪处罚。

第五条　被盗物品的数额，按照下列方法计算：

（一）被盗物品的价格，应当以被盗物品价格的有效证明确定。对于不能确定的，应当区别情况，根据作案当时、当地的同类物品的价格，并按照下列核价方法，以人民币分别计算：

1. 流通领域的商品，按市场零售价的中等价格计算；属于国家定价的，按国家定价计算；属于国家指导价的，按指导价的最高限价计算。

2. 生产领域的产品，成品按本项之1规定的方法计算；半成品比照成品价格折算。

3. 单位和公民的生产资料、生活资料等物品，原则上按购进价计算，但作案当时市场价高于原购进价的，按当时市场价的中等价格计算。

4. 农副产品，按农贸市场同类产品的中等价格计算。大牲畜，按交易市场同类同等大牲畜的中等价格计算。

5. 进出口货物、物品，按本项之1规定的方法计算。

6. 金、银、珠宝等制作的工艺品，按国有商店零售价格计算；国有商店没有出售的，按国家主管部门核定的价格计算。黄金、白银按国家定价计算。

7. 外币，按被盗当日国家外汇管理局公布的外汇卖出价计算。

8. 不属于馆藏三级以上的一般文物，包括古玩、古书画等，按国有文物商店的一般零售价计算，或者按国家文物主管部门核定的价格计算。

9. 以牟利为目的，盗接他人通信线路、复制他人电信码号的，盗窃数额按当地邮电部门规定的电话初装费、移动电话入网费计算；销赃数额高于电话初装费、移动电话入网费的，盗窃数额按销赃数额计算。移动电话的销赃数额，按减去裸机成本价格计算。

10. 明知是盗接他人通信线路、复制他人电信码号的电信设备、设施而使用的，盗窃数额按合法用户为其支付的电话费计算。盗窃数额无法直接确认的，应当以合法用户的电信设备、设施被盗接、复制后的月缴费额减去被复制前6个月的平均电话费推算；合法用户使用电信设备、设施不足6个月的，按实际使用的月平均电话费推算。

11. 盗接他人通信线路后自己使用的，盗窃数额按本项之10的规定计算；复制他人电信码号后自己使用的，盗窃数额按本项之9、10规定的盗窃数额累计计算。

（二）有价支付凭证、有价证券、有价票证，按下列方法计算：

1. 不记名、不挂失的有价支付凭证、有价证券、有价票证，不论能否即时兑现，均按票面数额和案发时应得的孳息、奖金或者奖品等可得收益一并计算。股票按被盗当日证券交易所公布的该种股票成交的平均价格计算。

2. 记名的有价支付凭证、有价证券、有价票证，如果票面价值已定并能即时兑现的，如活期存折、已到期的定期存折和已填上金额的支票，以及不需证明手续即可提取货物的提货单等，按票面数额和案发时应得的利息或者可提货物的价值计算。如果票面价值未定，但已经兑现的，按实际兑现的财物价值计算；尚未兑现的，可作为定罪量刑的情节。

不能即时兑现的记名有价支付凭证、有价证券、有价票证或者能即时兑现的有价支付凭证、有价证券、有价票证已被销毁、丢弃，而失主可以通过挂失、补领、补办手续等方式避免实际损失的，票面数额不作为定罪量刑的标准，但可作为定罪量刑的情节。

（三）邮票、纪念币等收藏品、纪念品，按国家有关部门核定的价格计算。

（四）同种类的大宗被盗物品，失主以多种价格购进，能够分清的，分别计算；难以分清的，应当按此类物品的中等价格计算。

（五）被盗物品已被销赃、挥霍、丢弃、毁坏的，无法追缴或者几经转手，最初形态被破坏的，应当根据失主、证人的陈述、证言和提供的有效凭证以及被告人的供述，按本条第（一）项规定的核价方法，确定原被盗物品的价值。

（六）失主以明显低于被盗当时、当地市场零售价购进的物品，应当按本条第（一）项规定的核价方法计算。

（七）销赃数额高于按本解释计算的盗窃数额的，盗窃数额按销赃数额计算。

（八）盗窃违禁品，按盗窃罪处理的，不计数额，根据情节轻重量刑。

（九）被盗物品价格不明或者价格难以确定的，应当按国家计划委员会、最高人民法院、最高人民检察院、公安部《扣押、追缴、没收物品估价管理办法》的规定，委托指定的估价机构估价。

（十）对已陈旧、残损或者使用过的被盗物品，应当结合作案当时、当地同类物品的价格和被盗时的残旧程度，按本条第（九）项的规定办理。

（十一）残次品，按主管部门核定的价格计算；废品，按物资回收利用部门的收购价格计算；假、劣物品，有价值的，按本条第（九）项的规定办理，以实际价值计算。

（十二）多次盗窃构成犯罪，依法应当追诉的，或者最后一次盗窃构成犯罪，前次盗窃行为在一年以内的，应当累计其盗窃数额。

（十三）盗窃行为给失主造成的损失大于盗窃数额的，损失数额可作为量刑的情节。

第六条 审理盗窃案件，应当根据案件的具体情形认定盗窃罪的情节：

（一）盗窃公私财物接近"数额较大"的起点，具有下列情形之一的，可以追究刑事责任：

1. 以破坏性手段盗窃造成公私财产损失的；

2. 盗窃残疾人、孤寡老人或者丧失劳动能力人的财物的；

3．造成严重后果或者具有其他恶劣情节的。
　　（二）盗窃公私财物虽已达到"数额较大"的起点，但情节轻微，并具有下列情形之一的，可不作为犯罪处理：
　　1．已满十六周岁不满十八周岁的未成年人作案的；
　　2．全部退赃、退赔的；
　　3．主动投案的；
　　4．被胁迫参加盗窃活动，没有分赃或者获赃较少的；
　　5．其他情节轻微、危害不大的。
　　（三）盗窃数额达到"数额较大"或者"数额巨大"的起点，并具有下列情形之一的，可以分别认定为"其他严重情节"或者"其他特别严重情节"：
　　1．犯罪集团的首要分子或者共同犯罪中情节严重的主犯；
　　2．盗窃金融机构的；
　　3．流窜作案危害严重的；
　　4．累犯；
　　5．导致被害人死亡、精神失常或者其他严重后果的；
　　6．盗窃救灾、抢险、防汛、优抚、扶贫、移民、救济、医疗款物，造成严重后果的；
　　7．盗窃生产资料，严重影响生产的；
　　8．造成其他重大损失的。
　　第七条　审理共同盗窃犯罪案件，应当根据案件的具体情形对各被告人分别作出处理：
　　（一）对犯罪集团的首要分子，应当按照集团盗窃的总数额处罚。
　　（二）对共同犯罪中的其他主犯，应当按照其所参与的或者组织、指挥的共同盗窃的数额处罚。
　　（三）对共同犯罪中的从犯，应当按照其所参与的共同盗窃的数额确定量刑幅度，并依照刑法第二十七条第二款的规定，从轻、减轻处罚或者免除处罚。
　　第八条　刑法第二百六十四条规定的"盗窃金融机构"，是指盗窃金融机构的经营资金、有价证券和客户的资金等，如储户的存款、债券、其他款物，企业的结算资金、股票，不包括盗窃金融机构的办公用品、交通工具等财物的行为。
　　第九条　盗窃国家三级文物的，处三年以下有期徒刑、拘役或者管制，并处或者单处罚金；盗窃国家二级文物的，处三年以上十年以下有期徒刑，并处罚金；盗窃国家一级文物的，处十年以上有期徒刑或者无期徒刑，并处罚金或者没收财产。一案中盗窃三级以上不同等级文物的，按照所盗文物中高级别文物的量刑幅度处罚；一案中盗窃同级文物三件以上的，按照盗窃高一级文物的量刑幅度处罚。
　　刑法第二百六十四条规定的"盗窃珍贵文物，情节严重"，主要是指盗窃国家一级文物后造成损毁、流失，无法追回；盗窃国家二级文物三件以上或者盗窃国家一级文物一件以上，并具有本解释第六条第（三）项第1、3、4、8目规定情形之一的行为。

第十条　根据刑法第一百九十六条第三款的规定，盗窃信用卡并使用的，以盗窃罪定罪处罚。其盗窃数额应当根据行为人盗窃信用卡后使用的数额认定。

第十一条　根据刑法第二百一十条第一款的规定，盗窃增值税专用发票或者可以用于骗取出口退税、抵扣税款的其他发票的，以盗窃罪定罪处罚。盗窃上述发票数量在二十五份以上的，为"数额较大"；数量在二百五十份以上的，为"数额巨大"；数量在两千五百份以上的，为"数额特别巨大"。

第十二条　审理盗窃案件，应当注意区分盗窃罪与其他犯罪的界限：

（一）盗窃广播电视设施、公用电信设施价值数额不大，但是构成危害公共安全犯罪的，依照刑法第一百二十四条的规定定罪处罚；盗窃广播电视设施、公用电信设施同时构成盗窃罪和破坏广播电视设施、公用电信设施罪的，择一重罪处罚。

（二）盗窃使用中的电力设备，同时构成盗窃罪和破坏电力设备罪的，择一重罪处罚。

（三）为盗窃其他财物，盗窃机动车辆当犯罪工具使用的，被盗机动车辆的价值计入盗窃数额；为实施其他犯罪盗窃机动车辆的，以盗窃罪和所实施的其他犯罪实行数罪并罚。为实施其他犯罪，偷开机动车辆当犯罪工具使用后，将偷开的机动车辆送回原处或者停放到原处附近，车辆未丢失的，按照其所实施的犯罪从重处罚。

（四）为练习开车、游乐等目的，多次偷开机动车辆，并将机动车辆丢失的，以盗窃罪定罪处罚；在偷开机动车辆过程中发生交通肇事构成犯罪，又构成其他罪的，应当以交通肇事罪和其他罪实行数罪并罚；偷开机动车辆造成车辆损坏的，按照刑法第二百七十五条的规定定罪处罚；偶尔偷开机动车辆，情节轻微的，可以不认为是犯罪。

（五）实施盗窃犯罪，造成公私财物损毁的，以盗窃罪从重处罚；又构成其他犯罪的，择一重罪从重处罚；盗窃公私财物未构成盗窃罪，但因采用破坏性手段造成公私财物损毁数额较大的，以故意毁坏财物罪定罪处罚。盗窃后，为掩盖盗窃罪行或者报复等，故意破坏公私财物构成犯罪的，应当以盗窃罪和构成的其他罪实行数罪并罚。

（六）盗窃技术成果等商业秘密的，按照刑法第二百一十九条的规定定罪处罚。

第十三条　对于依法应当判处罚金刑的盗窃犯罪分子，应当在一千元以上盗窃数额的二倍以下判处罚金；对于依法应当判处罚金刑，但没有盗窃数额或者无法计算盗窃数额的犯罪分子，应当在一千元以上十万元以下判处罚金。

五、案例点评

（一）民事还是刑事？

如何区别民事上的不当得利、民事侵权行为与相关刑事违法行为之间的界限，关系到犯罪圈的确定问题。一个国家犯罪圈的范围越大，民事侵权行为的范围则相应变小，反之，一个国家确定的犯罪圈的范围越小，民事侵权行为的范围则越大。犯罪圈的确定与一个国家的国情民意及刑事政策相关。从行为构造来看，民事侵权行为与刑事违法行为是相似的，二者的根本区别在于根据两者的法益危害、行为危险和伦理可责难性的程度不同所决定的可罚性的差别，即行为人所实施的行为及其所造成的结果是否到了必须使用刑法这一国家最严厉的制裁手段进行处罚的程度。

判断行为人的行为究竟属于刑事犯罪还是属于民事侵权，关键在于对于案件的社会危害性及刑事违法性的判断。因为国家立法确认某一行为为犯罪的根本依据是以侵害法益的形式表现出来的行为的社会危害性，而一旦经由立法确认，这一行为就具有法律上的特别属性，即刑事违法性。此案中许霆的行为社会危害性程度较为严重，首先是数额特别巨大，非法获得人民币约 17.5 万元；其次是多次恶意取款达 100 余次；第三是所侵害的对象是 ATM 机，属金融机构（理由后述）。其行为已不属于民事法律所调整的范围，也不符合我国刑法第 13 条规定的"但是情节显著轻微危害不大的，不认为是犯罪"的规定，而是符合了刑法第 264 条盗窃罪的构成要件。

罪名的确定问题（盗窃罪、诈骗罪还是侵占罪）

1. 侵占罪与盗窃罪以及诈骗罪之间的界限

根据我国刑法第 270 条的规定，侵占罪是指："将代为保管的他人财物非法占为己有，数额较大，拒不退还的；将他人的遗忘物或者埋藏物非法占为己有，数额较大，拒不交出的"。而根据刑法第 264 条、266 条的规定，盗窃罪是指以非法占有为目的，多次窃取或者窃取数额较大的公私财物的行为。诈骗罪则是指以非法占有为目的，用虚构事实或者隐瞒真相的方法，骗取数额较大的公私财物的行为。

一般认为，由于侵占罪是对已经由自己本人占有的物产生所有的意图，而通过不返还或者不交出而达到占为己有的目的的行为，所以侵占罪的特征是合法占有，非法所有。而盗窃罪、诈骗罪的特征是，行为人以非法占有的目的实施非法转移财产所有权的行为。由此可以看出，区别侵占罪与盗窃、诈骗罪的关键在于，当行为人意图侵害他人财物的所有权时，该财物的占有状态如何。如果该财物原本就合法的由行为人所占有，行为人成立侵占罪，而如果该财物是由所有人本人或其他人占有时，行为人非法转移该占有的，则成立盗窃、诈骗等其他财产犯罪。

就此案来看，行为人在实施取款行为时，该财物仍然在银行的自动柜员机内，属于银行所有，而且当然不属于遗忘物。所以说，在许霆多次提取钱款时，由于他没有取得对财物（财产性利益）的实力支配，没有取得对财物的合法占有，其行为不成立侵占罪。

2. 盗窃罪与诈骗罪、信用卡诈骗罪之间的界限

由于盗窃罪与诈骗罪侵犯的客体都是他人的财产与财产性利益，主观方面都表现为故意，并且有非法占有的目的，主体也相同，所以盗窃罪与诈骗罪之间的区别主要表现在客观方面。盗窃罪的客观方面是：（1）行为方式为（秘密）窃取；（2）危害结果为数额较大（如果多次窃取，则不要求数额较大的危害结果）。诈骗罪的客观方面是：（1）行为方式为欺骗，包括虚构事实与隐瞒真相；（2）危害结果为使他人进行了财产处分的行为，转移财产的所有权给自己或他人；（3）必须是因为行为人的欺骗而导致他人产生错误认识，从而

作出处分财产的行为。也就是说,欺骗、陷入错误、处分财产三者之间必须具有因果关系。

就此案分析,行为人之所以能在自动柜员机上取钱,是因为自动柜员机的电脑程序是根据指令而进行的。自动柜员机本身是无法针对行为人是否具有取款权限进行核实的,也无所谓被欺骗。所以不可能构成诈骗罪。

依据刑法196条的规定,恶意透支的可构成信用卡诈骗罪,恶意透支是指持卡人以非法占有为目的,超过规定限额或者规定期限透支,并且经发卡银行催收后仍不归还的行为。但此案中的储蓄卡是没有透支功能的,而且也不符合恶意透支的含义,所以不可能构成信用卡诈骗罪。

3. 本案行为人的行为符合盗窃罪的构成要件,应定盗窃罪

主体是具有刑事责任能力的人;

主观方面是故意,并且以非法占有公共财物为目的;

客观上表现为窃取公私财物数额特别巨大。盗窃行为通常具有秘密性,但又不局限于秘密窃取。至于本案,银行有记录和监控录像不能改变许霆行为的"秘密窃取"的本质,它们只是事后让财物占有者知道情况的证据;另外,即使当时就有人进行同步观看录像,也不能否认秘密窃取的性质。因为是否秘密窃取应当从行为人主观方面来认定,也就是说许霆取款时他本人认为不会被他人知道和看见的。就如便衣在抓捕扒手时明明知道扒手在盗窃自己的财物而暂时不制止,也就是说被窃者是知情的,但这也不能改变行为人的"秘密窃取"性质。

量刑:被害人过错对量刑的影响

被害人过错是指"被害人出于主观上的故意或过失,侵犯他人合法利益,诱发他人的犯罪意识、激化犯罪人的犯罪程度的行为"。也有学者认为,"被害人过错是指被害人出于故意或过失,从而引发行为人合乎规律的作出侵害被害人,并且能够影响到行为人刑事责任有无及程度的行为。"就本案来看,被害人即银行的自动取款机发生故障,取出1000元后竟然只扣除1块钱,被告人利用了银行自动取款机的这一漏洞,取出大量的款额后逃跑。我认为,银行是存在过失的,由于银行的疏忽失职而催化、刺激、甚至是推动了被告人实施了取款行为。被害人过错导致了被告人的应受谴责性降低。所以我认为,应该适当减轻对被告人的处罚。

六、巩固练习

犯罪嫌疑人李某于1999年8月2日窃取了张某的一张5千元的到期定期存单,并于8月3日上午持该存单到储蓄所以张某的名义将5千元取走。后李某因盗窃他人财物被当场抓获,在讯问中交代了这一行为。对李某盗窃张某存单并冒领存款的行为如何定性,产生了几种不同的看法。

一种观点认为应当定为盗窃罪,因为存单仅仅是一种债权凭证,还不能等同于财物,

李某虽然窃取了张某的存单,但是还不能直接控制存单所反映的财产,只有在将存款取出后,李某才真正控制了财产,其盗窃行为才最终完成,因此李某冒领存款的行为是其盗窃行为的延续,应按照盗窃罪认定和处理。

第二种观点认为,应定盗窃罪和诈骗罪,实行数罪并罚。理由是李某既实行了盗窃这一行为,又实行了诈骗行为,这是两个相互独立的行为,均达到了构成犯罪的程度,因此应定为两罪。

第三种观点认为,应定诈骗罪。理由是,存单是一种债权凭证,不同于其他财物,李某虽然窃取了存单,但并没有真正控制财物,只有到储蓄所取出存款后,才真正控制了财物。所以李某冒领存款的行为才是该案的关键。仅有盗窃存单的行为而没有将存款取出,还不能构成犯罪。

你同意哪种观点,理由是什么?

第四节 贪污贿赂类犯罪

一、基本案例

2000年3月,某建筑公司经理张某得知该市建设局有一个工程即将开工,因为该工程利润很大,很想拿到手,便找到建设局的局长李某,请求予以关照。张某在银行以李某的名义开了一张10万元的存单并将其送给李某,称只要其公司拿到了该工程就马上把存单密码告诉李某。当李某正在运作把该工程交给张某时,李某因其他经济问题被检察机关查处,并在其家中搜出该存单。

法院在审理中,对于李某收取该存单的行为如何定性,存在以下分歧:一种观点认为李某构成受贿罪的未遂。理由是,李某虽然占有该存单,但是并没有真正占有、控制该10万元钱。另一种观点认为李某构成受贿罪的既遂。理由是,李某已经实际占有了以自己名字所存的10万元存单,即使不知道该存单的密码,他仍可以挂失取走,因此,他已经完全可以占有、控制和支配该10万元钱。

二、案例的问题点

1. 受贿罪的构成。
2. 受贿罪既遂与未遂的区分。

三、案例涉及的实体理论问题

受贿罪的构成:

受贿罪是指国家工作人员利用职务上的便利,索取他人财物,或者非法收受他人财物,为他人谋取利益的行为。

(一) 客体要件

本罪侵犯的客体,是复杂客体。其中,次要客体是国家工作人员职务行为的廉洁性;主要客体是国家机关、国有公司、企事业单位、人民团体的正常管理活动。

本罪的犯罪对象是财物。但不应狭隘地理解为现金、具体物品,而应看其是否含有财产或其他利益成分。这种利益既可以当即实现,也可以在将来实现。因此,作为受贿罪犯罪对象的财物,必须是具有物质性利益的,并以客观形态存在的一切财物。包括:货币、有价证券、商品等,另外,对受贿人而言,其所追逐的利益的着眼点,既可以是该财物的价值,也可以是该财物的使用价值。所以,受贿罪中的贿赂:财物,从一定意义上说,属于商品范畴。

(二) 客观要件

本罪在客观方面表现为行为人具有利用职务上的便利,向他人索取财物,或者收受他人财物并为他人谋取利益的行为。

利用职务之便是受贿罪客观方面的一个重要构成要件,利用职务之便可以分为以下两种情况:

1. 利用职务上的便利。职权是指国家机关及其公职人员依法作出一定行为的资格,是权力的特殊表现形式。具体是指利用本人职务范围内的权力,也即利用本人在职务上直接处理某项事务的权利。利用职权为他人谋取利益而收受他人财物,是典型的受贿行为。在司法实践中,大量受贿罪是利用职权的便利条件构成的。例如,负责掌管物资调拨、分配、销售、采购的人,利用其调拨权、分配权、销售采购权,满足行贿人的愿望,而收受财物。

2. 利用与职务有关的便利条件。利用与职务有关的便利,即不是直接利用职权,而是利用本人的职权或地位形成的便利条件,而本人从中向请托人索取或非法收受财物的行为。实践中,利用第三者职务上的便利,主要有以下三种情况:一是亲属关系,二是私人关系,三是职务关系。至于前两种情况,利用的主要是血缘与感情的关系,与本人职务无关。对于单纯利用亲友关系,为请托人办事,从中收受财物的,不应以受贿论处。在第三种情况下,则与本人职务有一定关联。受贿人利用第三者的职务之便受贿,必须具备以下两个条件,其一,利用第三者的职务之便,必须以自己的职务为基础或者利用了与本人职务活动有紧密联系的身份便利。其二,是受贿人从中周旋使他人获得利益。根据司法实践,利用与职务有关的便利条件,一般发生在职务上存在制约或者相互影响关系的场合。

从受贿罪的客观行为来看,有两种具体表现形式:

1. 行为人利用职务上的便利,向他人索取财物。索贿是受贿人以公开或暗示的方法,主动向行贿人索取贿赂,有的甚至是公然以要挟的方式,迫使当事人行贿。鉴于索贿情况突出,主观恶性更严重,情节更恶劣,社会危害性相对于收受贿赂更为严重。因此,本法明确规定,索贿的从重处罚。因被勒索给予国家工作人员以财物,没有获得不正当利益的,不是行贿。索取他人财物的不论是否为他人谋取利益,均可构成受贿罪。

2. 行为人利用职务上的便利，收受他人贿赂而为他人谋取利益的行为。收受贿赂，一般是行贿人以各种方式主动进行收买腐蚀，受贿人一般是被动接受他人财物或者是接受他人允诺给予财物，而为行贿人谋取利益。

传统观点认为，为他人谋取利益是受贿罪的客观要件，如果国家工作人员收受财物但事实上并没有为他人谋取利益的，则不成立受贿罪。同时认为，为他人谋取的利益是否已经实现，不影响受贿罪的成立。最高人民法院、最高人民检察院1989年《关于执行〈关于惩治贪污罪贿赂罪的补充规定〉若干问题的解答》也指出：非法收受他人财物，同时具有'为他人谋取利益的，才能构成受贿罪。为他人谋取的利益是否正当，为他人谋取的利益是否实现，不影响受贿罪的成立。据此，为他人谋取利益，是指客观上有为他人谋取利益的行为，而不要求实际上使他人取得了利益。我们将这种观点称为旧客观说。旧客观说存在许多问题，如与受贿罪的本质不相符合，与认定受贿既遂的标准不相符合，与罪刑相适应原则不相符合，于是有人提出，为他人谋取利益不是客观要件，而是主观要件（主观要件说）。但这种观点对刑法规定进行了扭曲解释，也容易不当地缩小受贿罪的处罚范围。因此，我们认为，为他人谋取利益仍然是受贿罪的客观要件，其内容是许诺为他人谋取利益。国家工作人员在非法收受他人财物之前或者之后许诺为他人谋取利益，就在客观上形成了以权换利的约定，同时使人们产生以下认识：国家工作人员的职务行为是可以收买的，只要给予财物，就可以使国家工作人员为自己谋取各种利益。这本身就使职务行为的不可收买性受到了侵犯。这样理解，也符合刑法的规定：为他人谋取利益的许诺本身是一种行为，故符合刑法将其规定为客观要件的表述；为他人谋取利益只要求是一种许诺，不要求有谋取利益的实际行为与结果；为他人谋取利益只是一种许诺，故只要收受了财物就是受贿既遂，而不是待实际上为他人谋取利益之后才是既遂。

为他人谋取利益的许诺本身是一种行为。许诺既可以是明示的，也可以是暗示的。当他人主动行贿并提出为其谋取利益的要求后，国家工作人员虽没明确答复办理，但只要不予拒绝，就应当认为是一种暗示的许诺。许诺既可以直接对行贿人许诺，也可以通过第三者对行贿人许诺。许诺既可以是真实的，也可以是虚假的。虚假许诺，是指国家工作人员具有为他人谋取利益的职权或者职务条件，在他人有求于自己的职务行为时，并不打算为他人谋取利益，却又承诺为他人谋取利益。但虚假承诺构成受贿罪是有条件的：其一，一般只能在收受财物后作虚假承诺；其二，许诺的内容与国家工作人员的职务有关联；其二，因为许诺而在客观上形成了为他人谋取利益的约定。

受贿行为所索取、收受的是财物，该财物称为贿赂。贿赂的本质在于，它是与国家工作人员的职务有关的、作为不正当报酬的利益。贿赂与国家工作人员的职务具有关联性，职务是国家工作人员基于其地位应当作为公务处理的一切事务，其范围由法律、法令或职务的内容决定。职务行为既可能是作为，也可能是不作为。贿赂与职务行为的关联性，是指因为行为人具有某种职务，才可能向他人索取贿赂，他人才向其提供贿赂。不仅如此，贿赂还是作为职务行为的不正当报酬的利益，它与职务行为之间存在对价关系。即贿赂是对国家工作人员职务行为的不正当报酬。不正当报酬不要求国家工作人员的职务行为本身是不正当的,而是指国家工作人员实施职务行为时不应当索取或者收受利益却索取、收受了这种利益。贿赂还必须是一种能够满足人的某种需要的利益。

本法将贿赂的内容限定为财物,财物是指具有价值的可以管理的有体物、无体物以及财产性利益。能够转移占有的有体物与无体物,属于财物自不待言,但财产性利益也应包括在内。因为财产性利益可以通过金钱估价,而且许多财产性利益的价值超出了一般物品的经济价值,没有理由将财产性利益排除在财物之外。受贿罪是以权换利的肮脏交易,将能够转移占有与使用的财产性利益解释为财物,完全符合受贿罪的本质。至于非财产性利益,则不属于财物。虽然从受贿罪的实质以及国外的刑法立法与司法实践上看,贿赂可能包括非物质性利益,但我国一贯实行惩办与宽大相结合的刑事政策,这就决定了要将受贿的认定控制在适当的范围内。将非财产性利益视为贿赂,则扩大了受贿罪的处罚范围。因此,在目前还不适宜将非财产性利益作为贿赂。

(三)主体要件

本罪的主体是特殊主体,即国家工作人员,另据本法第93条规定,国家工作人员包括当然的国家工作人员,即在国家机关中从事公务的人员;拟定的国家工作人员,即国有公司、企事业单位、人民团体中从事公务的人员和国家机关、国有公司、企事业单位委派到非国有公司、企事业单位、社会团体从事公务的人员,以及其他依照法律从事公务的人员。

本条第2款是对国家工作人员在经济往来中违反国家规定收受各种名义的回扣、手续费归个人所有的、以受贿论处的规定。这种发生在经济往来活动中的受贿,理论界称之为经济受贿。本款所称违反国家规定是指违反全国人大及其常委会制定的法律和决定,国务院制定的行政法规和行政措施、发布的决定和命令中关于在经济往来中禁止收受回扣和各种名义的手续费的规定。前者如《中华人民共和国反不正当竞争法》,后者如国务院办公厅1986年6月5日发出的《关于严禁在社会经济活动中牟取非法利益的通知》。其主要内容包括:在经济交往、商品交易中,如果需要给买方优惠,可以采取明示方式给对方价格折扣,不能采取回扣或者各种名义的手续费的方式,经营者给予对方折扣的,必须如实入账。所谓折扣,即商品购销中的让利,是指经营者在销售商品时,以明示并如实入账的方式给予对方的价格优惠,包括支付价款时对价款总额按一定比例予以退还的形式。所谓明示和入账,是指根据合同约定的金额和支付方式,在依法设立的反映其生产经营活动或者行政事业经营收入的财务账上按照财务会计制度规定明确如实记载。回扣是指经营者销售商品在账外暗中以现金、实物或者其他方式退给对方单位或者个人的一定比例的商品价款。所谓账外暗中,是指未在依法设立的反映其生产经营活动或者行政事业经费收支的财务账上按照财物会计制度规定明确如实记载,包括不记入财务账、转入其他财务账或者做假账等。在经济交往中,在账外暗中给予对方单位或者个人回扣的,以行贿论;对方单位或者个人在暗中收受回扣的,以受贿论。手续费,是指在经济活动中，除回扣以外，违反国家规定支付给有关公务人员的各种名义的钱或物，如佣金、信息费、顾问费、劳务费、辛苦费、好处费。根据这些规定，收受回扣或者各种名义的手续费归个人所有的，应以受贿论处。

（四）主观要件

本罪在主观方面是由故意构成，只有行为人是出于故意所实施的受贿犯罪行为才构成受贿罪，过失行为不构成本罪。如果国家工作人员为他人谋利益，而无受贿意图，后者以酬谢名义将财物送至其家中，而前者并不知情，不能以受贿论处。在实践中，行为人往往以各种巧妙手法掩盖其真实的犯罪目的，因而必须深入地加以分析判断。如在实践中，有的国家工作人员利用职务上的便利，为他人谋利益，收受财物，只象征性地付少量现金，实际上是掩盖受贿行为的一种手段，对之应当以受贿论处。对于这种案件受贿金额的计算，应当以行贿人购买物品实际支付的金额扣除受贿人已付的现金额来计算。

四、案例涉及的实体法律及相关规定

1. 相关法律：《中华人民共和国刑法》

第三百八十五条　国家工作人员利用职务上的便利，索取他人财物的，或者非法收受他人财物，为他人谋取利益的，是受贿罪。国家工作人员在经济往来中，违反国家规定，收受各种名义的回扣、手续费，归个人所有的，以受贿论处。

第三百八十六条　对犯受贿罪的，根据受贿所得数额及情节，依照本法第三百八十三条的规定处罚。索贿的从重处罚。

第三百八十八条　国家工作人员利用本人职权或者地位形成的便利条件，通过其他国家工作人员职务上的行为，为请托人谋取不正当利益，索取请托人财物或者收受请托人财物的，以受贿论处。

第三百八十三条　对犯贪污罪的，根据情节轻重，分别依照下列规定处罚：

（1）个人贪污数额在十万元以上的，处十年以上有期徒刑或者无期徒刑，可以并处没收财产；情节特别严重的，处死刑，并处没收财产。

（2）个人贪污数额在五万元以上不满十万元的，处五年以上有期徒刑，可以并处没收财产；情节特别严重的，处无期徒刑，并处没收财产。

（3）个人贪污数额在五千元以上不满五万元的，处一年以上七年以下有期徒刑；情节严重的，处七年以上十年以下有期徒刑。个人贪污数额在五千元以上不满一万元，犯罪后有悔改表现、积极退赃的，可以减轻处罚或者免予刑事处罚，由其所在单位或者上级主管机关给予行政处分。

（4）个人贪污数额不满五千元，情节较重的，处二年以下有期徒刑或者拘役；情节较轻的，由其所在单位或者上级主管机关酌情给予行政处分。对多次贪污未经处理的，按照累计贪污数额处罚。

第一百六十三条　公司、企业的工作人员利用职务上的便利，索取他人财物或者非法收受他人财物，为他人谋利益，数额较大的，处五年以下有期徒刑或者拘役；数额巨大的，处五年以上有期徒刑，可以并处没收财产。公司、企业的工作人员在经济往来中，违反国家规定，收受各种名义的回扣、手续费，归个人所有的，依照前款的规定处罚。国有公司、企业中从事公务的人员和国有公司、企业委派到非国有公司、企业从事公务的人员有前两款行为的，依照本法第三百八十五条、第三百八十六条的规定定罪处罚。

第一百八十四条　银行或者其他金融机构的工作人员在金融业务活动中索取他人财物或者非法收受他人财物，为他人谋取利益的，或者违反国家规定，收受各种名义的回扣、手续费，归个人所有的，依照本法第一百六十三条的规定定罪处罚。国有金融机构工作人员和国有金融机构委派到非国有金融机构从事公务的人员有前款行为的，依照本法第三百八十五条、第三百八十六条的规定定罪处罚。

第九十三条　本法所称国家工作人员，是指国家机关中从事公务的人员。国有公司、企业、事业单位、人民团体中从事公务的人员和国家机关、国有公司、企业、事业单位委派到非国有公司、企业、事业单位、社会团体从事公务的人员，以及其他依照法律从事公务的人员，以国家工作人员论。

第三百九十九条　司法工作人员徇私枉法、徇情枉法，对明知是无罪的人而使他受追诉、对明知是有罪的人而故意包庇不使他受追诉，或者在刑事审判活动中故意违背事实和法律作枉法裁判的，处五年以下有期徒刑或者拘役；情节严重的，处五年以上十年以下有期徒刑；情节特别严重的，处十年以上有期徒刑。在民事、行政审判活动中故意违背事实和法律作枉法裁判，情节严重的，处五年以下有期徒刑或者拘役；情节特别严重的，处五年以上十年以下有期徒刑。

司法工作人员贪赃枉法，有前两款行为的，同时又构成本法第三百八十五条规定之罪的，依照处罚较重的规定定罪处罚。

2. 相关立法解释

全国人民代表大会常务委员会《关于〈中华人民共和国刑法〉第九十三条第二款的解释》（2000.4.29）

全国人民代表大会常务委员会讨论了村民委员会等村基层组织人员在从事哪些工作时属于刑法第九十三条第二款规定的"其他依照法律从事公务的人员"，解释如下：

村民委员会等村基层组织人员协助人民政府从事下列行政管理工作，属于刑法第九十三条第二款规定的"其他依照法律从事公务的人员"：

（1）救灾抢险防汛、优抚、扶贫、移民、救济款物的管理；

（2）社会捐助公益事业款物的管理；

（3）国有土地的经营和管理；

（4）土地征用补偿费用的管理；

（5）代征、代缴税款；

（6）有关计划生育、户籍、征兵工作；

（7）协助人民政府从事的其他行政管理工作。村民委员会等村基层组织人员从事前款规定的公务，利用职务上的便利，非法占有公共财物、挪用公款、索取他人财物或者非法收受他人财物，构成犯罪的，适用刑法第三百八十二条和第三百八十三条贪污罪、第三百八十四条挪用公款罪、第三百八十五条和第三百八十六条受贿罪的规定。

3．相关司法解释

最高人民检察院《关于人民检察院直接受理立案侦查案件立案标准的规定（试行）》（1999．9．9高检发释字[1999]2号）

（一）贪污贿赂犯罪案件

（三）受贿罪（第385条、第386条，第388条，第163条第3款，第184条第2款）

受贿罪是指国家工作人员利用职务上的便利，索取他人财物的，或者非法收受他人财物，为他人谋取利益的行为。

"利用职务上的便利"，是指利用本人职务范围内的权力，即自己职务上主管、负责或者承办某项公共事务的职权及其所形成的便利条件。

索取他人财物的，不论是否"为他人谋取利益"，均可构成受贿罪。非法收受他人财物的，必须同时具备"为他人谋取利益"的条件才能构成受贿罪。但是为他人谋取的利益是否正当，为他人谋取的利益是否实现，不影响受贿罪的认定。

国家工作人员在经济往来中，违反国家规定，收受各种名义的回扣、手续费，归个人所有的，以受贿罪追究刑事责任。

国有公司、企业中从事公务的人员和国有公司、企业委派到非国有公司、企业从事公务的人员利用职务上的便利，索取他人财物或者非法收受他人财物，为他人谋取利益，或者在经济往来中，违反国家规定，收受各种名义的回扣、手续费，归个人所有的，以受贿罪追究刑事责任。

国有金融机构工作人员和国有金融机构委派到非国有金融机构从事公务的人员在金融业务活动中索取他人财物或者非法收受他人财物，为他人谋取利益的，或者违反国家规定，收受各种名义的回扣、手续费归个人所有的，以受贿罪追究刑事责任。

国家工作人员利用本人职权或者地位形成的便利条件，通过其他国家工作人员职务上的行为，为请托人谋取不正当利益，索取请托人财物或者收受请托人财物的，以受贿罪追究刑事责任。

涉嫌下列情形之一的，应予立案：

1．个人受贿数额在5千元以上的；

2．个人受贿数额不满5千元，但具有下列情形之一的：

（1）因受贿行为而使国家或者社会利益遭受重大损失的；

（2）故意刁难、要挟有关单位、个人，造成恶劣影响的；

（3）强行索取财物的。

四、附则

（二）本规定中有关犯罪数额"不满"，是指接近该数额且已达到该数额的百分之八十以上。

（三）本规定中的"直接经济损失"，是指与行为有直接因果关系而造成的财产损毁、减少的实际价值。"间接经济损失"，是指由直接经济损失引起和牵连的其他损失，包括失去的在正常情况下可能获得的利益和为恢复正常的管理活动或者挽回所造成的损失所支付的各种开支、费用等。

（四）本规定中有关贿赂罪案中的"谋取不正当利益"，是指谋取据违反法律、法规、国家政策和国务院各部门规章规定的利益，以及谋取违反法律、法规、国家政策和国务院各部门规章规定的帮助或者方便条件。

最高人民法院《关于坚决打击骗取出口退税严厉惩治金融和财税领域犯罪活动的通知》（1996.2.17 法发[1996]5号）

要注意依法追究税务、海关、银行工作人员和其他国家机关工作人员玩忽职守犯罪的刑事责任。对上述人员与其他犯罪分子内外勾结或参与金融、财税领域犯罪活动的，要以共犯从重处罚。其中有贪污、受贿的，要数罪并罚，从重判处。

最高人民法院《关于对贪污、受贿、挪用公款犯罪分子依法正确适用缓刑的若干规定的通知》（1996.6.26 法发［1996］21号）

根据刑法的有关规定，结合当前审判工作实际，现对审理贪污、受贿、挪用公款案件适用缓刑问题，作如下规定：

一、国家工作人员贪污、受贿数额在两千元以上不满一万元，犯罪情节较轻，能主动坦白，积极退赃，确有悔改表现的，可以适用缓刑。

二、国家工作人员贪污、受贿一万元以上，除具有投案自首或者立功表现等法定减轻情节的之外，一般不适用缓刑。国家工作人员贪污、受贿数额一万元以上不满五万元，根据案件具体情况，适用刑法第五十九条第二款减轻处罚在有期徒刑三年以下量刑的，一般不适用缓刑。对其中犯罪情节较轻，积极退赃的，且在重大生产、科研项目中起关键性作用，有特殊需要，或者有其他特殊情况的，可以适用缓刑，但必须从严掌握。

三、对下列贪污、受贿、挪用公款犯罪分子不适用缓刑：

（一）犯罪行为使国家、集体和人民利益遭受重大损失的；

（二）没有退赃，无悔改表现的；

（三）犯罪动机、手段等情节恶劣，或者将赃款用于投机倒把、走私、赌博等非法活动的；

（四）属于共同犯罪中情节严重的主犯，或者犯有数罪的；

（五）曾因经济违法犯罪行为受过行政处分或刑事处罚的；

（六）犯罪涉及的财物属于国家救灾、抢险、防汛、优抚、救济款项和物资，情节严重的。

最高人民法院《关于国家工作人员利用职务上的便利为他人谋取利益离退休后收受财

物行为如何处理问题的批复》（2000.6.30法释[2000]21号 自2000年7月21日起施行）

江苏省高级人民法院：

你院苏高法〔1999〕65号《关于国家工作人员在职时为他人谋利，离退休后收受财物是否构成受贿罪的请示》收悉。经研究，答复如下：

国家工作人员利用职务上的便利为请托人谋取利益，并与请托人事先约定，在其离退休后收受请托人财物，构成犯罪的，以受贿罪定罪处罚。

根据1939年9月16日最高人民检察院发布施行的《关于人民检察院直接受理立案侦查案件立案标准的规定》（试行）的规定，涉嫌下列情形之一的，应予立案：

1. 个人受贿数额在5千元以上的；
2. 个人受贿数额不满5千元，但具有下列情形之一的：
（1）因受贿行为而使国家或者社会利益遭受重大损失的；
（2）故意刁难、要挟有关单位、个人，造成恶劣影响的；
（3）强行索取财物的。

五、案例点评

李某的行为构成受贿罪的未遂。

对于受贿罪既遂与未遂的认定标准，我国法律和有关司法解释没有给出明确的规定，只是规定了客观方面"利用职务上的便利，索取他人财物的，或者非法收受他人财物，为他人谋取利益"的行为。但是，司法实践中收受贿赂的表现形式是复杂多样、千差万别的，法条面对实践的困惑多有发生。因此，受贿罪既遂与未遂的认定标准历来就是刑法理论界和司法实务界争议的热点问题。笔者认为，对于受贿罪既遂与未遂的认定应确立两级标准，通过第一级标准仍难以认定的，可以通过第二级标准进行认定。

（一）认定受贿罪的一级标准

我国刑法理论界和实务界在如何认定受贿罪的既遂和未遂问题上，主要有四种观点：

1. 承诺说。认为在收受贿赂的形式下，应以受贿人向行贿人承诺受贿之时为既遂标准，即只要受贿人作出利用其职务便利为他人谋取利益而收受他人贿赂的承诺时，即构成受贿既遂；在索取贿赂的形式下，以是否完成索贿行为作为区分受贿罪既遂与未遂的标准，完成索贿行为即为既遂。

2. 谋取利益说。认为确定受贿罪的既遂与未遂应以受贿人是否为行贿人谋取了私利为标准。只要受贿人为他人谋取了私利，无论其是否已经得到贿赂，均应视为构成受贿罪的既遂；只有因行为人意志以外的原因而未能为他人谋取利益的，才构成受贿罪的未遂。

3. 实际受贿说。认为应以受贿人是否实际收受贿赂作为区分受贿罪既遂与未遂的标准。只要受贿人收了行贿人的财物，就是既遂；因行为人意志以外的原因而没有收受行贿人财物的，属于未遂。

4. 收受贿赂与谋取利益说。认为区别受贿罪的既遂与未遂，在一般情况下应以是否收受贿赂为标准，已收受的为既遂，未收受的为未遂；但是，虽然未收受贿赂，行为人利用职务之便为行贿人谋取利益的行为已给国家和人民的利益造成实际损失的，也属于受贿罪的既遂。

上述诸观点中，实际受贿说符合受贿罪的本质特征，因而是正确的。按照我国的刑法理论，受贿罪的未遂形态应当是指行为人已经着手实施受贿罪客观构成要件的行为，由于行为人意志以外的原因而未得逞的情形。因此，区分受贿罪既遂与未遂的标准，是受贿罪是否得逞。而受贿罪是否得逞的认定，应以受贿行为是否已经齐备了受贿罪的法定构成要件为准。根据我国刑法对受贿罪的具体规定，受贿罪在主观上是出于故意，故意的内容就是利用职务上的便利，索取他人财物，或者非法收受他人财物，为他人谋取利益，而在客观方面，无论是索贿还是受贿，行为的目的就是使贿赂到达行为人手中。因此，只有行为人索取或者非法收受了贿赂，才能认为已经具备了受贿罪的构成要件。如果客观上实施了利用职务之便为他人谋取利益的行为，但行为人并未从中收受财物，那么这种情形就不能认为已经齐备了受贿罪的构成要件，因而也不能以受贿罪的既遂论处。至于是否已经为他人谋取了利益，不影响受贿罪的成立。

（二）认定受贿罪的二级标准

在司法实践中，收受他人财物的表现形式是复杂多样的，究竟该如何具体地认定行为人是否实际收受他人财物呢？对此，在我国刑法学界也存在着不同的观点，概括起来有以下几种：

1. 转移说。认为应以行为人是否已将索取或收受的财物移离原处为标准。凡移离原处的为受贿既遂，未移离原处的为受贿未遂。

2. 藏匿说。认为应以行为人是否以将被索取或收受的财物藏匿起来为标准。凡是已将财物藏匿的为受贿既遂，未藏匿的为受贿未遂。

3. 控制说或取得说。认为应以行为人是否实际上取得或控制、占有被索取或者收受到的财物为标准。行为人已经实际取得或控制、占有被索取或者收受财物的为既遂，反之则为未遂。

4. 失控说或损失说。认为应以财物的所有人因行为人的索贿或者收受行为而是否丧失对该财物所有权，或者是否造成所有人财产损失为标准。凡是财物所有人丧失对原物所有权或者造成了所有人财产损失的为既遂，反之则为未遂。

5. 失控加控制说。认为应以财物是否脱离所有人的控制，并实际置于行为人的控制为标准。被索取或者收受财物已脱离所有人的控制并已实际置于受贿人控制之下的为既遂，反之则为未遂。

转移说和藏匿说机械地根据物质是否被移动或者藏匿来评定是否收受到财物，这显然是一种物理性的评价，而非对该现象进行的一种社会的、法律的评价。失控说或损失说强调从财产所有人或者占有人的角度来认定受贿罪的既遂与未遂问题，却忽略了受贿罪的犯罪客体是国家公务人员职务行为的廉洁性，并不是财产所有权。因而行贿人对财产的失控并不必然使受贿罪的犯罪客体受到侵害。而且这种权钱交易是双方自愿的，财产损失也是无从谈起的。失控加控制说则是从行贿人和受贿人双方的角度对同一事实进行评价，一般情况下，对于本罪的双方来说，行为人控制或者取得了财物，即意味着相对人对该财物失去了控制；而相对人失去了对财物的控制，行为人也就控制和取得了财物。但是认定受贿罪既遂与未遂问题，理应站在受贿人的角度来审视，该标准显然过于苛刻，对于司法实践也是不可取的。而控制说或取得说显然是符合受贿罪的立法精神和客观实际的，即行为人只要实际控制财物或者取得财物就是犯罪既遂，反之则为未遂。

李某虽然占有和控制了该10万元的存单，但是否就意味着控制或者取得了该10万元钱呢？答案是否定的。结合以上分析，认定是否实际收受财物应以行为人是否实际控制财物或者取得财物为标准，本案中李某收了一张10万元的存单，但存单并不等于实际的财物，它只是财物的一种凭证或者表现形式。而且，这张存单是加有密码的，一般情况下不知道密码是取不出现金的。受贿罪的本质是权钱交易，而在本案的权钱交易中，行贿人送给受贿人李某存单却故意不告诉其密码，恰恰反映了该行为是在权钱交易的过程之中，真正的财物（10万元）还没有完全、彻底交给受贿人。从某种意义上说，这只是一种"贿赂要约"，如果受贿人兑现了"贿赂承诺"，即受贿人为行贿人谋取了利益，那么行贿人就会兑现其开始的"贿赂要约"。那种认为李某可以通过挂失取出现金的观点，只是对行为人所不存在的行为的一种假设，不符合本案的基本事实，因而是不可取的。因此，本案中受贿人李某的行为应认定为受贿罪的未遂。

六、巩固练习

1. 1999年至2005年期间，常建民在担任首钢总公司第一线材厂三车间主任、北京首钢股份有限公司第一线材厂线材三车间主任、北京首钢股份有限公司第一线材厂线材二车间党总支书记、北京首钢股份有限公司第一线材厂线二作业区域区域长兼总支书记期间，利用职务便利，分八次非法收受瓦房店通用轧机轴承厂副厂长、瓦房店轧机轴承制造有限公司刘某送予的人民币9.5万元，并为其销售轴承提供便利。常建民在未被采取强制措施时，如实交代了受贿事实。

如何追究常建民的刑事责任？

2. 被告人甲从外县调向本县作为副县长，分管城区开发工作。上任一月后，为父亲举办70寿宴，祝寿的亲友一般送礼200~500元。其中，A、B、C、D四个与甲素不相识的包工头每人送礼5000元。四人一起将2万元作一个红包送给甲。甲坚决不收，四人软缠硬磨僵持不下，甲的夫人说，不要影响老父的喜庆，先收下以后再说，甲未表示反对，甲妻收后也未提及此事，甲也未过问此事。甲在发包工程的工作中，没有任何违法、违纪的行为，也绝对没有为A、B、C、D谋取任何利益。

分析：甲妻收礼两万元的行为，对甲应怎样定性和处罚。

3. 新任镇长甲给上级新任组织部长乙送去礼金4万元。理由是感谢乙在选拔镇长时给予的关照，乙推辞不收，理由是我新来上任，根本就没有参与选镇长的工作。甲再三强调，乙如不收，就是看不起自己，同时提出新的办法：这4万元称是乙的哥哥A与甲的哥哥B联合办厂的投资款，A、B联合经营，风险共担，乙碍于情面和便于以后工作，就同意了甲的意见，甲、乙当看A、B签好联合协议后，甲的4万元由B拿去作为A的投资款。后因市场滞销，A、B联合办厂亏损关门清算，A还应承担4万元亏损责任，乙为摆平此事，主动帮A给了B两万元，B和甲两兄弟要求乙赔足4万元，乙认为自己未得一分钱，连摸都没有摸一下那4万元，现在反而赔了2万元，坚决不同意再赔款，于是，甲、B二人举报。

试析：本案中甲、乙的行为应怎样定性和处理，并说明理由。

下编　集合模式实训——程序部分

第六章 立案环节的司法实务与实训

一、基本理论导引

（一）基本理论一：刑事诉讼程序

按照《刑事诉讼法》的规定，一般刑事案件大致要经过3个阶段，即侦查阶段（公安机关）、审查起诉阶段（人民检察院）和审判阶段（人民法院）。

【立案】

公安机关或者人民检察院发现犯罪事实或者犯罪嫌疑人，应当按照管辖范围立案侦查。

人民检察院管辖贪污贿赂犯罪、国家工作人员的渎职犯罪、国家机关工作人员利用职权实施的非法拘禁、刑讯逼供、报复陷害、非法搜查的侵犯公民人身权利的犯罪以及侵犯公民民主权利的犯罪。

人民法院直接受理的刑事案件为：

1. 告诉才处理的案件；

2. 被害人有证据证明的轻微刑事案件：包括故意伤害案（轻伤）、重婚案、遗弃案、妨害通信自由案、非法侵入他人住宅案、生产、销售伪劣商品案件（严重危害社会秩序和国家利益的除外）、侵犯知识产权案件（严重危害社会秩序和国家利益的除外）、属于刑法分则第四章、第五章规定的，对被告人可以判处三年有期徒刑以下刑罚的其他轻微刑事案件。

3. 被害人有证据证明对被告人侵犯自己人身、财产权利的行为应当依法追究刑事责任，而公安机关或者人民检察院不予追究被告人刑事责任的案件。

除人民检察院管辖和人民法院直接受理的其他刑事案件由公安机关管辖。

【侦查】

公安机关对于现行犯或者重大嫌疑分子可以刑事拘留。对于被拘留的人，应当在拘留后的24小时以内进行讯问。犯罪嫌疑人在被侦查机关第一次讯问后或者采取强制措施之日起，可以聘请律师为其提供法律咨询、代理申诉、控告。受委托的律师有权向侦查机关了解犯罪嫌疑人涉嫌的罪名，可以会见在押的犯罪嫌疑人，向犯罪嫌疑人了解有关的案件情况。

公安机关对被拘留的人，认为需要逮捕的，应当在拘留后的三日以内，提请人民检察院审查批准。在特殊情况下，提请审查批准的时间可以延长一日至四日。对于流窜作案、多次作案、结伙作案的重大嫌疑分子，提请审查批准的时间可以延长至三十日。人民检察院应当自接到公安机关提请批准逮捕书后的七日以内，作出批准逮捕或者不批准逮捕的决定。人民检察院不批准逮捕的，公安机关应当在接到通知后立即释放，并且将执行情况及时通知人民检察院。对于需要继续侦查，并且符合取保候审、监视居住条件的，依法取保候审或者监视居住。

犯罪嫌疑人被逮捕的，聘请的律师可以为其申请取保候审。

公安机关对犯罪嫌疑人逮捕后的侦查羁押期限不得超过二个月。案情复杂、期限届满不能终结的公安机关侦查终结的案件，应当做到犯罪事实清楚，证据确实、充分，并且写出起诉意见书，连同案卷材料、证据一并移送同级人民检察院审查决定。

【审查起诉】

人民检察院审查案件，应当讯问犯罪嫌疑人，听取被害人和犯罪嫌疑人、被害人委托的人的意见。公诉案件自案件移送审查起诉之日起，犯罪嫌疑人有权委托辩护人。自诉案件的被告人有权随时委托辩护人。

人民检察院自收到移送审查起诉的案件材料之日起三日以内，应当告知犯罪嫌疑人有权委托辩护人。人民法院自受理自诉案件之日起三日以内，应当告知被告人有权委托辩护人。

辩护律师自人民检察院对案件审查起诉之日起，可以查阅、摘抄、复制本案的诉讼文书、技术性鉴定材料，可以同在押的犯罪嫌疑人会见和通信。

人民检察院对于公安机关移送起诉的案件，应当在一个月以内作出决定，重大、复杂的案件，可以延长半个月。

人民检察院认为犯罪嫌疑人的犯罪事实已经查清，证据确实、充分，依法应当追究刑事责任的，应当作出起诉决定，按照审判管辖的规定，向人民法院提起公诉。

【审判】

人民法院对提起公诉的案件进行审查后，对于起诉书中有明确的指控犯罪事实并且附有证据目录、证人名单和主要证据复印件或者照片的，应当决定开庭审判。除涉及国家秘密或者个人隐私的案件，人民法院审判第一审案件应当公开进行。

辩护律师自人民法院受理案件之日起，可以查阅、摘抄、复制本案所指控的犯罪事实的材料，可以同在押的被告人会见和通信。开庭审理时，辩护律师为被告人辩护。

人民法院审理公诉案件，应当在受理后一个月以内宣判，至迟不得超过一个半月。有刑事诉讼法第163条规定情形之一的，经省、自治区、直辖市高级人民法院批准或者决定，可以再延长一个月。法庭审理后，人民法院根据已经查明的事实、证据和有关的法律规定，分别作出以下判决：

1. 案件事实清楚，证据确实、充分，依据法律认定被告人有罪的，应当作出有罪判决；
2. 依据法律认定被告人无罪的，应当作出无罪判决；
3. 证据不足，不能认定被告人有罪的，应当作出证据不足、指控的犯罪不能成立的无罪判决。被告人、自诉人和他们的法定代理人，不服地方各级人民法院第一审的判决、裁定，有权用书状或者口头向上一级人民法院上诉。被告人的辩护人和近亲属，经被告人同意，可以提出上诉。不服判决的上诉和抗诉的期限为十日。

第二审人民法院对上诉案件，应当组成合议庭，开庭审理。合议庭经过阅卷、讯问被告人、听取其他当事人、辩护人、诉讼代理人的意见，对事实清楚的，可以不开庭审理。案情复杂、期限届满不能终结的案件，上一级人民检察院批准延长一个月。第二审人民法院对不服第一审判决的上诉、抗诉案件，经过审理后，应当按照下列情形分别处理：

1. 原判决认定事实和适用法律正确、量刑适当的，应当裁定驳回上诉或者抗诉，维持原判；

2. 原判决认定事实没有错误，但适用法律有错误，或者量刑不当的，应当改判；

3. 原判决事实不清楚或者证据不足的，可以在查清事实后改判；也可以裁定撤销原判，发回原审人民法院重新审判。

第二审的判决、裁定和最高人民法院的判决、裁定，都是终审的判决、裁定。被告人不能上诉。

（二）基本理论二：刑事诉讼立案的条件

1. 有犯罪事实

指客观上存在着某种危害社会的犯罪行为。这是立案的首要条件。有犯罪事实，包含两个方面的内容。

（1）要立案追究的，必须是依照刑法的规定构成犯罪的行为。立案应当而且只能对犯罪行为进行。如果不是犯罪的行为，就不能立案。没有犯罪事实，或者根据《刑事诉讼法》第15条第1项的规定，有危害社会的违法行为，但是情节显著轻微，危害不大，不认为是犯罪的，就不应立案。由于立案是追究犯罪的开始，此时所说的有犯罪事实，仅是指发现有某种危害社会而又触犯刑律的犯罪行为发生。至于整个犯罪的过程、犯罪的具体情节、犯罪人是谁等，并不要求在立案时就全部弄清楚。这些问题应当通过立案后的侦查或审理活动来解决。

（2）要有一定的事实材料证明犯罪事实确已发生。包括犯罪行为已经实施、正在实施和预备犯罪。

需要追究刑事责任

指依法应当追究犯罪行为人的刑事责任。只有依法需要追究行为人刑事责任的犯罪事实，当有犯罪事实发生，并且依法需要追究行为人刑事责任时，才有必要而且应当立案。

根据《刑事诉讼法》第15条的规定，虽有犯罪事实发生，但犯罪已过追诉时效期限的；经特赦令免除刑罚的；依照刑法告诉才处理的犯罪，没有告诉或者撤回告诉的；犯罪嫌疑人死亡的；其他法律规定免予追究刑事责任的，均不追究刑事责任。

（三）基本理论三：刑事诉讼立案标准

第一条：有下列情形的立为刑事案件：

（1）杀人案。故意杀人的；"打砸抢"致人死亡的。

（2）伤害案。流氓伤害他人的；行凶报复致人重伤的；"打砸抢"致人伤残的。

（3）抢劫案。以暴力、胁迫或者其他方法抢劫公私财物的；因"打砸抢"毁坏财物的。

(4) 投毒案。投放毒物致人伤亡,或者使公私财产遭受重大损失的。

(5) 放火案。放火烧毁公私财物,危害公共安全或者致人死亡的。

(6) 爆炸案。使用爆炸方法进行破坏,危害公共安全或者致人死亡的。

(7) 决水案。故意决开水库、河流等堤坝,毁坏公私财物,危害公共安全,或者致人伤亡的。

(8) 强奸案。用暴力、胁迫或者其他手段强奸、轮奸妇女的、奸淫不满十四岁幼女的。

(9) 盗窃案。盗窃枪支弹药(含小口径步枪)、爆炸物品的;盗窃公私财物数额在600元以上的。盗窃财物虽不足上述条款所列数额,但造成造成严重后果、撬盗保险柜、连续撬门破锁多户,或者其他作案手段恶劣的。

(10) 诈骗案。使用各种欺骗方法,骗取公私财物(参照盗窃案标准执行);冒充国家工作人员招摇撞骗,造成一定后果的。

(11) 抢夺案。抢夺公私财物的(参照盗窃案立案标准执行);抢夺枪支、弹药的。

(12) 敲诈勒索案。以恐吓、威胁的方法,敲诈勒索公私财物的。

(13) 伪造货币、有价证券。伪造国家货币和国家财政金融债券的;伪造其他有价证券和票据总面值在300元(含本数在内,下同)以上的;贩卖、运输、窝藏伪造的国家货币、国家财政金融债券的;明知是伪造的国家货币、国家财政金融债券而使用、存储、夹寄、数额在300元或10张以上的;故意使用、贩卖、运输、窝藏伪造的其他有价证券和票据,非法获利500元以上的;教唆他人伪造、贩卖、运输、窝藏、使用、存储、夹寄伪造的国家货币或有价证券和票据的;走私伪造国家货币;窝藏或出具伪证,包庇伪造国家货币或国家财政金融债券犯罪分子的;包庇贩运或大量投放假币犯罪分子的。

(14) 经济合同诈骗案。明知没有履行合同的能力或者有效的担保,采取下列欺骗手段与他人签订合同,骗取财物数额较大并造成较大损失的;合同签订后携带对方当事人交付的货物、货款、预付款或者定金、保证金等担保合同履行的财产逃跑的;挥霍对方当事人交付的货物、货款、预付款或者定金、保证金等担保全同发行的财产,致使上述款物无法返还的;使用对方当事人交付的货物、货款、预付款或者定金、保证金等担保合同履行的财产进行违法犯罪活动,致使用上述款物无法返还的;隐匿合同货物、货款、预付款或者定金、保证金等担保合同履行的财产,拒不返还的;合同签订后,以支付部分货款,开始履行合同为诱饵,骗取全部货物后,在合同规定的期限内或者双方另行约定的付款期限内,无正当理由拒不支付其余货款的。

(15) 集资诈骗案。以非法占有为目的,使用诈骗方法非法集资的。

(16) 贷款诈骗案。以非法占有为目的,诈骗银行或者其他金融机构的贷款,个人进行贷款诈骗数额在1万元以上的。

(17) 票据诈骗案。利用金融票据进行诈骗活动个人进行票据诈骗数额在5000元以上的;单位进行票据诈骗数额在10万元以上的。

(18) 信用证诈骗案。利用信用证进行诈骗活动的。

（19）信用卡诈骗案。利用信用卡进行诈骗活动的，诈骗数额在5000元以上的。

（20）保险诈骗案。进行保险诈骗活动，个人进行保险诈骗数额在1万元以上的；单位进行保险诈骗数额在5万元以上的。

（21）伪造公文、证件、印章案。伪造机关、团体、企业、事业单位的公文、证件、印章，造成一定后果的。

（22）拐卖人口案。以营利为目的，拐卖妇女的，或者拐卖儿童的。

（23）非法制造、贩卖、运输（含走私，下同）鸦片、海洛因、吗啡、大麻或其他毒品的，不论数量多少，原则上均应立案。

（24）提供场所和毒品，容留他人吸食，从中牟利的，以贩卖毒品罪立案。

（25）制造、贩卖、运输假毒品的，以制造、贩卖、运输毒品罪立案。

（26）明知是毒品，非法携带、邮寄、托运的，以运输毒品罪立案。

（27）私种罂粟等毒品原植物250株（相当于生鸦片1两）以上的，以制造毒品罪立案。

（28）非法制造、贩运枪支、弹药案。非法制造买卖、运输枪支、弹药的（不含猎枪、体育运动枪）。

（29）制造、贩卖假药案。以营利为目的，制造、卖假药，危害人民健康的。

（30）破坏生产案。以泄愤报复或者其他个人目的，毁坏机器设备、产品，毁坏大片农田作物，残害毒害耕畜的。

（31）扰乱社会秩序案。扰乱社会秩序，严重影响工作、生产、营业和教学、科研正常进行的；聚众扰乱车站、码头、民用航空站、商场、公园、影剧院、展览会、运动场或者其创始公共场所秩序，聚众堵塞交通或者破坏交通秩序，以暴力抗拒、阻碍国家工作人员依法执行职务，情节严重的。

（32）强迫妇女卖淫案。以暴力、胁迫、恐吓等手段强迫妇女卖淫的。

（33）引诱、容留妇女卖淫案。以牟利为目的，引诱、容留妇女卖淫的。

（34）利用迷信骗财害人案。利用迷信手段，一次骗取他人钱财、物品（折款）200元以上，或猥亵妇女，致人伤残的。

（35）走私制作贩运传授淫秽物品案。以牟利为目的，制作、复制、出版、贩卖、传播淫秽物品的；为他人提供书号，出版淫秽书刊的；组织播放淫秽的电影，录像带等音像制品的；向不满十八岁的未成年人传播淫秽物品的；利用淫秽物品传授犯罪方法的；在社会上传播淫秽物品情节严重的。

（36）赌博案。以牟利为目的，聚众赌博的；或一次赌博赌资在1000元以上的。

第二条：情节和后果严重的下列案件立为重大案件；

（1）杀人致死，重伤的。

（2）抢劫公私财物100元以上，持械入室抢劫的，或者致人重伤的。

（3）爆炸、放火、决水、投毒致人重伤、死亡，或者损失财物1000元以上，毁坏粮食、棉花 1000 斤以上的。

（4）盗窃、诈骗、抢夺公私财物，数额在 2000 元以上的，或虽不足 2000 元但情节或后果严重的。

（5）强奸妇女已遂或者奸淫幼女的。

（6）故意伤害他人造成死亡的。

（7）连续残害妇女的。

（8）拐卖人口情节和后果严重的。

（9）敲诈勒索 1000 元以上的。

（10）以手工印刷方式伪造国家货币或国家财政金融债券的。

（11）以其他手工方式伪造国家货币或国家财政金融债券的，数额在 1000 元或 100 张以上的。

（12）伪造其他有价证券和票据总面额在 1000 元以上的。

（13）运输、贩卖、窝藏伪造的国家货币或国家财政金融债券，数额在 1000 元或 100 张以上的。

（14）明知是伪造的国家货币或国家财政金融债券而使用、存储、还将夹寄，数额在 2000 元或 200 张以上的。

（15）故意使用、贩卖、窝藏伪造的其他有价证券和票据，非法获利 2000 元以上的。

（16）传授伪造货币、有价证券技术或方法的。

（17）伪造货币、有价证券集团犯罪的。

（18）走私伪造的国家货币数额在 1000 元或 100 张以上的。

（19）个人进行集资诈骗数额在 20 万元以上的；单位进行集资诈骗数额在 50 万元以上的。

（20）个人进行贷款诈骗数额在 1 万元以上的。

（21）个人进行票据诈骗数额在 5 万元以上的；单位进行票据诈骗数额在 30 万元以上下的。

（22）个人进行信用证诈骗数额在 10 万元以上的；单位进行信用证诈骗数额在 50 万元以上的。

（23）利用信用卡进行诈骗活动，数额在 5 万元以上的。

（24）个人进行保险诈骗数额在 5 万元以上的；单位进行保险诈骗数额在 25 万元以上的。

（25）毁坏大型机械，残害耕畜三头以上，或者是使用其他方法破坏集体生产直接损失 1000 元以上的。

（26）非法制造、贩卖、运输鸦片 500 克以上，海洛因 10 克以上以及同等数量的假毒品的。

（27）境内外犯罪分子互相勾结，入出国境贩毒的。

（28）组织贩毒集团，长途贩运、倒卖毒品的。
（29）提供场所和毒品，容留他人吸食，从中牟利，屡教不改的。
（30）私种罂粟等毒品原植物2500株（相当于生鸦片10两）以上的。
（31）使华侨、澳同胞、来华外国人遭受人身伤害或者财物损失较大的。
（32）扰乱社会秩序，情节和后果特别严重的。
（33）强迫未满十四岁幼女卖淫的；强迫精神病患者及痴呆妇女卖淫的；以暴力或其他手段摧残妇女身体强迫其卖淫的；明知妇女有性病而强迫其卖淫的；强迫二名以上妇女卖淫的；强迫妇女卖淫有其他严重情节的。
（34）引诱、容留三名以上妇女卖淫的；引诱、容留患性病妇女卖淫的；引诱、容留不满十四岁幼女及精神病患者、痴呆妇女卖淫的。勾结境外黑社会组织或集团引诱、容留妇女卖淫；引诱、容留妇女卖淫有其他严重情节的。
（35）利用迷信手段，一次骗取他人钱财、物品（折款）1000元以上；或当众猥亵妇女，造成恶劣影响的；或造成他人重伤、死亡的；或有其他严重情节的。
（36）以牟利或者传播为目的，走私淫秽物品的；组织播放自己制作、复制的淫秽电影、录像带等音像制品的；组织播放淫秽的电影、录像带等音像制品情节严重的；利用淫秽物品传授犯罪方法情节严重的；以牟利为目的、制作、复制、出版、贩卖、传播淫秽物品情节严重的；结伙或组织集团走私、制作、复制、贩卖、传播淫秽物品的；国家工作人员利用职务便利，走私、制作、复制、出版、贩卖、传播淫秽物品的；管理录像、照相、复印等设备的人员，利用所管理的设备制作、复制、传播淫秽物品的；成年人教唆不满十八岁的未成年人走私、制作、贩卖、传播淫秽物品的。

第三条： 情节恶劣、后果特别严重的下列案件，立为特别重大案件：
（1）一次杀死伤数人或者杀人碎尸的。
（2）持枪杀人、持枪抢劫、持枪强奸妇女的。
（3）抢劫公私财物1000元以上的。
（4）爆炸、放火、决水、投毒致死数人，直接损失财物1万元以上，毁坏粮食、棉花1万斤以上，或者中断交通、生产造成巨大损失的。
（5）盗窃、诈骗、抢夺公私财物，数额在2万元以上的，或虽不足够万元但情节或者后果特别严重的。
（6）盗窃国家珍贵文物，或者盗窃财物中夹有国家绝密文件的。
（7）盗窃、抢劫、抢夺枪支的。
（8）轮奸妇女或者在公众场合结伙侮辱摧残妇女的。
（9）以机械印刷方法伪造国家货币或国家财政金融债券的。
（10）以手工方式伪造国家货币或财政金融债券，数额在1万元或1000张以上的。
（11）伪造其他有价证券和票据总面额在1万元以上的。
（12）武装贩运伪造的国家货币或国家财政金融债券的。

(13) 传授伪造货币、有价证券技术或方法，造成危害特别严重的。

(14) 运输、贩卖、窝藏伪造的国家货币或国家财政金融债券，数额在 1 万元或 1000 张以上的。

(15) 金融、财会工作人员利用职务之便伪造或贩运、投放伪造的国家货币或国家财政金融债券的。

(16) 走私伪造的国家货币数额在 1 万元或 1000 张以上的。

(17) 个人进行集资诈骗数额在 100 万元以上的；单位进行集资诈骗数额在 250 万元以上的。

(18) 个人进行贷款诈骗数额在 20 万元以上的。

(19) 个人进行票据诈骗数额在 10 万元以上的；单位进行票据诈骗数额在 100 万元以上的。

(20) 个人进行信用证诈骗数额在 50 万元以上的；单位进行信用诈骗数额在 250 万元以上的。

(21) 利用信用卡进行诈骗活动，数额在 20 万元以上的。

(22) 个人进行保险诈骗数额在 20 万元以上的；单位进行保险诈骗数额在 100 万元以上的。

(23) 跨越省、市、自治区的重大犯罪集团。

(24) 使外宾遭受人身伤害，或者财物损失较大的。

(25) 外国人进行刑事犯罪活动，情节严重的。

(26) 省、市、自治区公安机关认为需要列为特别重大案件的。

(27) 非法制造、贩卖、运输鸦片 5000 克以上；海洛因 50 克以上的。

(28) 武装贩运、走私毒品的。

(29) 制造、贩卖、运输毒品，并以暴力抗拒检查或拒捕的。

(30) 组织或参与国际贩毒集团、制造、贩卖、运输毒品的。

(31) 私种罂粟等毒品原植物 25000 株（相当于生鸦片 100 两）以上的。

(32) 强迫十名以上妇女卖淫的；摧残被强迫卖淫妇女，造成重伤、死亡或身体残疾的；以团伙或集团形式强迫妇女卖淫的；强迫妇女卖淫有其他特别严重情节的。

(33) 引诱、容留妇女卖淫，情节特别严重的。

(34) 利用迷信手段，一次骗取他人钱财、物品（折款）1 万元以上的；致使三人以上伤亡的；其情节特别恶劣或后果特别严重的。

(35) 以牟利或者传播为目的，走私淫秽物品情节严重的；结伙或组织集团走私、制作、复制、贩卖、传播淫秽物品情节严重的；国家工作人员利用职务便利走私、制作、复制、贩卖、传播淫秽物品情节严重的；管理录像、复印等设备的人员，利用所管理的设备，制作、复制、贩卖、传播淫秽物品情节严重的；成年人教唆不满十八岁的未成年人走私、制作、复制、贩卖、传播淫秽物品情节严重的；利用淫秽物品传授犯罪方法，情节特别严重的；以牟利为目的，制作、复制、贩卖、传播淫秽物品情节严重的。

（36）劫持飞机，劫持船舶，劫持火车、汽车的。

（37）持军用枪、猎枪、运动用枪（不含气枪）或仿制的上述枪支进行杀人、抢劫、强奸等犯罪的；抢劫军用枪支的；武装走私、贩毒的。

（38）在公共交通工具、公共场所，或针对党政机关、水厂、电厂、铁路、公路、电台、电视台以及生产、存放剧毒、易燃物品工厂、仓库进行爆炸、放火的；在其他部位、地点对特定对象爆炸、放火行凶，造成重大人员伤亡或重大经济损失的。

（39）驾驶机动车故意撞人、轧人的；或驾驶机动车船故意碰撞造成多人伤亡或重大经济损失的。

（40）以制造政治事端为目的劫持人质的；以要挟报复为目的劫持党政领导人、国家工作人员及其子女亲属的；或劫持人质对抗军警追捕的；持枪、持爆炸物品劫持人质的。

（41）为了实施危害公共安全的犯罪行为而盗窃枪支、爆炸物品、放射性和剧毒物品的（这些案件发生后，无论作案动机如何，均先按严重暴力案件进行立案并开展工作；破案查明不是以危害公共安全为目的的案件，再予以撤销）。

（42）对公众饮用的水源或食品故意投放有毒物质，危害公众生命安全的。

（43）出于犯罪的故意，利用易燃易爆气体或能造成人身严重伤害的化学制剂（如浓缩硫酸、硝酸等）以及放射性物品直接造成多人致伤、致残或死亡的。

二、立案阶段案例

王某的行为应否被追究刑事责任？

【案情】 1995年1月，犯罪嫌疑人王某酒后伙同李某将张某打成重伤。案发后，王某潜逃。2005年4月，王某被捉获。公安局对王某刑事拘留，经检察院批准逮捕，侦查终结后王某被移送审查起诉。

三、案例涉及的程序问题

本案在审查起诉环节中，针对犯罪嫌疑人王某故意伤害的犯罪事实，应否予以追诉，存在两种分歧意见：

第一种意见认为：王某的行为构成故意伤害罪，但已过追诉时效，不应追究刑事责任。

第二种意见认为：王某的行为，依据1997年《刑法》第八十八条的规定，未过追诉时效，应追究刑事责任。

四、案例的程序分析

笔者同意第一种意见。理由是：

第一、王某的行为构成故意伤害罪。本案中,王某故意伤害他人身体的行为发生在97年《刑法》施行以前,这就涉及该案应适用79年《刑法》或97年《刑法》的问题。79年《刑法》第134条规定:"故意伤害他人身体的,……致人重伤的,处三年以上七年以下有期徒刑。"97年《刑法》第234条规定:"故意伤害他人身体的,……致人重伤的,处三年以上十年以下有期徒刑。"从法条上看,97年《刑法》对此行为处罚明显重于79年《刑法》。根据97年《刑法》第12条关于溯及力的规定:"中华人民共和国成立以后,本法施行以前的行为,如果当时法律不认为是犯罪的,适用当时的法律;如果当时的法律认为是犯罪的,依照本法总则第四章第八节应当追诉的,按照当时的法律追究刑事责任,但是如果本法不认为是犯罪或者处刑较轻的,适用本法。"从这条法律规定看,在溯及力问题上,我国采用从旧兼从轻原则,那么该案就应该适用79年《刑法》,王某的行为构成故意伤害罪。

第二、王某的行为已过追诉时效。本案应适用79年《刑法》第134条第2款的规定,法定最高刑是七年。79年《刑法》第76条关于追诉时效的规定:"犯罪经过下列期限不再追诉:……(二)法定最高刑为五年以上不满十年有期徒刑的,经过十年。"王某的犯罪行为发生在1995年1月,而他是在2005年4月才被警方抓获,已超过十年追诉时效的期限。

第三、对王某不适用97年《刑法》第88条关于追诉时效无限延长的规定。97年《刑法》第88条规定:"在人民检察院、公安机关、国家安全机关立案侦查或者在人民法院受理案件以后,逃避侦查和审判的,不受追诉时效的限制。"而本案发案于1997年9月30日前,依据最高人民法院1997年《关于适用刑法时间效力规定若干问题的解释》第1条的规定:"对于行为人1997年9月30日以前实施的犯罪行为,在人民检察院、公安机关、国家安全机关立案侦查或者在人民法院受理案件以后,行为人逃避侦查或者审判,超过追诉期限或者被害人在追诉期限内提出控告,人民法院、人民检察院、公安机关应当立案而不予以立案,超过追诉期限的,是否追究行为人的刑事责任,适用修订前的刑法第77条的规定"。也就是说对于犯罪嫌疑人王某来讲,是否应当受到追诉,应当适用79年《刑法》第77条的规定,而不适用97年《刑法》第88条的规定。79年《刑法》第77条规定:"人民法院、人民检察院、公安机关采取强制措施以后,逃避侦查和审判的,不受追诉时效的限制。"所谓强制措施是指逮捕、拘留、监视居住、取保候审、拘传等,即本条是指对犯罪嫌疑人采取强制措施以后,逃避侦查和审判的,任何时候都可以对其追诉。本案中,公安局只对王某立案侦查,并未对其采取任何强制措施,故在追究王某刑事责任的时候,不能对其适用追诉时效无限延长,而要适用97年《刑法》第87条追诉时效期限的规定。而依据97年《刑法》第87条,王某已超过十年追诉时效期限,所以不应再对其追究刑事责任。

五、立案阶段涉及的主要法律文书

(一)立案报告

1. 立案报告的概念。公安机关或者人民检察院的办案人员,对需要立案侦查的案件,报请领导审查决定时制作的书面报告就是立案报告。它是整个诉讼活动的开始,具有确定案件成立,指导侦查工作的作用。

2. 立案报告的结构

(1) 标题和编号。标题包括制作文书的机关名称、案犯(或被害人)姓名、案件性质和文书名称。标题的位置应写在公文纸正中,其右下方写明编号。编号由年号、机关简称、文书简称和顺序号组成。

(2) 案件发现经过。主要写清案件发生的来源和发现的经过。无论案件是由公安机关自己发现的,还是由群众发现报案的,都需写明案件的简要经过和主要情况。如果案情是根据检举、控告等途径获得的,则需写明控告人、检举人的姓名、性别、年龄等基本情况。如果是罪犯自首或被当场抓获的,应写明罪犯交代的犯罪情况及被抓获的过程。

(3) 现场勘查情况。应写清以下几方面:

① 现场环境状况。写清现场的自然位置、地形和周围环境等,以利于分析案情。

② 现场状况。着重写明现场的实际情况,发现的实物及痕迹。

③ 调查情况。应写清案件发生或发现的时间、地点和经过;受害人或者受害单位的有关情况;罪犯或嫌疑人的有关情况。

(4) 案情分析。主要记清以下几个方面:

① 对案件性质、作案动机、目的及原因进行分析;

② 分析犯罪人数、案发时间、地点以及作案经过;

③ 对被害人的陈述、证人证言及物证的真伪进行分析;

④ 对犯罪嫌疑人、罪犯逃跑方向和可能的隐藏地点进行分析;

⑤ 侦查计划。在正文的封面应写上"请指示"或"请领导批示"等字样;

(5) 落款、日期。

3. 立案报告的实例

关于××区××厂食堂职工关××被杀案的立案报告

×××:

19××年×月××日晨1时55分,接处值班室电话:××派出所×××同志报称,今晨1时25分××厂××食堂发生一起凶杀案,死者系食堂值班员关××(男,67岁,住东风南街5号楼)。我们立即派出侦技人员赶赴现场,配合当地分局和派出所同志进行勘查、访问工作。

据发现人李××(××厂工人,住××厂3号楼一层,食堂的近邻)讲:24日凌晨1时20分,睡梦中被"来人啊!"的喊声惊醒,掀开窗帘,借路灯光见××食堂的后院内,关××正和一身高约1.70米,穿深色衣服的男青年搏斗。他急忙跑到××派出所(现场东侧)报告。民警立即包围了现场,但关已被杀死,凶犯已逃跑。

经勘查:现场位于××区××路西侧,食堂后院即食堂与3号楼之间的空地,两头有墙堵起。在南端安装一个铁栅栏门（高 1.84 米）。死者头北脚南，躺在食堂后院内，距铁门 4.55 米；旁边扔有死者的手电、拖鞋等物。死者右肩、颈部、左手有三角形的刺割伤，颈部系致命伤，深达胸腔，死于大出血。据分析，凶器是三角形锐器，宽 2 公分，长 10 多公分。勘查中发现，位于食堂后院的窗子被割有大洞，窗台有蹬蹭痕迹。在食堂门口和制造室内有可疑的横条状花纹的足迹三个。制造室临街的一扇窗子的铁纱也被割开了一个洞，在此窗上发现三枚血指印（有少量纹线）。整个现场除一个抽屉被拉开 20 公分外，均未发现任何可疑现象，也未丢失任何物品。从发现关××被刺到勘查现场结束，一直下雨，现场周围未获得有力物证。经现场勘查、调查、访问，我们初步认为，这是一起盗窃杀人案。犯罪分子乘黑夜翻过铁栅栏门，从院内小窗进入室内企图行窃，被关发现，仓皇逃跑，因被关紧追，脱身不得，而将关杀死，随即入制造室内破窗逃跑。

分析认为：

（1）犯罪分子是一人作案，目的是盗窃。

（2）对现场情况一般了解，但对食堂的现金、粮票收藏位置及夜间有无值班员等情况不熟悉。

（3）犯罪分子经验不足，选择目标不隐蔽，整个食堂均在 3 号楼各窗口的监视下，距离又非常近（分别为 2 米、4.75 米），作案时容易被发现，也没有戴手套（血指印可以证明），被发现后惊慌失措，杀人后逃窜。

（4）犯罪分子有可能是当地人，但也不能排除流窜犯罪分子作案的可能性。

现在我们正拟同××分局组织联合专案组立案侦查。从以下几个方面开展侦破工作：

① 召开各单位保卫干部，治保积极分子会议，公布案情，发动群众提供线索。

② 由专案组进行摸底排队。摸底条件：犯罪分子是 20 多岁的年轻人，穿深色衣服，素有盗窃行为，23 日晚有作案时间，有三棱刮刀；发案后换洗衣服，身上可能有伤，有反常表现。

③ ××派出所负责对辖区内有盗窃流氓行为的劳改释放分子，解除劳教、强劳、少管的或逃跑回来的人员，逐个进行查核。

④ 由四科查对有前科者的指纹。

以上报告，是否妥当，请批示。

××处一科

××年×月×日

（二）不立案通知书

1. 文书范本

检　　不立[　　]号

_____：

你（单位）控告_____涉嫌_____一案，

经本院审查认为，_____。根据《中华人民共和国刑事诉讼法》第____条的规定，决定不予立案。

特此通知。如果不服本决定，可以在收到本通知书后十日以内向本院申请复议。

年 月 日
（院印）
第三联送达控告人

2．不立案通知书制作说明

（1）本文书依据《刑事诉讼法》第八十六条、第十五条和《人民检察院刑事诉讼规则》第一百三十四条的规定制作。为人民检察院对于控告材料，经审查决定不予立案，将不予立案的原因通知控告人时使用。

（2）本文书制作时，应列明不立案的原因。控告人包括个人和单位。法律依据根据案件的不同情况，分别引用《刑事诉讼法》第八十六条或第十五条。

（3）本文书以案为单位制作。

（4）本文书共三联，第一联统一保存备查，第二联附卷，第三联送达控告人。

（三）受理刑事案件登记表及范文

1．概念及作用

受理刑事案件登记表是公安机关在接受公民报案、控告、举报或犯罪嫌疑人自首时制作的法律文书。它是在报案笔录或者报案人的书面材料基础上填写的，它是公安机关接受刑事案件的法定证明文书，也是进一步审查确定是否立案的依据之一。

2．格式、内容及写作方法

（1）表头

包括报案人基本情况、报案方式、案发时间、案发地点、犯罪嫌疑人基本情况等。各项内容要依次准确填写。

（2）腹栏

本栏是接受刑事案件登记表填写的重点部分，要把以下三项内容填写清楚：

① 报案情况。即案件来源，何人何时以何种方式报案，报案人如何发现案件。对于犯罪嫌疑人自首的案件，要写明其陈述的主要犯罪事实和证据；对于群众扭送的案件，要把抓获、扭送和当场发现的犯罪事实、获得证据等情况写清楚。

② 简要案情。要写清何时何地发生了何案件，包括起因、经过、手段、动机、目的、结果、现场是否得到保护、犯罪嫌疑人是谁等。

③ 犯罪行为造成的损害结果。包括受害人的损伤情况、损失了多少物品、受损物品的特征等。

(3) 尾栏

① "领导批示"栏

要写明公安机关有关领导对该案的处理情况。如"立案侦查"、"不予立案"、"移送××人民法院"等。

② 处理结果栏

写明刑侦部门根据领导批示对所受理案件的最终处理结果。即是否已经侦查。这样，可使办案人员知道该案下一步将怎么做，也便于答复查询。

③ 注意事项

填写该表时案件情况还未经详细调查，加之表格形式栏目空间有限，故此表的填写要求文字简洁、客观。

表头栏中的"犯罪嫌疑人特征"主要填写犯罪嫌疑人的体貌特征，如身高、体型、肤色、外貌特征、地方口音等。

腹栏中的"简要案情"必须以公安机关办案人员的身份写，不能以报案人第一人称写。

3．使用说明

《受理刑事案件登记表》由于是一纸一联，填写完毕后在左上方盖上制作单位公章存栏备查。

该文书右上方的编号在印刷时已按先后顺序印制好，因此，整本《受理刑事案件登记表》全部填写完毕后，中间不得缺页。

【范　文】

填报单位接受刑事案件登记表

（公章）

19××年11月2日22时30分至22点左右，××市××建筑公司汽车司机于×，与朋友王××二人在××酒家吃饭。饭后，王××骑摩托车回家，于×去停车处开车，发现他开的车被盗。根据事主的报案，初步认为王××夫妇及王妻之弟徐××有重大嫌疑。被盗车为日本产海狮牌十座位面包车，车号广东21-×××××，八成新，价值24万元。

领导批示：同意受理，请立案侦查。

马××
19××年11月2日

处理结果：××市刑警队立为重大盗窃案侦查

接受人：王××

接受时间：19××年11月2日

第七章 侦查环节司法实务与实训

一、基本理论导引

(一) 什么是侦查

我国《刑事诉讼法》第 82 条规定："侦查"是指侦查机关在办理刑事案件过程中，依照法律进行的专门调查工作和有关的强制性措施。

在我国，侦查是全部刑事诉讼程序中的一个独立诉讼阶段，在刑事诉讼中具有非常重要的地位，是国家专门机关同犯罪作斗争的重要手段。一般情况下，侦查从立案开始，终结于对案件作出是否起诉的结论。刑事案件立案以后，侦查机关的侦查活动，能够查明案情、查获犯罪嫌疑人，收集确定、充分的证据，为检察机关提起公诉和人民法院进行审判做好充分的准备和奠定坚实的基础。

刑事诉讼中的侦查阶段，有以下法律特征：

1. 侦查主体具有特定性

侦查权只能由法定的国家侦查机关行使，在我国，享有侦查权的机关有公安机关、检察机关、国家安全机关、军队保卫部门和监狱。根据《刑事诉讼法》第 82 条第 1 项的规定，侦查是指"公安机关、人民检察院在办理案件过程中，依照法律进行的专门调查工作和有关的强制性措施。"由此可见，我国刑事诉讼中的侦查主体主要是公安机关和人民检察院。

此外，根据《刑事诉讼法》第 4 条、第 225 条的规定，"国家安全机关依照法律规定，办理危害国家安全的刑事案件时，可以行使与公安机关相同的侦查权"；"对于军队内部发生的刑事案件，罪犯在监狱内犯罪的案件，分别由军队保卫部门和监狱进行侦查。除此以外，其他任何机关、团体和个人都无权行使侦查权。"

2. 侦查内容的法定性

侦查活动的内容，根据刑事诉讼法的规定，是"专门调查工作和有关的强制性措施"。其中"专门调查工作"是指刑事诉讼法所规定的由公安机关和人民检察院依法进行的讯问犯罪嫌疑人、询问证人、勘验、检查、搜查、扣押物证书证、鉴定、通缉等活动。所谓"有关的强制性措施"是指为保证专门调查工作的顺利进行，侦查机关所采取的拘传、取保候审、监视居住、拘留和逮捕等强制性限制人身自由的措施。

3. 侦查活动必须严格依照法律规定进行

侦查的顺利进行，有利于侦查机关及时发现和收集与案件有关的各种证据，查明案件事实，并查获犯罪嫌疑人。同时，由于侦查是以国家强制力为后盾的，必然会形成对公民的人身、财产权益某种程度的影响,因此,侦查机关在进行侦查活动时,必须严格遵守法律规定。

(二)刑侦工作简介

刑事侦查工作是公安工作的重要组成部分,刑事侦查部门是打击刑事犯罪的专职部门。《刑事诉讼法》规定,刑事侦查在刑事诉讼活动中处于首要环节,侦查与起诉、审判阶段并列,是独立的诉讼阶段,刑事诉讼中起诉犯罪嫌疑人的主要证据都来源于侦查。侦查权、检察权、审判权分别由公安、检察、法院三个机关在法律规定的范围内行使,不能超越职责或者互相代替。

法律规定,刑事侦查人员负有查明案件类别和性质、决定何时进入刑事诉讼阶段、收集证据材料、抓获或控制犯罪嫌疑人、追缴赃款赃物、保障无罪的人不受刑事追究、保障证人、被害人安全、决定案件是否移交检察机关、预防犯罪等职责。具体有:立案权,调查询问权,刑事鉴定申请权,刑事鉴定权,执行刑事强制措施权,讯问犯罪嫌疑人权,现场勘验、检查权,执行搜查权,执行扣押物品权,执行通缉权,组织辨认权,执行技术侦察权,决定移交案件权,中止侦查活动建议权,撤销案件建议权,合法使用警械、武器权,侦查实验权等侦查权。

目前,全国刑警总数近 15 万人,分属于公安部,省、自治区、直辖市公安厅,地、市、州公安局,县、市、区、旗公安局 4 级公安机关。在公安部设有刑事侦查局;在省、自治区、直辖市公安厅设有刑侦(警)总队;在地、市、州公安局设有刑侦支队;在各县、市、区、旗公安局设有刑侦大队。此外,还有一级派出机构,就是县、市、区、旗刑侦大队向辖区内派驻若干个责任区刑警队。责任区刑警队是公安机关最底层的实战单位。

上级刑侦部门对下级刑侦部门在业务工作上负有指挥、指导、协调的职责。公安部刑事侦查局分工管辖危害公共安全、侵犯公民人身权利、侵犯公民财产权利等 114 种刑事案件,主要职责是:掌握刑事犯罪动态,收集、通报、交流刑事犯罪情报,研究制定预防、打击对策;组织、指导和监督地方公安机关打击刑事犯罪的侦查办案工作;承办上级交办案件;制定刑事技术、刑侦信息工作的发展规划,组织刑事技术、刑侦信息技术推广应用,为重大疑难刑事案件提供技术和信息支援等。

二、刑事侦查的有关法律法规

第一节 基本职权

依照《中华人民共和国刑事诉讼法》,公安机关在刑事诉讼中的基本职权,是依照法律对刑事案件立案、侦查、预审;决定执行强制措施;对依法不追究刑事责任的不予立案,已经追究的撤销案件;对侦查终结应当起诉的案件,移送人民检察院审查决定,对不够刑事处罚的犯罪嫌疑人需要行政处理的,依法给予处理。

第二节 刑事案件管辖范围

按照刑事诉讼法对刑事案件管辖分工的规定,除贪污贿赂犯罪,国家机关工作人员的渎职犯罪，国家机关工作人员利用职权实施的非法拘禁、刑讯逼供、暴力取证、报复陷害、非法搜查的侵犯公民人身权利的犯罪以及侵犯公民民主权利的犯罪，监管人员殴打、体罚虐待被监管人的犯罪、军人违反职责的犯罪，经省级以上人民检察院批准的国家机关工作人员利用职权实施的其他重大的犯罪案件，以及自诉案件以外，其他刑事案件由公安机关管辖。对人民法院直接受理的被害人有证据证明的刑事案件，因证据不足驳回自诉，可以由公安机关受理并移交的，公安机关应当受理。

第三节 回避

1. 公安机关负责人、侦查人员有下列情形之一的，应当自行回避，当事人及其法定代理人也有权要求他们回避：

（1）是本案的当事人或者是当事人的近亲属的；

（2）本人或者他的近亲属和本案有利害关系的；

（3）担任过本案的证人、鉴定人、辩护人、诉讼代理人的；

（4）与本案当事人有其他关系，可能影响公正处理案件的。

2. 公安机关负责人、侦查人员不得接受当事人及其委托人的请客送礼，不得违反规定会见当事人及其委托人。违反规定的，应当依法追究法律责任。当事人及其法定代理人有权要求他们回避。

3. 当事人及其法定代理人要求公安机关负责人、侦查人员回避，应当提出申请，并说明理由。口头提出申请的，公安机关应当记录在案。

4. 公安机关作出驳回申请回避的决定后，应当告知当事人及其法定代理人，如不服本决定，可以在收到《驳回申请回避决定书》后五日内向原决定机关申请复议一次。

5. 当事人及其法定代理人对驳回申请回避的决定不服申请复议的，决定机关应当在三日以内作出复议决定并书面通知申请人。

第四节 办理刑事案件的程序

1. 受案

公民扭送、报案、控告、举报或者犯罪嫌疑人自首的，一般情况下应当到案发地公安派出所或刑侦部门，情况紧急的可以到就近的公安机关或拨打"110"报警；

公安机关对于公民扭送、报案、控告、举报或者犯罪嫌疑人自首的，都应当立即接受，问明情况、制作笔录和《接受刑事案件登记表》，作为受理刑事案件的原始材料。

2. 立案

（1）公安机关受理案件后，经过审查，认为有犯罪事实需要追究刑事责任，且属于自己管辖的，由受案单位制作《刑事案件立案报告书》，经县级以上公安机关负责人批准，予以立案。

（2）受案的公安机关对于不属于自己管辖的案件，要及时移送有管辖权的单位或机关；经审查认为属自诉案件的，及时告知当事人向人民法院起诉。

（3）公安机关经审查认为没有犯罪事实，或者犯罪情节显著轻微不需要追究刑事责任，或者具有其他依法不追究刑事责任情形的，接受单位应当制作《呈请不予立案报告书》，经县级以上公安机关负责人批准，不予立案。

（4）对于有控告人的案件，决定不予立案的，公安机关应当制作《不予立案通知书》，在七日内送达控告人。控告人对不立案决定不服的，可以在收到《不予立案通知书》后七日内向原决定的公安机关申请复议。原决定的公安机关应当在收到复议申请后十日内作出决定，并书面通知控告人。

3. 破案

公安机关经过侦查，已经侦破的案件应当具备三个条件：

（1）犯罪事实已有证据证明；

（2）有证据证明犯罪事实是犯罪嫌疑人实施的；

（3）犯罪嫌疑人或者主要犯罪嫌疑人已经归案。

对于没有犯罪事实的；情节显著轻微、危害不大，不认为是犯罪的；犯罪已过追诉时效期限的；经特赦令免除刑罚的；犯罪嫌疑人死亡的；以及其他依法不追究刑事责任的，应当撤销案件。

4. 预审

公安机关对被逮捕的犯罪嫌疑人应当进行预审，对已获取的主要证据进行核实。

5. 侦查终结移送起诉

公安机关经过侦查，认为犯罪事实清楚，证据确实、充分，定性定罪准确，法律手续完备的案件，写出结案报告，经县级以上公安机关负责人批准，结案移送人民检察院审查。

第五节 刑事强制措施

公安机关在办理刑事案件过程中，对犯罪嫌疑人依法可以采取拘传、取保候审、监视居住、拘留、逮捕五种刑事强制措施。

1. 拘传

公安机关根据案件情况对需要拘传的犯罪嫌疑人，或者经过传唤没有正当理由不到案的犯罪嫌疑人，可以拘传到其市、县内的指定地点进行讯问。拘传持续的时间不得超过十二小时，不得以连续拘传的形式变相拘禁犯罪嫌疑人。

2. 取保候审

公安机关对具有以下情形之一的犯罪嫌疑人，可以取保候审：

（1）可能判处管制、拘役或者独立适用附加刑的；

（2）可能判处有期徒刑以上刑罚，采取取保候审，不致发生社会危险性的；

（3）应当逮捕的犯罪嫌疑人患有严重疾病，或者是正在怀孕、哺乳自己未满一周岁的婴儿的妇女；

（4）对拘留的犯罪嫌疑人，证据不符合逮捕条件的；

（5）提请逮捕后，检察机关不批准逮捕，需要复议、复核的；

（6）犯罪嫌疑人被羁押的案件，不能在法定期限内办结，需要继续侦查的；

(7) 移送起诉后,检察机关决定不起诉,需要复议、复核的。

公安机关决定对犯罪嫌疑人取保候审的,应当责令犯罪嫌疑人提出保证人或者交纳保证金。取保候审最长不得超过十二个月。

3. 监视居住

公安机关对具有下列情形之一的犯罪嫌疑人,可以监视居住:

(1) 可能判处管制、拘役或者独立适用附加刑的;

(2) 可能判处有期徒刑以上刑罚,采取监视居住,不致发生社会危险性的;

(3) 应当逮捕的犯罪嫌疑人患有严重疾病,或者是正在怀孕、哺乳自己未满一周岁的婴儿的妇女;

(4) 对拘留的犯罪嫌疑人,证据不符合逮捕条件的;

(5) 提请逮捕后,检察机关不批准逮捕,需要复议、复核的;

(6) 犯罪嫌疑人被羁押的案件,不能在法定期限内办结,需要继续侦查的;

(7) 移送起诉后,检察机关决定不起诉,需要复议、复核的。

监视居住最长不得超过六个月。监视居住期限届满十日前,执行机关应当通知原决定机关。

4. 拘留

公安机关对于现行犯或者重大嫌疑分子,有下列情形之一的,可以先行拘留:

(1) 正在预备犯罪、实行犯罪或者在犯罪后即时被发觉的;

(2) 被害人或者在场亲眼看见的人指认他犯罪的;

(3) 在身边或者住处发现有犯罪证据的;

(4) 犯罪后企图自杀、逃跑或者在逃的;

(5) 有毁灭、伪造证据或者串供可能的;

(6) 不讲真实姓名、住址,身份不明的;

(7) 有流窜作案、多次作案、结伙作案重大嫌疑的。

拘留后,应当在二十四小时内制作《拘留通知书》,送达被拘留人家属或者单位,但有下列情形之一的,经县级以上公安机关负责人批准,可以不予通知:

(1) 同案的犯罪嫌疑人可能逃跑、隐匿、毁弃或者伪造证据的;

(2) 不讲真实姓名、住址,身份不明的;

(3) 其他有碍侦查或者无法通知的。

上述情形消除后,应当立即通知被拘留人的家属或者他的所在单位。

对没有在二十四小时内通知的,应当在拘留通知书中注明原因。

对被拘留的犯罪嫌疑人,经过审查认为需要逮捕的,应当在拘留后的三日内提请人民检察院审查批准。在特殊情况下,经县级以上公安机关负责人批准,提请审查批准逮捕的时间,可以延长一至四日。

对于流窜作案、多次作案、结伙作案的重大嫌疑分子,经县级以上公安机关负责人批准,提请审查批准的时间可以延长至三十日。

5. 逮捕

(1) 对有证据证明有犯罪事实,可能判处徒刑以上刑罚的犯罪嫌疑人,采取取保候审、监视居住等方法,尚不足以防止发生社会危险性,而有逮捕必要的,应即提请批准逮捕。

(2) 对应当逮捕的犯罪嫌疑人,如果患有严重疾病,或者是正在怀孕、哺乳自己婴儿的妇女,可以采用取保候审或者监视居住的办法。

(3) 对犯罪嫌疑人执行逮捕后,应当在二十四小时内制作《逮捕通知书》,送达被逮捕人家属或者单位,但有下列情形之一的,经县级以上公安机关负责人批准,可以不予通知:

① 同案的犯罪嫌疑人可能逃跑、隐匿、毁弃或者伪造证据的;

② 不讲真实姓名、住址,身份不明的;

③ 其他有碍侦查或者无法通知的。

(4) 逮捕后的羁押期限不得超过二个月。案情繁杂、期限届满不能终结的案件,经人民检察院批准延长一个月。交通十分不便的边远地区的重大案件;重大的犯罪集团案件;流窜作案的重大复杂案件;犯罪涉及面广,取证困难的重大复杂案件,经人民检察院批准可以延长至五个月。犯罪嫌疑人可能判处十年有期徒刑以上刑罚,五个月内仍不能侦查终结的,经人民检察院批准再延长二个月。

第六节 犯罪嫌疑人的权利、义务

1. 权利

(1) 使用本民族语言文字进行诉讼的权利;

(2) 对于侦查人员侵犯诉讼权利和人身侮辱的行为,有提出控告的权利;

(3) 申请回避的权利;

(4) 申请取保候审的权利;

(5) 要求解除强制措施的权利;

(6) 聘请律师,获得法律帮助的权利;

(7) 对与本案无关的问题有拒绝回答的权利;

(8) 核对讯问笔录的权利;

(9) 得知鉴定结论的权利。

三、侦查阶段的主要法律文书

(一) 呈请拘留报告书

___公刑字(_____)___号

犯罪嫌疑人黄___,男,_____年生,汉族,_____省_____县人,系_____省_____县农药厂临时工,现住_____省_____县城关镇_____街___号。

黄__ _____年至_____年在_____县沿河路学校读书,_____年至_____年在

_____县大屯乡插队，_____年_____月顶替其父在_____农药厂工作，_____年_____月因犯有盗窃罪被判处有期徒刑5年，_____年_____月刑满释放后回_____县农药厂做临时工。

犯罪嫌疑人范___，男，_____年生，汉族，_____省_____县人，系_____省_____县农药厂临时工，现住在_____县第五中学宿舍___单元___号。

范_____年至_____年在_____县实验小学读书，_____年_____月至_____年在县第五中学读初中，_____年_____月因盗窃被劳动教养_____年，_____年_____月解除教养后在家待业，_____年_____月被分配到_____县农药厂工作，_____年因盗窃罪被判处有期徒刑_____年，_____年_____月刑满释放后回_____县农药厂做临时工。

犯罪嫌疑人肖___，男，_____年生，汉族，_____省_____县人，系_____省_____县农药厂临时工，现住_____县人民武装部宿舍_____楼_____室。

拘留原因和依据：

犯罪嫌疑人黄___、范___、肖___于_____年_____月_____日深夜_____时许，窜到___县柳河乡政府所在地，由范___放哨，黄___、肖___翻窗进入乡武装部办公室，盗窃"五四"式手枪2支、子弹15发、人民币240元。同年_____月_____日深夜_____时许，黄、范、肖3名犯罪嫌疑人又窜到_____省_____县东沟镇，由肖___放哨，黄___、范___翻墙进入供销社内，盗走收音机1台、自行车3辆、雨衣3件以及现金1320元。_____年_____月_____日凌晨_____时许，该3名犯罪嫌疑人又在___镇___旅社再次作案，被值班人员发现后报案。___县公安局接到报案后及时赶到现场。经现场勘查，分析研究后认定，该3名犯罪嫌疑人就是_____月_____日在柳河乡武装部盗枪的案犯，故立即组织力量开展堵截追捕。_____月_____日上午_____时许，黄、范、肖三名犯罪嫌疑人逃至___县伏岭山区，在追捕过程中，黄犯开枪打伤公安干警1名，当日下午3时许，黄等3名犯罪嫌疑人被我公安干警包围在一个山洞里，被迫放下武器就擒，当场从黄、范、肖三名犯罪嫌疑人身上搜出"五四"式手枪2支、子弹5发、雨衣3件和现金1415元。

综上所述，犯罪嫌疑人黄___、范___、肖___的行为触犯了《中华人民共和国刑法》第127条和第264条，涉嫌盗窃枪支和盗窃罪。根据《中华人民共和国刑事诉讼法》第61条第2项之规定，特呈请对犯罪嫌疑人黄___、范___、肖___刑事拘留。

妥否，请批示。

承办单位 刑侦科
承办人_____
___年___月___日

（二）公安局起诉意见书

（_____）___公诉起字第___号

犯罪嫌疑人_____，男（女），_____年_____月_____日生，民族___，籍贯_____，文化程度_____，单位及职业_____，住址_____。

违法犯罪经历：_____。经我局侦查终结，证实犯罪嫌疑人_____有下列犯罪事实：_____

综上所述，犯罪嫌疑人_____的行为触犯了《中华人民共和国刑法》第___条第___款，涉嫌___罪，根据《中华人民共和国刑事诉讼法》第129条之规定，特将本案移送审查，依法起诉。

此致

_____人民检察院

局长（印）

（公安局印）

___年___月___日

注：

（1）犯罪嫌疑人_____现羁押于_____处。

（2）附本案预审卷宗共___卷___页。

××市公安局起诉意见书

（19××）×公审诉字第×号

被告王××，男，现年××岁，××市人，×族，初中文化，农民，家住××市南郊区双港乡双港村。被告王××自幼上学，初中毕业后务农。19××年××月××日被拘留，19××年×月×日被逮捕。

被告人宫××，别名宫××、宫大×、男，现年××岁，××省东阿省人，×族，初中文化，原系××市红旗运输场工人，家住××市河西区大沽路1325号内24号。被告人宫××自幼上学，初中毕业后到红旗运输场做工。19××年××月××日被拘留，19××年×月×日被逮捕。

被告人张××，男，现年××岁，××市静海县人，×族，高小文化程度。原系××市南郊区建筑公司工人，家住南郊区南羊乡南羊村。被告人张××，自幼上学，后在乡里务农，1985年参军，4年后复员到××市南郊区建筑公司做工。19××年××月××日被拘留，19××年×月×日被逮捕。

被告人王××、宫××、张××轮奸一案，经本局自19××年×月×日至19××年×月××日的预审和调查，证实上列被告人犯有如下罪行：

19××年××月××日下午，被告王××将被告宫××、张××纠合到家中，计议外出拦截妇女。当日晚8时许，被告王××身带菜刀一把，伙同被告宫××、张××骑两辆自行车沿津沽公路东行，至后辛庄双洋渠桥上等候拦截妇女。当未婚女青年宋××与对象季××骑车经过时，三名被告上前将宋、李截住，被告王××、宫××以诬陷李是"刘二"，与刘有仇为借口，将宋、李劫下自行车，王、宫二被告对李恫吓，被告张××上前一拳将李打倒，抢走李的军帽。在宋、李二人苦苦哀求时，被告王××掏出菜刀威胁，并用刀背猛砍宋、李背部。将宋、李劫持至桥南后辛庄稻场内。被告王××用菜刀拍李的头部,进行威逼,并伙同被告张××将李看住,被告宫××将宋带至稻地沟内,以暴力捺倒,强行奸污。尔后,被告王××、张××将宋轮流奸污,三名被告为了发泄兽欲,各将宋轮奸两次,并在轮奸时以下流言语、猥亵动作肆意蹂躏。被告宫××还对宋百般侮辱、毒打。宋被害后痛不欲生,身心健康受到极大摧残,后果极为严重。被告王××等三人轮奸宋××后,约晚10时许,行至双港大队附近又遇上正在谈恋爱的男女青年古××、赵××,三被告欲对赵进行污辱,后因王××与古相识未得逞。

被告人王××品质恶劣,流氓成性,从19××年至19××年先后与刘××等三人进行流氓活动,并有结伙盗窃工业用铜400余斤、橡胶200余斤等犯罪行为。在轮奸妇女犯罪活动中积极纠合同伙,并手执凶器,威逼被害人,以暴力强奸妇女,是轮奸集团的主犯。被告人宫××一贯打架斗殴、流氓、盗窃,先后被拘留教育两次,在轮奸妇女犯罪活动中,积极参与拦截妇女,首先进行强奸,并毒打、恐吓被害人,是强奸集团的从犯。被告人张××一贯目无法纪,因拦截妇女,殴打民警、保卫干部,分别受过开除团籍和行政拘留处分。在轮奸妇女犯罪活动中,趁机进行抢掠、毒打、恐吓被害人;并参与强奸蹂躏妇女,是轮奸集团的从犯。

综上所述,被告王××、宫××、张××三人一贯为非作歹,屡教不改,竟以暴力胁迫手段持刀轮奸未婚女青年,情节极为恶劣。其行为触犯了《中华人民共和国刑法》第139条的规定,构成强奸妇女罪。为此,将本案依法移送你院审查起诉。

此致
××市人民检察院分院
局长××
19××年×月××日

附注:1. 被告人王×××、宫××、张××现押于××市公安局派出所。2. 被告人王××、宫××、张××的预审卷宗3册。

(三)侦查工作方案

××县公安局8·25枪支被盗案侦查工作方案

[19××]×字第×号

19××年8月25日凌晨,我队王×带回室内的一支训练枪支(五四式手枪)被盗。为迅速侦破这一案件,现根据立案审查结果,特制定侦查工作方案如下:

1. 对案情的初步分析、判断

(1)案件存在的依据。根据对立案报告的审查,证实案件是存在的。因为:第一,24日下午该队队员训练结束,有人证实枪支被带入室内,第二天上午训练前发现不见了,这是事实;第二,现场勘查没有发现痕迹及其他物证,但室内东窗开着,使案犯具有作案的条件。

(2)对时间的推断。当事人当晚看完电影后,10时许回到宿舍,上厕所、洗身后睡觉,到第二天早晨 5 时许起床。通过对上述时间的推断，结合案犯的行动规律，我们认为在凌晨 2 时左右作案的可能性较大。

（3）工作范围。从发案现场情况看，我们认为城关镇及附近周围的人作案的可能性大，但不排除流窜人员作案。因为：第一，城关地区的社会治安情况复杂，违法犯罪的人员多，其中某些人作案是可能的；第二，尽管被被盗现场处于公路边，来往人员频繁，但本地人毕竟比外地人熟悉情况。当然流窜作案也不能排除，××体委靠近公路，加上案发的房间一整夜亮着灯，外地人路过那里，偶尔见枪起意也有可能。

（4）对案犯的判断。青年人作案的可能性大。案犯也可能是各种年龄的惯盗、惯窃，他们熟悉情况，喜欢夜间活动，或者是有预谋、有准备、有目的的作案。具体方法，可能采用窗外钓鱼的手法盗枪。

2．侦查方向和侦查范围

在县城内，由点到面抓好"五摸五查"工作：一摸惯盗、惯窃；二摸行凶斗殴个性蛮横者；三摸集团活动关系复杂者；四摸经常夜出活动者；五摸政治、经济上有嫌疑者。一查思想表现；二查作案时间；三查作案手段；四查夜间活动地点；五查当事人和事前事后的反常现象。以发案现场为重点，由内向外，逐人走访调查。

3．采取的侦查措施和方法步骤

（1）从法制教育入手，充分发动群众，大力开展检举、揭发活动；

（2）层层发动，依靠骨干，认真开展调查研究；

（3）摸出的对象必须是怀疑有据，否定有理；

（4）发现重点对象，要使用专门侦查手段；

（5）讲究策略，注意保密。

4．侦查力量的组织和分工

固定专门力量，分三条线排查：第一，县直各单位；第二，城关镇各条路线、街道、郊区；第三摸查流窜犯。

5．需要配合的工作环节

技术工作与排查相结合。要组织技术人员进一步深入现场，深入实际，以现场提取的痕迹及其他物证为依据，通过实验、鉴定工作，缩小工作范围。

××市××公安局刑警大队
一九××年八月二十八日

×公刑字（19××）第 17 号

××市公安局：

19××年×月×日上午 8 时 30 分，我分局接到××贸易公司保卫科干部陈×电话报称：昨晚该公司财务科 15 万元现金被盗，现场已保护。接报后，我们立即组织有关人员赶赴现场开展工作，现将情况报告如下：

(1) 发案报案经过

19××年×月×日上午7时30分，××贸易公司财务科出纳员严××推门进入办公室后，发现窗户玻璃被打烂，保险柜被撬开，经清点，15万元现金全部被盗走。严××立即报告领导和保卫科干部陈×，陈×便向我局值班室报了案。

(2) 现场勘查情况

现场位于我区工人俱乐部门前，坐东朝西，半旧平房一栋，共25个房间，平房前有围墙，两侧开有大、小门，墙外是停车场。失窃的财务科是20号房，该房东西对开窗两个，房门朝西。

西边窗口敞开，窗的铁条被掰开，窗台上有一残缺鞋印（已提取），窗玻璃有3枚汗液指纹（已提取），保险柜的锁已破坏，门口有汗液指纹一枚（已提取）。

(3) 案情分析

① 作案时间。据公司部分职工回忆，×月×日晚上，公司部分职工看电视至12时多一点儿才回宿舍，财务科的严××、肖××也与其他职工一起看电视，回宿舍前还检查过门窗。据此判断案发时间是在下半夜至凌晨。

② 作案范围。据严××说，现金15万多元是当天公司营业收入，平时是存银行的，但当天是元旦放假，收市迟，清点后见天色已晚，就抱着侥幸心理，没有存银行。由此看来，内部或内外勾结作案的可能性极大，同进也不排除流窜作案的可能性。

③ 作案嫌疑人。从作案现场分析，犯罪分子力气大，且熟悉保险柜开锁技术。从其他房间无异常、目标准确看，此案犯是十分了解并熟悉地形和内部情况的。

(4) 立案依据和侦查工作意见

根据以上情况，依照《中华人民共和国刑事诉讼法》第八十六条之规定，此案拟立为特大盗窃案侦查。并拟从以下几个方面开展侦查工作：

① 立即印发协查通报，请各地公安机关和有关部门协查赃款下落。

② 先从××公司开始，发动全体人员揭发作案人，并对有关人员进行排队，查找疑点和嫌疑人。

③ 在辖区内发动群众，派出专案组成员明察暗访，发现作案的蛛丝马迹；清查外来人口，控制外部有前科人员。

④ 抓紧进行技术鉴定。从现场提取的痕迹中发现可疑人，排除无可能作案人，缩小侦查范围，抓住重点。

以上报告当否，请批示。

××市公安局刑警大队（公章）

19××年×月×日

(四) 现场勘查笔录

1. 概念及作用

现场勘查笔录是公安机关对与犯罪有关的场所、物品、人身、尸体、痕迹、物证等进行勘验、检查时所作的文字记载。我国《刑事诉讼法》第一百零一条规定:"侦查人员对于与犯罪有关的场所、物品、人身、尸体应当进行勘验或者检查。在必要的时候,可以指派或者聘请具有专门知识的人,在侦查人员的主持下进行勘验、检查。"第一百零六条规定:"勘验、检查的情况应当写成笔录,由参加勘验、检查的人和见证人签名或者盖章。"

现场勘查笔录是搜集犯罪证据、发现线索、揭露犯罪的依据。也是甄别犯罪嫌疑人口供和其他当事人陈述的有力证据;是公安机关研究案情、确定立案和制订侦查工作方案、制作立案报告、破案报告、起诉意见书的依据。同时,也是检察机关控诉犯罪和法院定罪量刑的重要证据材料之一。因此,现场勘查笔录直接关系到立案、侦查、起诉乃至审判工作,必须严肃、认真、客观、真实地反映现场勘查情况。

现场勘查笔录与现场照相、现场绘图共同组成完整的"现场记录",三者缺一不可。

2. 格式、内容及写作方法

现场勘查笔录由三部分内容组成:

(1) 首部

① 标题。

在文书顶端正中,由"案名+文种"组成。如《王××被杀案现场勘查笔录》。

② 现场勘查开始和结束的时间。

③ 现场勘查的地点。

④ 参加人姓名、单位、职务等。

(2) 正文

该部分内容是现场勘查笔录写作的重点,要准确、清楚、详细地写明犯罪现场的勘查过程及结论。主要写明以下几点:

① 基本情况

接受报案的时间,报案人、被害人的姓名、住址、所在单位及其所提供的关于发生、发现案件的简要过程。

② 现场保护情况

到达现场的时间,现场保护否。保护现场人员姓名、职业和住址;到达现场时间和采取的保护措施,以及在保护现场过程中发现何可疑现象及问题。如现场在采取保护措施前已受到破坏,应如实写明已破坏的原因和简况。进行勘查时的天气及光线条件。

③ 现场所在的具体地点、方位和周围环境

如现场在某屋内,则应记清所在的市区县、街道、居民区(或乡、村、组)门牌号或楼幢、楼层、单元号数,现场的左邻右舍毗邻房屋和四周街巷通向状况等;如现场在野外,则应记明周围的地形、地物、道路通向等状况。如现场有第一现场、第二现场,则应分别记清上述内容。

④ 中心现场勘查发现的情况

中心现场是犯罪事实反映最充分最集中的地方,记写清楚中心现场的详细勘查情况,有利于分析判断案情、犯罪动机、手段，更有利于对犯罪嫌疑人的"刻画"，为侦破创造条件。所以中心现场的勘查情况必须记写具体、详细、清晰。

一般记写的内容有：
- 屋内门窗的方位、开闭、家具什物的布局、挪移、翻动和损坏的情况。
- 现场留下的搏斗、挣扎、翻滚、卧压痕迹以及罪犯在现场活动的痕迹，如攀缘、蹬蹭、擦拭、洗刷、撬凿等。
- 罪犯遗留、抛弃在现场的物证，如作案工具、衣物、纸屑、烟头、毛发、血迹和精斑等。
- 被杀者的性别、年龄、尸体倒卧的位置、姿势、衣履、穿着的变化，伤势和致命的部位、伤状等尸表检验情况，尸体上及其周围的血迹等。
- 现场上发现的反常情况，如尸体上有开放性的伤口，但周围却没有血迹；貌似溺死，腹内却没有进水；能盗走的钱财没有盗走；窗户、门锁完好无损，关闭正常，而被打破玻璃的窗框、窗台上的灰尘、蛛网却没有任何触动。记写清现场上的反常情况，有利于认定现场和分析判断案情。

⑤ 现场勘查的结论

发现和提取的痕迹、物证及犯罪遗留物的名称、数量、特征，具体证明提取的地点和位置；拍摄现场照片和绘制现场图以及录像的种类、数量。

⑥ 其他内容

如果在现场上进行了尸体外表检查、解剖检验、现场实验、人身搜查、除应单独制作详细记录外，也应简要加以反映。如果一次勘查后再次进行勘查，也应制作现场勘查补充笔录。

（3）尾部

现场勘查指挥人、勘查人、见证人、记录人签名，并签署时间。

3．注意事项

笔录当场制作，并与现场绘图，现场照相三者统一，互为补充、互相印证。

笔录内容必须客观真实地反映勘查情况。不能记录分析、判断、推测的内容。

重点突出，繁简得当。详尽记录勘查中与犯罪有关的情况，对案件意义不大的情况略写，无关的内容不写。

语言规范，叙述准确。要使用专业用语，精确记述有关的时间年月日、地点、方位、及物证痕迹的名称、数量、尺寸、形状等。

现场勘查笔录记写顺序必须与实地勘察的顺序一致。

要准确把握不同性质案件的特点，突出重点。

现场勘查笔录存入侦查案卷（主卷）。

【范　文】

现场勘查笔录

时间：19××年10月29日17时10分至29日18时30分

地点：××市××县××村后山树林中

参加人姓名、单位、职业：王××，××市公安局二处副处长；徐×，××市公安局二处四队队长；林×，××市公安局二处四科科长；张××，××市公安局二处侦查员；朱×，××市公安局二处四科技术员；任××，该村治保主任；刘×，该村村民。勘查过程及结论：19××年10月29日16时10分，××市公安局二处接石景山派出所电话报称：××县××村后山树林中发现一辆被抛弃的小轿车内有一具男尸，死者系遭枪杀而亡。现场已作保护，请求派员勘查现场。

接报后，××市公安局二处副处长王××、二处四队队长徐×、二处四科科长林×、二处侦查员张××、二处四科技术员朱×共5人，于16时50分赶到现场，并开始对现场进行勘查。勘查时，该村治保主任任××和该村村民刘×作为现场勘查见证人。现场勘查从17点10分开始，当日天晴，微风，在自然光线下进行。

现场位于××村后山盘山公路下32米处，距东边电线杆60米，距西边堑沟27米。现场是一片松树林，林中有1.5~2米高的灌木丛，林木树叶茂盛。

中心现场位于一个约10平方米的缓坡略平的空地，小轿车撞靠在一棵周长0.3米的松树干上，车下灌木柴草被压倒。从盘山公路至轿车停稳的位置之间，有车轮从灌木上压过的痕迹。轿车是"公爵"牌，车牌号为"×A—×××××"，轿车驾驶室左边挡风玻璃被子弹穿破一孔，弹孔四周玻璃有数条裂缝。轿车其他部位未受损坏。

尸体被置于后座踏脚处，死者身上穿花格子白底色水洗丝衬衣，系淡蓝色浅花领带，下身穿深灰色水洗丝西裤。上衣口袋有本人工作证和54元人民币。死者叫汪××，男，28岁，××市××汽车出租公司司机。尸体后脑正中弹孔为××平方厘米。子弹从左眼下方穿出。头部血斑模糊，上衣和裤子均沾满血浆，血浆已凝固。

尸体抬出后，进行了全面检查，未发现有其他伤痕和搏斗过的迹象，死者系遭凶手突然射击后死亡，未有挣扎。

现场草木丛中有两种当日留下的脚印，一种是皮鞋印迹，为报案人发现案情时所留；一种是旅游鞋印迹，为犯罪嫌疑人所留。犯罪嫌疑人向山下逃离，并在水库北岸洗过血迹。犯罪嫌疑人顺着水库堤坝逃走，在水库下方的公路边脚印消失，该地方的路边草地上，有0.6吨小货车停留过的痕迹。

勘查中拍摄现场照片19张，绘制平面示意图2张。并提取了鞋印一枚，指印一枚，掌印一枚，血迹4份，带血白衬衣一件，"五四"手枪子弹壳一枚。

现场勘查于18时30分结束。

指挥人：王××

勘查人：林× 朱×
见证人：任×× 刘×
记录人：张××

（五）破案报告

1. 概念及作用

破案报告是公安机关在查明了犯罪事实，认定了主要犯罪嫌疑人，取得了确凿证据的重、特大案件，需要破案时报请上级领导批准的书面文书。

根据公安机关办理刑事案件的有关规定，决定破案时，要填写《破案报告表》，重大和特大案件还应当提出破案报告。

破案报告归入侦查卷（副卷）

2. 格式、内容及写作方法

破案报告由三部分组成，包括以下内容：

（1）首部

① 标题。在文书顶端正中，采用公文标题。如"关于×××（犯罪嫌疑人姓名）××（案件性质）案的破案报告。"

② 编号。文书编号写在标题的右下方。如"×公刑字（年度）第×号"。

（2）正文

这是破案报告的主体部分。

根据《公安机关办理刑事案件程序规定》，破案报告应包括以下内容：

案件侦查结果；

破案理由和根据；

破案的组织分工和方法步骤；

其他破案措施。

根据以上四方面内容，破案报告正文的结构安排如下：

① 案情概况。包括案件的发生、发现情况，现场勘查、调查情况等。这部分内容的叙述围绕主要犯罪事实，力求简洁、概括。

② 案情分析。在初步调查的基础上提出对案情有关因素的分析。其常规程序为：何人（包括作案人和被害人）、何时、何地、何手段、何性质、何去向、何线索；分析采用议论性的语言表述方式，可先论点后论据或先论据后论点。结论可以是必然性的，也可以是或然性的，但必须明确。分析内容可逐条进行，但每条内容要力求单一。

③ 破案经过。这是破案报告的写作重点。这部分内容包括侦查工作的计划安排、组织分工、采取了何种侦查措施，侦查方案的具体实施、方法步骤，以及案件的破获情况，包括通过侦查结果和犯罪嫌疑人的交代揭示出的犯罪嫌疑人的犯罪事实。对同时采取的多种侦查措施，要采取从合到分予以写明。凡没有获取案情信息的侦查措施一概不写。

④ 处理意见。该部分内容要高度概括地写明侦查对象的犯罪事实和获取的罪证。然后

根据《中华人民共和国刑事诉讼法》的具体条款，提出对犯罪嫌疑人采取何种强制措施。

（3）尾部

应写明请示性惯用语，如"以上报告妥否，请批示"，然后，由办案单位负责人和主办侦查员签名，写明呈报日期，加盖呈报单位公章。

3．注意事项

写作破案报告时，侦查结果的叙述要主次分明，关键情节鲜明突出。对案件侦查过程的叙述要简练概括，对已确认的主要犯罪嫌疑人的基本情况，主要犯罪事实及证据的叙述要具体。

对案件破案顺利者，其破案过程的叙述要高度概括，对于破获过程曲折的案件，其破案过程的叙述可详细具体、点、面结合，重点突出，特别是其中的经验教训要提出来。

阐明破案的理由应以分析为主，就事论理，有理有据。引用法律条文要准确、全面、具体。

破案方案的制订要谨慎、稳妥、周密、具体、明确，将破案过程中可能出现的各种问题尽量考虑周全，并安排好应对办法，以防发生不测，影响破案的进度和准确性及造成不必要的人员伤亡和财力的巨大损失。

【范　文】

破案报告书

×公刑字（19××）79号

19××年12月29日，我队对李×报复杀人分尸重大案件实施侦查。经过××天紧张周密的工作，可以宣布案件破获。现将有关情况报告如下：

一、案情概况

19××年12月28日下午1时35分，××市××公安分局刑警队接到××市××区××学校刘××的电话报案："××学校学生宿舍楼南侧小树林内发现一麻袋上有血迹，疑为杀人案"。××分局刑警队队长张××即率领刑侦技术人员赶赴现场。

通过勘查，发现被害人为一具无头女尸，左手不见，右手被砍断，左脚穿一只黑色丝袜，右脚赤足穿有一只黑色胶底布鞋，尸体东侧有大量血迹，在尸体周围发现菜刀一把，上有血迹，在尸体底下发现足迹一枚。

当日晚9时25分，在勘查搜索工作中，刑警队在该校西食堂北侧污水井中发现一颗女性人头。

经法医对尸体和人头以及菜刀上的血迹进行检查，结论为：1.人头与尸体为同一人；2.头顶颈部砍伤为致命伤；3.头颅是死后被人用刀切掉；4.死亡时间为当日上午9点至10点之间；5.血迹与死者血型相同。

二、案情分析

根据现场勘查和调查所获情况分析：

（一）尸体周围无搏斗痕迹，只有一枚明显鞋印和大量血迹。可见死者可能是在突然间惨遭杀害的，死后人头被割抛在别处，系一人作案并且熟人作案可能性大；足迹为罪犯所留，罪犯身高 171~175 米之间。

（二）这两个现场可能就是一个案件的第一现场和第二现场，即杀人现场和抛尸现场。

（三）我们对包头用的《北京日报》查验，发现上面有用铅笔写的"王×"两个字，分析是报纸的所有者，极大可能就是死者。

三、破案经过

刑侦人员通过调查访问、查户口卡得知，王×，女，25 岁，××市第六皮件厂工人，未婚，高中毕业。刑侦人员对王×所在单位领导锡××厂长（男，33 岁）、车间主任刘××（男，28 岁）访问，并让其对现场拍摄的王×照片进行辨认，他们确认死者是本单位工人王×。他们还反映王×交了一个叫"小伟"的男朋友，是××学校的老师，具体叫什么不清楚。侦查人员即对××学校领导朱××进行了访问，得知此人即是本校××教研室教员，名叫"李×"，"小伟"是他的小名。李×，28 岁，身高 1.75 米，住××学校教研楼 103 室。为了获取更有力的痕迹物证，对其宿舍进行了密搜密取，在密取当中，提取了他的足迹，并在鞋底部发现了血迹，经法医鉴定，鞋底血迹与死者血迹一致。据此，我们将李×立为重大犯罪嫌疑人拘传，拘传后进行了第一次讯问。犯罪嫌疑人李×供认，自去年 5 月与被害人王×建立恋爱关系不久，王×便几次提出分手，李×不同意，遂产生报复杀人念头。19××年 12 月 28 日上午 8 时，李×将在家中休息的王×约到学校并带到了本学校宿舍楼南侧的树林里谈话，当王×再次提出中止恋爱关系时，李×说："我们之间的关系有没有再商量的余地？"王×说："我不是已说过几次了吗？不用再提了，其实你今天约我到这儿都没有必要。"李×听后说："既然你这么狠心，我也绝不让你好活着。"说着从后裤腰皮带上抽出事先别好的菜刀凶狠地朝王×头部砍去，王倒下后，李又砍了王的脖子，王当场死亡。李将王×头颅割下，扔在了学生食堂北侧的污水井中。又将王×的左手砍下扔在了学校阶梯教室旁的化粪池内，然后逃跑。

四、处理意见

犯罪嫌疑人李×，男，28 岁，××学校教研室教员。住××市××区××大学西楼 4 楼 342 室。

犯罪嫌疑人李×对杀害王×的犯罪事实供认不讳。所供情节与现场勘查分析和判断的情况一致。案情清楚，证据充分确凿，具备破案条件，特呈请批准破案，将犯罪嫌疑人李×提请逮捕。

当否，请批示。　　××市××分局刑警队（印）

19××年 12 月 31 日

（六）提请批准逮捕书

1．概念及作用

提请批准逮捕书是公安机关对有证据证明有犯罪事实且有逮捕必要的犯罪嫌疑人，应当追究刑事责任时，提请同级人民检察院审查批准逮捕时制作的法律文书。

逮捕是法律规定的一项最严厉的强制措施。一经逮捕，就意味着犯罪嫌疑人失去了人身自由。所以要求逮捕必须十分准确，只有这样，才能充分发挥法律的威严，保障无辜公民的人身权利不受侵犯。正因如此，我国《刑事诉讼法》第66条规定："公安机关要求逮捕犯罪嫌疑人的时候，应当写出提请批准逮捕书，连同案件材料、证据，一并移送同级人民检察院批准"。这是制作提请批准逮捕书的法律依据。另外，我国《刑事诉讼法》第60条还规定了逮捕犯罪嫌疑人必须同时具备下述三个条件：一是有证据证明有犯罪事实，二是可能判处徒刑以上刑罚，三是存在社会危害性、有逮捕必要。这三条是人民检察院批准逮捕的标准，也是公安机关制作提请批准逮捕书的条件。同时，我国《刑事诉讼法》第44条又规定了制作提请批准逮捕书的原则，即必须忠实于事实真相。

提请批准逮捕书是人民检察院审查批准逮捕犯罪嫌疑人的基础和依据，它的使用可以从诉讼程序上保证逮捕的准确，避免错捕、滥捕，以捕代侦、以捕代拘等弊端的发生。

《提请批准逮捕书》的使用须经县以上公安机关领导人审查批准，加盖公安机关公章和局长私人章，一式三份。立案单位存档一份，送检察院两份，其中一份由检察院收存，一份在检察院批准逮捕后，随同检察院的《批准逮捕决定书》退回公安机关，由预审部门存入预审卷宗。

2．格式、内容及写作方法

提请批准逮捕书由首部、正文和尾部三部分组成。

（1）首部

① 标题

在文书顶端正中，由"机关名称+文书名称"组成。

② 编号

在标题右下方，如"×公予字（年度）第×号。"

③ 犯罪嫌疑人的基本情况和简历、过渡语

在叙述犯罪嫌疑人的基本情况时，按顺序写明犯罪嫌疑人的姓名（别名、化名）、性别、出生日期、籍贯、职业、民族、文化程度、住址等。简历的叙述要另起一行。从其8岁以后开始写起，简要写明何年何月在何处上学和工作，何年何月何日被拘留。如犯罪嫌疑人有犯罪前科，应写清何时何因受过何处罚；如犯罪嫌疑人已被拘留，应写清拘留的时间、关押的地点；如系共同犯罪，一案须同时逮捕几个犯罪嫌疑人，可合并写一份提请批准逮捕书，按主犯、从犯、胁从犯的犯罪地位顺序分别写明各自的基本情况和简历。在犯罪嫌疑人的基本情况和简历叙述完毕之后，另起一行写上"经我局侦查，犯罪嫌疑人×××有下列犯罪事实"一句话，作为过渡语领起正文。

(2) 正文

这部分是文书的重点，主要包括犯罪事实和法律依据两方面内容。

犯罪事实是提请批准逮捕的理由，写作时应按照一定的顺序写明时间、地点、动机、目的、手段、情节及危害后果七个要素，将案情的全部过程层次清楚、有条不紊地叙述出来，特别注意要把关键情节交代清楚。特别要注意根据法律规定的逮捕条件，写清有证据证明的、够判处徒刑以上刑罚的犯罪事实，不要写一般违法事实，也不要写没有证据证明的事实。具体写法上，如果是一人一罪或一人多次犯同一罪，即可按犯罪时间顺序叙述；如果是一人犯多种罪行，则应按罪行轻重从重到轻分类叙述。如果是共同犯罪案件，应以主犯的犯罪地位为核心，同时将从犯的罪责也反映出来。既要写清共同犯罪的事实，又要写清各自在犯罪活动中的地位、作用及应负的罪责；如果其中的犯罪嫌疑人除共同犯罪外，还有其他罪行，也应另叙于后，如果其主要罪行不属于共同犯罪，则应另案处理。如果有的犯罪嫌疑人被取保候审或监视居住，应在提请批准逮捕书中予以说明。对犯罪嫌疑人的犯罪事实叙述清楚之后，就要说明可能判处徒刑以上刑罚和有逮捕必要的犯罪事实。主要说明犯罪嫌疑人行为的情节恶劣程度，如不逮捕不足以防止发生社会危害性的事实。

法律依据部分应先根据犯罪嫌疑人的犯罪事实，援引刑法有关条文，认定犯罪嫌疑人涉嫌什么罪，而后再引用我国《刑事诉讼法》第 66 条或第 69 条的规定，提出提请批准逮捕的请求。

(3) 尾部

包括文书送达的机关名称、署名、用印和附项等内容。附项内容应在文书尾部左下角注出。主要有：1.犯罪嫌疑人现被羁押于何处；2.本案卷宗材料有几册；3.证据材料或物品有几页（几件）；注明要随提请批准逮捕书一起移送检察院审查。

提请批准逮捕书一式三份，承办单位保存一份，其他两份连同卷宗材料、证据一并移送同级人民检察院，其中一份由检察院收存，一份连同批准逮捕决定书或不批准逮捕决定书以及案卷、证据材料退回公安机关。提请批准逮捕书归入侦查卷（主卷）。

【范　文】

×××公安局提请逮捕书

××公提字（19××）11 号

犯罪嫌疑人金×，男，19××年 4 月 20 日生，民族：汉，籍贯：×省××县，文化程度：小学毕业，单位及职业：××省××市××县××乡××村农民，户籍所在地：××省××市××县××乡××村，现住址：××省××市××县××乡××村。

简历：19××年至19××年在××县×乡小学读书，19××年至今在××县××乡××村务农，19××年 12 月 16 日被刑事拘留。

经我局侦查，犯罪嫌疑人金×有下列犯罪事实：

19××年12月10日晚11时许,金×在本村村民李××家里同巴×、巴××(被害人)、李××、徐××、张××(被害人)等人用扑克牌进行赌博,张××因钱输光,遂向金×借20元,金不同意。张举拳打金面部数下,后被他人劝开。金被打后,产生报复心理,在回家路上,乘被害人张××不备,拿出随身携带的杀猪刀照张背部猛刺一刀。张被刺后逃走,金仍穷追不舍,又照张前胸连刺数刀。张倒地后,金恐其不死,又照其后背、前胸连刺数刀,并割开张的脖子,致使张××当场死亡。金行凶时,巴××赶来劝阻制止,金又对巴连刺数刀,致使巴××造成重伤,在巴倒地后,金恐巴不死,又割了巴的脖子一刀,后逃往××县其姑家,于19××年12月15日被××县公安局×××派出所抓获。

上述事实证明,犯罪嫌疑人金×的行为已触犯《中华人民共和国刑法》第二百三十二条第一款,涉嫌杀人罪,根据《中华人民共和国刑事诉讼法》第六十条、第六十六条之规定,特提请批准逮捕。

此致
××县人民检察院

局长(印)

(公安局印)

19××年12月18日

附:案卷材料壹卷

(七)询问笔录

1. 概念及作用

询问笔录是侦查人员在办理案件过程中,依据我国《刑事诉讼法》第97条和98条的规定,询问证人或被害人时所作的问答式书面记录。

询问是公安机关侦查活动中经常、普遍进行的一种重要的侦查行为。询问笔录是处理刑事案件的重要证言。是侦查员分析案情、侦破案件的依据之一,有着重要的启示作用。经过查证核实的询问笔录即成为刑事诉讼的证据之一,是确定犯罪嫌疑人有罪或无罪、罪重或罪轻的重要证据之一。所以,认真做好询问笔录,对于及时查明案情,核实犯罪嫌疑人口供和其他证据的真伪、准确认定案件事实,揭露惩罚犯罪具有十分重要的意义。

2. 格式、内容及写作方法

询问笔录由首部、正文、尾部三部分组成。

(1)首部

主要记写询问活动的组织情况。一般按印好的格式逐项填写。内容包括:询问开始时间和结束时间(具体到何时何分钟)、询问的地点、侦查员姓名、记录员姓名、被询问人的基本情况(包括姓名、性别、年龄、民族、工作单位及职业、现住址)。还应写明被询问人与案件所涉及的某些特定的人或事件的关系。

(2)正文

这部分内容是询问笔录的重点。用问答式记写方式,主要记写询问活动的进行情况。开头，第一问答应告知被询问人要如实提供证言、证词，讲明应负的法律责任。主体问答内容的记录要求内容真实、详细具体。一般包括三项内容：1.记清情况来源；2.记明被询问人提供的各种人物和事实的具体情况及根据；3.记录被询问人感知案件情况的主客观条件。其中被询问人提供的每个情况，如人物、时间、地点、经过、结果以及被询问人是如何知道的，还有哪些人知道等。其中涉及案情关键情节的人和事，更应记录清楚，并应记清材料来源（亲眼所见或亲耳所闻）及有关环境等客观情况。若被询问人对某些细节忘记或记不清，也应如实记明。

（3）尾部

询问结束时，记录人员应将询问笔录交给被询问人核对，对无阅读能力的被询问人，应向其宣读笔录内容。若笔录内容有差错、遗漏，应当允许其更正或补充。笔录经被询问人核对无误后，由被询问人在笔录每页下方签名（盖章）或按指印，并在笔录末页紧挨笔录的最后一行写明："以上笔录我看过（或向我宣读过），和我说的相符。"然后在右下方签名（盖章）或按指印。凡笔录中补充改正之处，均需按指纹，以保证其真实准确。被询问人拒绝签署意见、签名（盖章）或按指印者，记录人员应在笔录上注明。

3．注意事项

取证目的要明确。记录员要做好询问前的准备工作，即要全面熟悉案情，了解被询问人与本案关系。明确询问每一证人的目的，只有这样才能记清所要问的问题。

询问开始时，应当首先告知被询问人要如实地提供证据、证言，讲明有意作伪证或者隐匿罪证应负的法律责任。因此，正文的开头用记录原话或转达的方法记明询问人对被询问人的政策交代和证人的态度。

根据我国《刑事诉讼法》第 97 条规定："询问证人应当个别进行。"因此，询问时要注意方式方法，不要将两个以上的被询问人集合到一起进行询问，以防互相启发、影响，确保证言的真实客观。

询问者的语气要恰当，不能过于生硬或委婉，对于不同性格不同情况的人要采取不同的方法。记录时均应记清楚。

记录要客观、全面、准确、具体。重要的地方要记下原话，不记原话的也要保持其原意。

侦查预审结束时，询问笔录存入侦查、预审案卷（主卷）。

【范　文】

询问笔录（第 1 次）

时间：1999 年 1 月 20 日 11 时 50 分 于 12 时 30 分止

地点：金水分局刑侦九中队

询问人姓名：程海涛　记录人姓名：许帅军

被询问人姓名：慎红　民族：汉　曾用名：慎丽

性别：女　年龄：29 岁　出身：

成分：　　文化程度：初中　　职务：

原籍贯：××市
现住址：××市东大街 8 号
问：你今天来派出所干什么？
答：报案，我的手机被小偷偷走了。
问：你把事情经过说一下？
答：1999 年 1 月 20 日上午 10 点多钟，我去儿童医院给儿子取药，我把我的手机放在我的左边的口袋里装着，当时，在我给儿子送病历单的时间，从我的后面挤过去一男青年，站了一会儿，就走了，停了几分钟听见有人喊谁的手机丢了，我听到喊声，看见一个高个子青年手里拿的手机，我一看是我的手机，我随手摸了摸了我的口袋，手机不见了，这时我听见高个儿青年说，我们是公安局的，我过去说手机是我的，同时，看到旁边几个人抓住一个男青年，这个人正是我刚才在我身后挤的青年，身穿一件棕色皮夹克，下身蓝裤子，年龄大约在 30 岁左右。随后我和公安人员一块到派出所。
问：你的手机是多少号，价值多少钱，什么时间买的？
答：手机号 138xxxxxxx，价值 2500 元钱，我是 98 年 5 月份买的。
问：你以上所说的是否实话？
答：是实话。
以上记录看过，和我讲的一样。
慎红（指印）
1999 年 1 月 20 日

（八）讯问笔录
1．概念及作用
讯问笔录是公安机关侦查人员、预审人员在侦查活动中，为了证实犯罪、查明犯罪事实，对犯罪嫌疑人进行讯问时如实记载讯问情况的文字记录。
讯问笔录是一种具有法律效力的文书，对于获取证据、全面分析研究案情、定罪量刑、总结办案经验、检查办案质量等都具有重要作用。
2．格式、内容及写作方法
讯问笔录的结构大体可分为以下三部分：
（1）首部
① 标题。在文书顶端正中，只写文书名称。若非第一次，标题后用括号注明次数。
② 讯问起止时间。
③ 讯问地点。
④ 侦查员、记录员姓名及单位。
⑤ 犯罪嫌疑人姓名。
（2）正文
这部分内容是讯问笔录记录的重点。根据讯问次数的不同，记录内容也有所不同。第一次讯问时,要在第一部分依项讯问和记录清楚犯罪嫌疑人的基本情况,包括姓名、曾用名、化名、年龄或出生年月日、民族、籍贯、文化程度、现住址、工作单位、职务与职业、家庭情况、社会经历、是否受过刑事处罚或行政处分等情况。要与原案件材料认真核对,严防错拘错捕。另外,还要问清记明犯罪嫌疑人是否知道为什么被拘留或被逮捕。

除第一次讯问外,以后的系列讯问可不再问基本情况。可直接进行第二部分讯问内容。

第二部分,要问清记明讯问的全部过程,记录人首先要记清讯问人的提问,根据提问的中心问题,全面准确地记载犯罪嫌疑人关于犯罪事实的供辩。这一部分内容要根据讯问的原过程准确清楚地证明犯罪的时间、地点、动机、目的、手段、起因、后果、证据、涉及的人和事等,尤其是其中能说明案件性质的关键情节、有关的证据、有明显矛盾的地方等重要情况,要注意准确清楚地记录下来。如果犯罪嫌疑人进行无罪辩解,要注意记清其陈述的理由和依据。此外,犯罪嫌疑人的认罪态度如何,也要准确地记录下来。

(3) 尾部

讯问结束时,笔录应交犯罪嫌疑人核对(没有阅读能力的要向其宣读)无误后,在笔录的末尾由犯罪嫌疑人签明对笔录的意见:"以上笔录我看过(或向我宣读过),和我说的相符",并在笔录逐页末尾右下角签名(盖章)或按指印。如记录有差错、遗漏,应当允许犯罪嫌疑人更正或者补充,并在改正补充的文字上按指印。如果拒绝签名(盖章)或按指印,记录员应在笔录中注明。

3. 注意事项

根据我国《刑事诉讼法》第91条规定,讯问时,侦查人员不得少于二人。讯问笔录的书写应当用钢笔、毛笔或其他能长期保持字迹的书写工具。

讯问笔录首部内容的填写要内容齐全,不得漏填。

笔录记录内容要清楚、全面、准确。对犯罪嫌疑人的供述,不仅要记"七何"要素,还应该尽可能完整地再现原始犯罪过程;对犯罪嫌疑人供述认罪的情况要记,翻供辩解的也要记;态度老实的要记,态度顽固等不老实的也要记;有回答的要记,拒绝回答、沉默的场面也要记;纪录要如实反映犯罪嫌疑人供述的原意,不能随意夸大、缩小或改变原意。特别是对于涉及定罪定性的重要情节、重要供词,应尽可能地记录原话。对于涉及黑话、方言、特殊内容的词语也要用括号作说明解释;对于讯问过程中犯罪嫌疑人的表情、语气、体态语等也要用括号作准确适当的描写。

讯问笔录结尾核对手续一定要认真履行,以保证笔录的法律有效性。

讯问笔录在整个刑事诉讼中占有重要地位,侦查结束时,讯问笔录存入侦查案卷(主卷)。

【范 文 一】

讯问笔录(第1次)

1999年1月20日

自 12 时 36 分开始
至 13 时 08 分结束
讯问人：（此处填写讯问人姓名和单位）
孙志明 王飞 金水公安分局刑侦九中队
被讯问人：
姓名：曹友 性别：男 年龄：35 岁
出生年月日：1965.5.13 民族：回 文化程度：文盲
工作单位：××市汽水厂
家庭住址：××市南关街 213 号
兹将讯问内容记录如下：
问：家庭情况讲一下？
答：家里五口人。妻子，李蓝，34 岁，××机械厂；女儿，曹红，11 岁，上学；女儿，曹青，10 岁，上学；儿子，曹蓝，9 岁，上学。
问：讲一下个人简历？
答：从小没有上过学，不会写字，16 岁参加工作，现在是南阳市汽水厂工人。
问：以前受过公安机关处理过没有？
答：没有。
问：今天为啥把你带到刑侦中队？
答：偷了一部手机。
问：是不是这部手机？（出示提取的菲利浦手机）
答：就是。
问：几个人去偷的，你偷过几次？
答：我自己偷的，就偷过这一次。
问：把偷手机的经过讲一下？
答：1999 年 1 月 20 日上午 10 点多，我在儿童医院专家诊断室屋内，一个女的在屋里站着，这个女人穿红鸭绒袄，我看见这个女的左口袋里有一部手机，我用右手将这部手机掏出来，拿在手上，被旁边一个男的抓住，带到治安室，后来到了派出所。
问：你所讲的是不是实话？
答：是实话。
问：现在向你宣读笔录，你听一下与你讲的是否相符？
答：记录向我宣读过，与我讲的相符。
以上记录已向我宣读过，和我讲的一样。

曹友（指印）
1999.1.20

【范 文 二】

讯问笔录（第 2 次）

时间：1999 年 1 月 20 日 15 时 0 分至 20 日 16 时 0 分
地点：大石桥派出所
侦查员：王飞、孙志明　记录员：孙志明
犯罪嫌疑人：曹友（男）

问：姓名？
答：曹友。
问：性别？
答：男。
问：民族？
答：汉族。
问：出生年月？
答：1965 年 5 月 13 日。
问：文化程度？
答：文盲。
问：职业？
答：××市汽水厂工人。
问：家庭住址？
答：××市南关街 213 号。
问：家庭情况？
答：妻子，李蓝，34 岁，××机械厂；长女，曹红，11 岁，学生；次女曹青，10 岁，学生；儿子，曹蓝，9 岁，学生。
问：个人简历？
答：自幼未上学，16 岁参加工作，现在××市汽水厂工作。
问：你以前是否受过处理？
答：没有。
问：（宣读拘留证）听清了吗？
答：听清了。
问：你为什么被拘留？
答：盗窃。
问：你把你盗窃的经过讲一下？
答：1999 年元月 20 日上午，我到儿童医院准备偷东西，上午 10 点多钟，我在儿童医院转了一圈，转到诊断室专家门诊最南边屋内，我看见有一个女的，穿一件红色鸭绒衣，她正在问医生什么事情,我挤过去,看到她左上衣口袋内有一部手机,我用右手插到她的口袋里,把手机掏出来,我正准备拿手机走时,被旁边一个男的抓住了。

问:你偷的手机是什么牌子的?
答:是菲利浦牌的。
问:你为什么偷别人的手机?
答:我想把偷来的手机卖掉弄钱用。
问:还干过什么违法事?
答:没有了。
问:你现在有权聘请律师。
答:知道了。
问:现在向你宣读笔录,你听一下是否与你讲的相符?
答:笔录向我宣读过,和我讲的相符。

曹友(指印)
1999年1月20日

【范 文 三】

讯问笔录(第3次)

时间:1999年1月27日15时0分至27日16时0分
地点:大石派出所
侦查员:王飞、孙志明 记录员:孙志明
犯罪嫌疑人:曹友(男)

问:姓名?
答:曹友。
问:性别?
答:男。
问:民族?
答:汉族。
问:出生年月?
答:1965年5月13日。
问:文化程度?
答:文盲。
问:职业?
答:××市汽水厂工人。
问:家庭住址?

答：××市南关街。

问：家庭情况？

答：妻子，李蓝，34岁，××通用机械厂工作；长女，曹红，11岁，学生；次女，曹青，10岁，学生；儿子，曹蓝，9岁，学生。

问：个人简历？

答：自幼未上学，16岁参加工作，现在汽水厂工作。

问：你以前是否受过处理？

答：没有。

问：（宣读逮捕证）听清了吗？

答：听清了。

问：你为什么被逮捕？

答：盗窃。

问：你把你盗窃的经过讲一下？

答：1999年元月20日上午，我到儿童医院准备偷东西，上午10点多钟，我在儿童医院转了一圈，转到诊断室专家门诊最南边屋内，我看见有一个女的，穿一件红色鸭绒衣，她正在问医生什么事情，我挤过去，看到她左上衣口袋内有一部手机，我用右手插到她的口袋里，把手机掏出来，我正准备拿手机走时，被旁边一个男的抓住了。

问：你偷的手机是什么牌子的？

答：是菲利浦牌的。

问：你为什么偷别人的手机？

答：我想把偷来的手机卖掉弄钱用。

问：还干过什么违法事？

答：没有了。

问：现在向你宣读笔录，你听一下是否与你讲的相符？

答：笔录向我宣读过，和我讲的相符。

曹友（指印）

1999年1月20日

四、侦查阶段案例

（一）关于侦察员程序违法

【案情】

侦查员王某接群众举报，薛某现正非法运输鞭炮，侦查员王某等三人遂迅速出警。当驾车追其至邻县某一村庄时，薛某因车陷入泥坑而弃车逃走，侦察查员王某等三人赶到后，发现车上运输的确是鞭炮。后薛某因与别人打架被拘留，讯问时薛某供述了其多次非法运输鞭炮的事实。公安机关遂立案侦查，侦查员王某等三人出任了该次薛某非法运输爆炸物罪的证人，且侦查员王某等三人继续对薛某非法运输爆炸物案进行了侦查至终结。

【争议】

在一起非法运输爆炸物案中，侦查员王某等三人先是以侦查员的身份对本案进行侦查，后又作为该起犯罪的证人，最后，又重新以侦查员的身份对本案继续进行侦查至终结。在对本案中的审理过程中，现存在两种不同的观点：

第一种观点认为，应认定犯罪嫌疑人薛某有罪，因为侦查员王某等直接发现了其犯罪事实，被告人亦承认，如不认定就等于放纵犯罪。

第二种观点认为，不应认定该起犯罪，本案程序违法，因为侦查员王某既然出任了本案的证人，就应当自行回避，而不应再继续进行对本案以后的侦查。

【评析】

笔者同意第二种观点，本案的事实没有问题，错就错在了侦查员王某等三人违反了刑事诉讼中的回避制度。我国的回避制度在刑诉法中不仅适用于审判人员，而且也适用于检察人员和侦查人员等，适用于侦查、起诉、审判等各个诉讼阶段。本案中，侦查员王某等三人直接目击了薛某的犯罪事实，其可作为证人如实提供证言，但此时的身份已有侦查人员变为了证人，侦查员王某等三人就应当回避本案以后的侦查。

对此，我国《刑事诉讼法》28条有明确的规定，其中就有担任过本案证人、鉴定人、辩护人、诉讼代理人的审判人员、检察人员、侦查人员应当自行回避。本案中侦查员王某等三人继续对本案的侦查行为就违背了这一条款。

之所以建立这一条款，就是因为如果侦查人员在本案中担任了证人，就可能对本案的事实或案件的实体结局产生先入为主的判断，再无法从容、冷静、客观地收集、审查、判断证据，易于产生主观归罪思想，从而无法保证公正、客观的进行刑事诉讼活动，故遇有这种情况应当回避。也许持第一种观点的同志提出，本案中侦查人员亲眼目睹了薛某的犯罪事实，这不能定他的罪，不是放纵犯罪吗？

在这里，我想提一个著名的案例，辛普森杀妻案，该案警方查获的辛普森杀妻证据之多，似乎令他罪责难逃。但法庭辩论的结果，警方在办案侦查过程中违法。众所周知，最后，大陪审团宣布辛普森杀妻罪名不能成立。判决公布后，美国媒体对公众作了二项民意调查，一是你是否认为辛普森是有罪的？大部分美国人回答：是；二是你是否认为辛普森受到了公正的审判？回答依然是：是。确实，一个人明明犯了罪，却被法庭无罪释放，这样的审判还能是公正的吗？对此，笔者只能这样回答，要根据法律，要依据合法的证据。本案中，侦查员王某等的行为没有根据法律（《刑事诉讼法》的有关条款）的规定，故不应认定薛某有罪。

（二）"零口供"交通肇事案

被告人褚道振，男，1956年8月30日出生，汉族，出生地河南省淅川县，文盲，农民，住河南省淅川县厚坡乡刘营村；因涉嫌犯交通肇事罪，于2002年1月3日被羁押，同年2月5日被逮捕，现羁押在北京市海淀区看守所。

指定辩护人江洪林，北京市海润律师事务所律师。

北京市海淀区人民检察院以京海检刑诉字（2002）第626号起诉书指控被告人褚道振犯交通肇事罪，于2002年6月10日向本院提起公诉。本院依法组成合议庭，公开开庭审理了本案。北京市海淀区人民检察院指派代理检察员杜琳出庭支持公诉，被告人褚道振及指定辩护人江洪林到庭参加诉讼。现已审理终结。

北京市海淀区人民检察院起诉书指控，2002年1月3日8时许，被告人褚道振无照驾驶无号牌的红色正三轮摩托车由西向东行驶至本市海淀区小营西路上地环岛西侧路口时，将正在清扫路面的王廷财（男，45岁）撞倒，致王廷财头部受伤（经法医鉴定系重伤），随即又在逃跑过程中将行人王启（男，43岁）撞倒，致王启颅脑损伤，经医院抢救无效于1月7日死亡。被告人褚道振再次肇事后继续驾车逃离现场，后在逃跑途中被群众抓获。经北京市公安交通管理局海淀交通支队认定，被告人褚道振负此事故的全部责任。针对上述指控，公诉机关提供了相关的证据材料，要求依照《中华人民共和国刑法》第一百三十三条之规定，对被告人褚道振以交通肇事罪定罪处罚。

被告人褚道振对检察院指控的基本事实提出异议，辩称死者王启是从他的摩托车上掉下去的，没有撞到王启。辩护人江洪林的辩护意见为，公诉机关认定被告人褚道振在撞伤王廷财后逃跑过程中将王启撞到，致王启抢救无效死亡，证据不足；被告人褚道振当庭能如实供述犯罪事实，认罪态度有所改变，对自己的行为有一定的认识，且系初犯，建议法院对其从宽处罚。

经审理查明，被告人褚道振于2002年1月3日8时许，无照驾驶无号牌的红色正三轮摩托车由西向东行驶至本市海淀区上地环岛西侧路口时，将正在清扫路面的王廷财（男，45岁）撞倒，致王廷财头部受伤，经法医鉴定为重伤；在褚道振驾车逃离现场途中，又将行人王启（男，43岁）撞倒，致王启颅脑损伤，经医院抢救无效，于同年1月7日死亡。后被告人褚道振在继续驾车逃逸途中，被群众抓获。经公安交通管理机关认定，被告人褚道振负此事故的全部责任。

在庭审过程中，公诉人当庭宣读、出示了由公安机关在侦查阶段收集、调取的被害人王廷财陈述，证人杨连、董文英、许安康、崔存柢、杨增华证言，交通事故现场照片，交通事故现场图，道路交通事故现场勘查笔录，尸体检验报告，法医物证鉴定书，油漆检验报告，医院诊断证明，人体损伤程度鉴定书，交通事故责任认定书及公安机关抓获经过等证据材料。被告人褚道振对上述证据提出异议，辩解发生交通事故时，没有其他行人，证人杨连、董文英、许安康未在现场，但未向法庭提交证人不在现场的证据，故不予采信；其辩护人对证据亦提出异议，辩称公安机关制作的询问笔录没有民警签字，不宜作为证据使用，补充勘验笔录没有勘验的时间、地点及勘验的过程，记录不完整，故缺乏真实性。从本案证据分析，虽然公安机关在提取证据上有一定的瑕疵，但并不影响证据的合法性和真实性，上述控方证据内容客观、真实，来源合法，相互间具有证明同一事实的关联性，本院予以确认。

本院认为,被告人褚道振违反道路交通管理法规,无照驾驶无牌照的机动车上路行驶,造成一人重伤一人死亡的重大交通事故,且交通运输肇事后逃逸,其行为已构成交通肇事罪,应予惩处。北京市海淀区人民检察院对被告人褚道振犯有交通肇事罪的指控成立。庭审中,被告人褚道振之辩解及其辩护人的辩护意见,本院不予采纳。本院依照《中华人民共和国刑法》第一百三十三条之规定,判决如下:

被告人褚道振犯交通肇事罪,判处有期徒刑六年。

(三)上官景潘失火罪

福建省清流县人民法院刑事判决书

公诉机关清流县人民检察院。被告人上官景潘,男,1951年9月16日出生,出生地福建省清流县,汉族,小学文化,农民,住清流县赖坊乡官坊村7号。2004年3月15日因涉嫌犯失火罪被清流县公安局决定取保候审,同年4月19日本院决定取保候审。

清流县人民检察院以清检林诉(2004)7号起诉书指控被告人上官景潘犯失火罪,于2004年4月16日向本院提起公诉。本院于当日立案并依法组成合议庭,于2004年5月8日公开开庭审理了本案。清流县人民检察院指派检察员许翊芳出庭支持公诉,被告人上官景潘到庭参加诉讼。现已审理终结。

清流县人民检察院指控,2004年2月14日下午15时许,被告人上官景潘在其责任田劳动时,擅自用火柴点燃其从责任田边上劈下的杂草,因起风把烧着的杂草刮到山上,引起森林火灾。经林业技术人员鉴定,被烧毁的森林面积13亩,林木经济损失4149.60元。对指控的事实,公诉机关向法庭出示和宣读的证据有证人上官木儒、上官明祥等人的证言、现场勘查(辨认)笔录、刑事照片、林业刑事案件技术鉴定书、户籍证明和被告人的供述。

公诉机关认为,被告人上官景潘擅自在其责任田间烧杂草,引起森林火灾,其行为已触犯《中华人民共和国刑法》第一百一十五条第二款之规定,应以失火罪追究其刑事责任。提请本院依法惩处。被告人上官景潘对起诉书指控的犯罪事实没有异议。经审理查明:2004年2月14日下午15时许,被告人上官景潘在其责任田劳动时,擅自用火柴点燃其从责任田边上劈下的杂草,因起风把烧着的杂草刮到山上,引起清流国有林场的"上马坊"山场(林权图为1林班16大班2小班,17大班1小班)的森林火灾。经林业技术人员现场勘查和鉴定,被烧毁森林面积13亩,林木经济损失计人民币4149.60元。案发后,被告人上官景潘在同年2月15日主动到大丰山森林派出所投案自首,并对烧毁的林地进行挖穴造林,已全部完成在火烧迹地的更新造林任务。

上述事实,有下列经庭审举证、质证的证据证明,本院予以确认:

1. 证人上官木儒的证言,证明在2004年2月14日下午目睹被告人上官景潘在自己的责任田边上点燃劈下的田埂杂草而引起森林火灾的事实。

2. 证人上官明祥的证言,证明在2004年2月14日下午三点多在"上马坊"山场参与救火和被告人上官景潘告诉其该火是他在自己的责任田边上点燃田埂杂草而引起森林火灾的事实。

3. 林业刑事案件技术鉴定书、证实被告人上官景潘在清流国有林场的"上马坊"山场（林权图为1林班16大班2小班，17大班1小班），燃烧田埂草引起森林火灾烧毁森林面积13亩，计价值人民币4149.60元的事实。

4. 现场勘查（辨认）笔录、现场绘图、刑事照片，证明被告人上官景潘引起森林火灾方位及过火林地面积等事实。

5. 清流县公安局大丰山森林派出所的证明，证明被告人上官景潘因烧田埂草引起烧毁清流国有林场的"上马坊"山场，在火灾后积极采取补救措施，已全部完成在火烧迹地的更新造林和在案发后的次日主动到大丰山森林派出所投案自首的事实。

6. 清流县赖坊乡森林防火指挥部的证明，证明被告人上官景潘在2004年2月14日的用火属违章用火。

7. 被告人上官景潘的供述，亦对犯罪事实供认不讳。

此外，公诉机关还向法庭提供了户籍证明，证明被告人的出生时间等事实。

本院认为，被告人上官景潘违章用火引起森林火灾，使集体财产受到损失计人民币4149.6元，其行为已构成失火罪，公诉机关指控罪名成立。案发后，被告人上官景潘能主动投案，具有自首情节，依法可从轻或减轻处罚，且在发生火灾时能积极参与扑救火灾，并在灾后及时补种苗木，庭审中认罪态度好，有悔罪表现，可酌情从轻处罚，被告人上官景潘具有较好的监管条件，可对其适用缓刑。

据此，依照《中华人民共和国刑法》第一百一十五条第二款、第六十七条第一款、第七十二条第一款和最高人民法院《关于处理自首和立功具体应用法律若干问题的解释》第一条的规定，判决如下：被告人上官景潘犯失火罪，判处有期徒刑六个月，缓刑一年。（缓刑考验期从判决确定之日起计算）。

如不服本判决，可在接到判决书的第二日起十日内，通过本院或者直接向三明市中级人民法院提出上诉。书面上诉的，应当提交上诉状正本一份，副本两份。

（四）黄新故意杀人案无罪判决

公诉机关河南省郑州市人民检察院。

附带民事诉讼原告人刘转运，男，1939年10月13日出生，汉族，郑州市金水区柳林镇关虎屯村一组农民，住郑州市胜岗中街151号，系被害人刘燕之父。

附带民事诉讼原告人任素勉，女，1940年1月11日出生，汉族，郑州市金水区柳林镇关虎屯村一组农民，住址同上，系被害人刘燕之母。

委托代理人王卫东、李莹，河南宇法律师事务所律师。

被告人黄新，男，1970年11月20日出生，汉族，大学文化，北京世纪智能软件公司职员，住郑州市东明路26号院8号楼70号。因涉嫌犯故意杀人罪于1998年10月26日被郑州市公安局金水分局监视居住，同年11月3日被逮捕。现押于郑州市第一看守所。

辩护人顾永忠，天达律师事务所律师。

辩护人王锡庆，河南天坤律师事务所律师。

河南省郑州市人民检察院以郑检起诉（2001）16号起诉书指控被告人黄新犯故意杀人罪，于2001年2月1日向本院提起公诉。在诉讼过程中，附带民事诉讼原告人向本院提起附带民事诉讼。本院依法组成合议庭，公开（涉及个人隐私的部分不公开）开庭进行了合并审理。郑州市人民检察院代理检察员付海庆、刘冰出庭支持公诉，附带民事诉讼原告人刘转运、任素勉及其委托代理人王卫东、李莹，被告人黄新及其辩护人顾永忠、王锡庆，鉴定人王自强、田川岭到庭参加诉讼。现已审理终结。

郑州市人民检察院指控：1998年10月23日夜11时30分许，被告人黄新与其女友刘燕在同村的王三梅家因打牌发生口角，后一同回到胜岗村151号二人住处。第二天早上9时许黄新离开住处回其父母家。10时30分左右，刘燕父亲刘转运上楼查电话线时发现刘燕被害。经法医鉴定，刘燕系被他人扼勒颈部并用单刃刺器刺伤左颈部致机械性窒息合并失血性休克而死亡，死亡时间约在1998年10月24日1时许。公安机关经过现场调查以及讯问被告人黄新，同时根据法医对刘燕死亡时间的鉴定证实：刘燕被害时黄新始终在犯罪现场，实施了杀害刘燕的行为。

针对上述指控，公诉机关提供了被告人供述、刘转运等证人证言、鉴定结论、现场勘查笔录，以及有关查证情况的说明等证据。公诉机关认为，被告人黄新故意非法剥夺他人生命，致一人死亡，其行为已构成故意杀人罪，提请本院依法惩处。

附带民事诉讼原告人要求依法追究被告人黄新的刑事责任，并赔偿丧葬费、停尸费、赡养费及精神损失费共计102635元。

被告人黄新辩解称：其没有杀害刘燕。其辩护人辩护称：公诉机关仅依据关于刘燕死亡时间的鉴定结论这一与其他证据相矛盾的间接证据，指控被告人黄新构成故意杀人罪，严重不符合"证据应当确实充分"的法定证明标准。（1）被告人黄新没有故意杀害刘燕的犯罪动机；（2）起诉书认定的刘燕死亡时间与刑事技术鉴定书记载的刘燕尸体的尸斑、角膜、瞳孔等尸体现象明显不符；（3）从死者体内检出并非黄新所留的"大量精子"说明，刘燕有可能是在从黄新离开刘燕到刘转运发现刘燕被害之间的2个多小时内被他人所害；（4）刘燕被害一案应定性为强奸杀人案。

在法庭审理过程中，控辩双方对公诉机关提供的所有证据进行了质证。现查明：

1. 公诉机关提供的被告人黄新的所有供述材料、刘转运、任素勉、王三梅等证人证言以及黄新当庭供述，证明了案发前一天晚上，黄新和刘燕在王三梅家打牌时发生口角、案发当天黄新离开家时与刘燕之母任素勉的对话、离开家后帮其姐买电脑配件以及刘转运发现其女儿刘燕被害死亡等事实，黄新供称没有杀害刘燕，自案发的当天夜里直至次日上午9时许，其和刘燕始终在一起，且离开家时刘燕还活着。

辩护人辩护称：黄新供述证明，黄新离开时刘燕还活着；黄新与刘燕发生口角之事不能证明黄新具有杀害刘燕的犯罪动机。

2. 公诉机关提供的刘燕被杀案现场勘查笔录记载：现场位于郑州市金水区胜岗中街

151号三楼西侧,为一室一厅居室,门锁完好,无撬压痕迹;厕所外窗开启,纱窗关闭,未见攀爬痕迹;卧室西侧、南侧窗户均为铝合金推拉窗,窗上未见攀爬痕迹。郑州市公安局(98)公法医鉴字第243号刑事技术鉴定书"现场情况"一栏记载:"现场位于胜岗一队151号二楼一居室内"。

辩护人辩护称:郑州市公安局(98)公法医鉴字第243号刑事技术鉴定书"现场情况"一栏记载的"现场位于胜岗一队151号二楼一居室内"是错误的;现场照片显示:卧室西侧窗户铝合金推拉窗及纱窗均呈开启状;卧室南侧窗户铝合金推拉窗开启、纱窗关闭。

3. 郑州市公安局(98)公法医鉴字第243号刑事技术鉴定书记载:"根据尸检情况,死者颈前及右侧有散在片状擦伤及皮下出血,甲状软骨水平有一水平走向的环形闭锁式索沟,颈部皮下及肌肉组织出血,结合颜面部青紫肿胀、眼结膜点状出血、心肺外膜下点状出血等窒息征象,说明刘燕生前曾被人扼颈(手)、勒颈(电源线)致机械性窒息。死者颈部插一匕首,检验见其创道斜向内后下方,致左侧颈内静脉贯通创、左侧锁骨下动脉一分枝横断,左胸腔内大量积血,结合尸斑较浅淡、两肺苍白等失血征象,说明刘燕系在心脏尚未完全停跳时被人用单刃刺器(匕首)刺伤左颈部致大量失血。""刘燕系被他人扼勒颈部并用单刃刺器刺伤左颈部致机械性窒息合并失血性休克而死亡。"

辩护人辩护称:由于凶器之一的匕首来源不明,凶器上也没有提取到指纹,没有证据证明是黄新实施了用手扼颈、用电源线勒颈并用单刃刺器刺伤刘燕左颈部致刘燕死亡的行为。

4. 郑州市公安局(98)公法医鉴字第243号鉴定书,公安部(99)公物证鉴字第3904号物证鉴定书,最高人民检察院(2000)高检技鉴第05号鉴定书和省、市公、检、法及金水公安分局的法医关于刘燕死亡时间会议纪要,证明刘燕的死亡时间为1998年10月24日1时或者2时许。辩护人辩护称:其一,刘燕的死亡时间是根据尸冷这一唯一尸体现象做出的结论,未实际考虑死者当时赤身裸体、大量失血并置于非木质地板上等这些影响尸冷进而影响死亡时间推定的重要因素;其二,243号刑事技术鉴定书记载,死者"尸斑分布于尸体背侧未受压部位,淡紫红色,指压部分褪色","角膜透明","瞳孔圆形散大,直径约0.5cm",根据权威法医学文献,上述尸体现象应分别出现于死后2~3小时、1小时以内和4小时以内,被害人的这些尸体现象均不符合已死亡12小时的现象,表明上述法医鉴定关于被害人已死亡12小时的推定是不可靠的;其三,公安部(99)公物证鉴字第3904号物证鉴定书没有鉴定人签名;关于刘燕死亡时间会议纪要不是刑事诉讼法规定的证据种类中的证据,不具有证据效力;最高人民检察院(2000)高检技鉴第05号鉴定书是根据郑州市公安局(98)公法医鉴字第243号刑事技术鉴定书作出的。

5. 公诉机关提供的公安部(98)公物证鉴字第3059号物证检验报告记载:"刘燕的阴擦拭检见大量精子,并检出A、B型物质"。经公安部(98)公物证鉴字第3276号物证鉴定书、(2001)公物证鉴字第2303号物证鉴定书证实,该精子DNA基因型与黄新DNA基因型不同。

辩护人辩护称：其一，死者体内有他人"大量精子"的存在表明，刘燕被害的时间应发生在24日早晨9时许黄新离开刘家之后；其二，根据公安部的三份鉴定书中对"简要案情"均描述为"刘燕被强奸杀害"这一事实，本案应定性为强奸杀人案。

根据上述控辩双方对以上证据的质证，本院认为：

1. 现有证据认定被告人黄新杀害刘燕的动机事实不清，证据不足。

2. 现有证据显示，凶手杀害刘燕时所使用的手段是用手扼颈、用电源线勒颈并用单刃刺器刺伤左颈部，致刘燕因"机械性窒息合并失血性休克而死亡"，而现有证据不能证实被告人黄新实施了这一直接、具体的杀害行为。

3. 指控被告人黄新犯故意杀人罪的证据，只有关于被害人刘燕死亡时间的鉴定结论这一个唯一的间接证据。辩方对该证据提出了异议，即根据刑事技术鉴定书记载的被害人尸斑、角膜、瞳孔等尸体现象，按照法医学文献推定的死亡时间与鉴定书关于刘燕死亡时间的鉴定结论之间存在着明显矛盾。对于该矛盾，现有证据不能将之消除。

4. 死者刘燕阴道分泌物中的"大量精子"，是何人何时所留、刘燕遇害前是否被他人强奸？对这些重大疑点，现有证据不能给予合理排除。

据此，郑州市人民检察院指控被告人黄新实施杀害刘燕的行为事实不清，证据不足，指控罪名不能成立，不予支持。附带民事诉讼原告人要求被告人黄新赔偿之诉请，因认定被告人黄新杀害刘燕的证据不足、指控的犯罪不成立而不予支持。被告人黄新及其辩护人关于指控黄新犯故意杀人罪的事实不清、证据不足的辩解、辩护意见成立，予以采纳。依照《中华人民共和国刑事诉讼法》第一百六十二条第（三）项、最高人民法院《关于执行〈中华人民共和国刑事诉讼法〉若干问题的解释》第一百七十六条第（四）项之规定，判决如下：

一、被告人黄新无罪。

二、被告人黄新不承担民事赔偿责任。

如不服本判决，可在接到判决书的第二日起十日内，通过本院或者直接上诉到河南省高级人民法院。书面上诉的，应提交上诉状正本一份、副本两份。

（五）口供不一证据不足，谁是持刀人？

【案情】

2006年1月5日18时许，被告人闭思民（与闭思国、闭思冠是胞兄弟关系，与闭阳关是父子关系）、闭阳关与闭思冠、闭思国一起在家中吃饭。席间，闭思国提出闭思民曾向其借过100元钱，但至今没有还钱，闭思民则说其没有借闭思国的钱，两人因此发生争吵。架越吵越凶，愤怒之下，闭思国朝闭思民动起手来。闭阳关见状，一边责备闭思国，一边试图阻止闭思国继续动手，却被盛怒中的闭思国狠狠地推了一下。闭阳关一下子就撞上了厨房的门板，左眼被碰伤了。摸着伤口，闭阳关更气了，吼着说要教训一下闭思国，宁可打伤后再送其去治疗。闭阳关话刚说完，就见被告人闭思民持牛角刀朝被害人闭思国身上连捅了数刀。闭思国被送往医院后终因伤势过重经抢救无效死亡。

【争议】

这是一起亲人相残的案件，源自于一件微不足道的小事。但尸检发现，闭思国死亡的原因是胸背部及四肢遭锐器所伤导致失血性休克，结合伤口形状及现场照片，可推断致被害人死亡的凶器是菜刀和牛角刀，由此本案产生了争议。焦点是两被告人中是谁持菜刀行凶。

被告人闭阳关在侦查阶段曾两次供述，在庭审中亦供认是其用菜刀砍闭思国的，而且是在闭思国砍伤其手，在致其手流血的情况下，夺过菜刀砍闭思国的。但他也曾供述，他没有用菜刀砍闭思国，承认用菜刀砍闭思国是为了帮闭思民顶罪。证人张某某则在证词中说，打架结束时其到闭阳关家看见闭阳关站在门口，身上、手上有很多血。但 DNA 检验鉴定结论却是菜刀上没有闭阳关的血，该鉴定结果与被告人闭阳关的供述不能印证，且与证人张某某所说的看见闭阳关手上有血的事实不符。而被告人闭思民一时说他没看见是谁拿菜刀砍闭思国的；一时又说可能是闭阳关拿菜刀砍，但不清楚他是怎么砍的。本案中被告人闭阳关、闭思民的口供反复不定，又没有其他的物证印证，不能排除合理怀疑，但是谁致被害人死亡的主要证据不足。

为此，法院在审理期间同意公诉机关补充侦查，对菜刀进行指纹鉴定，结果在菜刀上并没有发现任何指纹。因此认定被告人闭阳关用菜刀砍闭思国的证据不足。而被告人闭思民是否用菜刀行凶，也没有证据证实。虽然 DNA 检验鉴定结论证实菜刀上留有闭思民的血痕，但这只说明闭思民有用过菜刀的可能，仅凭此证据尚不足以认定闭思民持菜刀行凶。牛角刀是闭思民所持已得到印证，而是谁持菜刀行凶的仍无法确定。

【探究】

该案在刑事侦查阶段证据收集不足，该收集的证据没有收集，该补强的证据不补强。如，在现场提到的菜刀或者平头（柴）刀能否造成致死者死亡，应结合死者的创口加以确定；菜刀上是否有两被告人的指纹；刀上血迹的血型与死者的血型是否吻合……这些问题都需要相应的证据予以证实，并附有鉴定结论来佐证的。但本案中除了两被告人的反复不定的供述外，该鉴定的没有作鉴定，为此，防城港市中级人民法院在审理该案期间建议公诉机关补充侦查，并对菜刀进行指纹鉴定，对平头（柴）刀进行 DNA 鉴定。送检后，在菜刀上已无法提取到指纹，平头（柴）刀上也没有提取到血痕，从而造成认定被告人闭阳关、闭思民用菜刀砍闭思国的证据不足。因此，法院只好根据现有的证据，依法判处被告人闭思民有期徒刑十年，剥夺政治权利二年；判处被告人闭阳关有期徒刑三年，缓刑五年。宣判后，两被告人不上诉，公诉机关不抗诉。本案已发生法律效力。

五、侦查环节的律师实务

（一）阅卷笔录

1. 现将本文书的制作要点介绍如下：

事实类；

证据类;
法律依据类;
主张立场类。
2. 格式
阅卷笔录
时间:
地点:(或受理法院):
案由:
当事人:
笔录内容:

律师阅卷笔录

时间:19××年××月××日××时至××时
地点:××市××人民法院刑事审判庭
案由:故意伤害
被告人:A,男,××岁,××市××县人,×族,××市××中学学生,住××县×路×号×楼××号。因故意伤害于19××年×月×日被拘留,×月×日被取保候审。19××年×月×日公安机关移送审查起诉,××人民检察院于××月××日提起公诉。
一、案件事实及被告人陈述
1. 起诉认定的事实
   (应详述,此略。)(卷宗第×页)
2. 被告人A×陈述
   (应详述,此略)(卷宗第×页)
二、有关证据
(应详述,此略。)
法医:王××
医生:胡××
三、案件性质及认定根据
本案定性为:故意伤害罪
认定根据:
1. 《人体重伤鉴定标准(试行)》第2章第6条第11款:拇指挛缩畸形,不能对指和握物。
2. 《刑法》第234条:"故意伤害他人身体的,处三年以下有期徒刑拘役或者管制。犯前款罪,致人重伤的,处三年以上十年以下有期徒刑;致人死亡的或者以特别残忍手段致人重伤造成严重残疾的,处十年以上有期徒刑,无期徒刑或者死刑。本法另有规定的,依照其规定。"

四、案件情节及有关法律规定

1．法定从轻情节：《刑法》第 17 条第 3 款规定："已满十四周岁不满十八周岁的人犯罪，应当从轻或者减轻处罚。"

2．酌情从轻情节：被告人归案后认罪态度较好。

3．其他情况：被告人正在××中学读书，系中学学生。在校学习期间，遵纪守法，学习成绩较好。同学、教师反映均好。

阅卷人：蔡××

（二）会见犯罪嫌疑人、被告人笔录

1．现将本文书的制作要点介绍如下：

首部。居中写明"会见犯罪嫌疑人/被告人笔录"，主要内容是时间、地点、会见人、被会见人、案由和记录人。

正文。主要内容即为律师会见犯罪嫌疑人、被告人时的谈话记录。

尾部。被会见人签名、日期。

2．格式：

会见犯罪嫌疑人/被告人笔录（第×次）

时间：　　年　月　日　时　分至　时　分

地点：

会见人（律师）：

被会见人：

案由：

记录人：

笔录内容：

××年××月××日

3．举一范例供制作时参考：

会见犯罪嫌疑人、被告人笔录（第一次）

时间：19××年×月××日上午×时×分至×时××分

地点：××市郊看守所第×会见室

会见人：A，B（××律师事务所）

被会见人：犯罪嫌疑人 C

涉嫌罪名：盗窃

记录人：B

笔录内容：

问：你叫C？
答：是。
问：我们是××市××律师事务所律师，受你父亲××的委托，律师事务所指派我们为你提供法律咨询。代理申诉、控告、申请取保候审，我们将根据事实和法律，维护你的合法权益。对于你父亲的委托，你同意我们律师事务所指派我们为你提供法律服务吗？
答：同意。
问：你是哪年出生的，籍贯何处，因何到××市？
答：我于19××年×月×日出生，籍贯××，在来××市前在××中专学××专业，到××市是为了给自己找个工作。
问：××市公安机关认为你涉嫌犯有盗窃罪，并且是盗窃团伙主犯，你有何看法？
答：盗窃行为我确实有，但从未参加盗窃团伙，我只是个人偷过几次东西。
问：你把参与盗窃的情况如实陈述一下。
答：好的。19××年我在中专学校毕业，为了找个好一点，工资收入高一点的工作，我来到××市，并于同年×月受聘于××酒店做××工作。由于刚从农村来到城里，看到别人很有钱，心里很忌妒。我的工资并不是很高，除了做××之外我没有其他专长，所以一直也没有赚多少钱。在酒店工作过程中，我看到来酒店的客人大多数都有手机，很眼馋，一直想自己有一部，因价格太高，一直没有买。19××年×月的一天，我在大堂值班，恰巧店内保存了一个客人遗忘的公文包，是加有密码锁的，我心存好奇，就随便拨弄了几个数字，没想到竟让我给打开了，包内有一部诺基亚手机和一些杂物。我看四处无人，又是客人遗忘的东西，就偷走了那部手机，并一直藏在床下，等以后入网自己使用。这就是那部被公安局查出来的赃物。
问：公安机关认为你是××省人王××、蒋××、于××盗窃团伙的成员，你认可吗？
答：冤枉啊！我只是和他们认识，聊过几次，我可从来没和他们一起偷过东西啊！
问：你把同王××、蒋××、于××认识交往的经过谈一下。
答：我是××省人，孤身一人来到××市，没有朋友，一次偶然的机会，我参加了一个老乡会，会上喝酒时认识了王××、蒋××、于××。开始他们说是在××市做××生意的，在随后的几次交往中，我才知道他们都是长期流窜作案的盗窃犯。由于臭味相投，我就把自己曾偷拿手机的事告诉了他们，并让于××为我代为办理手机入网，王××、蒋××、于××也将他们参与盗窃的经历告诉我，并邀我入伙，但我当时说考虑考虑，并没有答应他们。
问：王××、蒋××、于××在被公安机关逮捕后，供认你参与了他们在本市××区××街×号的偷窃××一事，你参与了吗？
答：没有，绝对没有。
问：王××、蒋××、于××偷××那天你在干什么，在什么地方？
答：那天是×月×日，是星期六，我休班，去了一个老乡家里，他可以给我作证。
问：王××、蒋××、于××给你说起过他们要去偷××吗？

答：说起过。在一次聚会上，我们四个人一起喝酒，郭××说××最近卖得挺火，如果能搞到一些，他负责销货，可以卖上大价钱，我当时只听说，并没有在意。

问：你共与王××、蒋××、于××见过几次面，最后一次在什么时间？

答：一共好像见过四、五次面，最后一次是在今年初，大概是1月份左右。

问：你还有什么要说的吗，

答：没有了。

问：你看看笔录，看记得对不对，如果没错，你看后签字。

答：好的。以上笔录我看过，与我讲的一样。

××年××月××日

（三）解除强制措施申请书

1. 现将本文书的制作要点介绍如下：

首部。首先应在文书首部居中写明解除强制措施申请书字样；还要写清楚申请人的姓名、所属的律师事务所以及具体的通讯地址或联系方法。

正文。首先要写明申请事项；然后是申请的事实与理由。

尾部。要注明文书将要提交的公安机关、人民检察院或者人民法院。

附项。附上申请解除强制措施的有关证据。

2. 格式：

解除强制措施申请书

申请人：　律师事务所　律师

通讯地址或联系方法：

申请事项：解除对犯罪嫌疑人（被告人）　采取的强制措施。

申请理由：犯罪嫌疑人（被告人）　因涉嫌　一案，于　年　月　日　时始被　采取　的强制措施，现已超过法定期限。作为犯罪嫌疑人（被告人）　委托的律师。根据《中华人民共和国刑事诉讼法》第75条规定，特提出申请。请予解除对其采取的强制措施。

此致

公　安　局（人民检察院、人民法院）

申请人：
律师事务所（章）
××年××月××日

注：本申请书可用于刑事案件的侦查、审查起诉或者审理阶段，向有关机关提出对犯罪嫌疑人或者被告人解除刑事强制措施的申请。

3. 举一范例供制作时参考：

解除强制措施申请书

申请人：××律师事务所B律师

通讯地址：××市××路××号××律师事务所。
申请事项：解除对犯罪嫌疑人 A 采取的已超过法定期限的强制措施。
申请事实与理由：（应详述犯罪事实，此略。）犯罪嫌疑人 A 采取的监视居住强制措施已逾×个月，作为犯罪嫌疑人 A 委托的律师，根据《中华人民共和国刑事诉讼法》第××条和第××条的规定，特提出申请。请予解除对其采取的强制措施。
此致
××市公安局

申请人：B
律师事务所：××（盖章）
××年××月××日

（四）调查取证申请书
1. 现将本文书的制作要点介绍如下：
首部。写明标题调查取证申请书字样，申请人的姓名、所属律师事务所及通讯地址或联系方法。
正文。第一，为申请事项；第二，为申请理由。
尾部。注明文书要提交的司法机关的名称，申请人的签名，所属律师事务所的盖章及日期。
2. 格式：

调查取证申请书

申请人：　　　　律师事务所　　　　律师
通讯地址或联系方法：
申请事项：请求许可调查取证
申请理由：作为犯罪嫌疑人（被告人）　　　　的辩护人，因案情需要，本人拟向被害人（被害人近亲属、被害人提供的证人）　　　　收集与本案有关的材料，根据《中华人民共和国刑事诉讼法》第37条第2款的规定，特此申请，请予许可。

此致

人民法院
人民检察院

申请人：
律师事务所（章）
××年××月××日

(五) 会见在押犯罪嫌疑人申请表
1. 文书的制作要点：
申请律师的个人情况简介。
被要求会见的犯罪嫌疑人的情况简介。
申请的依据。
侦查机关对该项申请的意见。
2. 格式：
会见犯罪嫌疑人申请表
申请人
性别
年龄
申请时间
单　位
住址
犯罪嫌疑人
性别
年龄
单位及职业
住址
涉嫌罪名
被拘捕时间
　　我受　　　委托，为其提供法律咨询，代理申诉、控告。根据《中华人民共和国刑事诉讼法》第96条第2款之规定，特申请会见　　　　。

侦查机关意见
领导指示
承办单位意见
承办人意见
(六) 辩护人（律师）查阅、摘抄、复制案件诉讼文书、技术性鉴定材料登记表
辩护律师（辩护人）姓名
犯罪嫌疑人（被告人）姓名
案由
查阅、摘抄、复制时间
查阅内容、摘抄内容、复制内容
承办检察人员

批准人签字

（七）取保候审申请书

1. 现将本文书的制作要点介绍如下：

首部。写明：第一，标题；第二，申请人的身份。

正文。写明：第一，申请事项；第二，申请理由；第三，如果有保证人，则写明保证人身份；第四，写明保证的具体内容。

尾部。写明：第一，致送机关的名称；第二，申请人、保证人（如果有的话）签名。

最后，要求注明提出该项申请的年、月、日。

2. 格式：

取保候审申请书

【　　】第　　号

申请人：　　　律师事务所　　　律师

通讯地址或联系方法：

申请事项：对犯罪嫌疑人　　　申请取保候审。

申请理由：犯罪嫌疑人　　　因涉嫌　　　一案，于　　年　　月　　日经人民检察院批准（或决定）逮捕羁押。根据　　　案的犯罪嫌疑人　　　（或其法定代理人、或其亲属　　　）的要求，本人为犯罪嫌疑人提出申请取保候审。其保证人是（或保证金为　　　）。根据中华人民共和国刑事诉讼法第51条、第96条的规定，特为其提出申请，请予批准。

此致

公安局

人民检察院

申请人：（签名）

律师事务所：（章）

××年××月××日

3. 举一范例供制作时参考：

取保候审申请书

申请人：A，男，××岁，×族，××省××市人，××市××厂工人，住本市××路××号。系犯罪嫌疑人B之父。被申请取保候审的犯罪嫌疑人：B，男，××岁，××市人，××市××厂工人。因涉嫌伤害罪，于××年××月××日被××市××区公安局刑事拘留，现关押在××区看守所。

（应详述事实经过，此略。）

申请人为保证被申请取候候审的犯罪嫌疑人 B 遵守有关规定，提出由 C 担任保证人。保证人 C 系申请人 A 之妹，女，××岁，××市××区××局干部，为人正派，有固定收入和住处，有能力履行保证义务。申请人和保证人保证监督被保证人 B 严格遵守有关规定，做到：（1）保证不离开本市；（2）保证随传随到；（3）保证不干扰证人作证；（4）保证不毁灭、伪造证据或串供。并且保证随时向执行机关报告被保证人的情况。

此致　　××市××区人民法院

申请人：A（签字）

保证人：C（签字）

××年××月××日

（八）通缉令

姓　名：姚江

方言口音：重庆口音

性　别：男

现在身份：　　出生日期：1974-3-24　身份证号：510228197403241634　　身　高：170

其他身份：

脸　型：椭圆脸　　体　形：中等

通缉日期：2007-9-26

通缉编号：公缉[2007]131 号

曾用姓名：

家庭住址：重庆市铜梁县旧县镇金瓯村 6 组 8 号

现在住址：重庆市铜梁县旧县镇金瓯村 6 组 8 号

身体标记：

罪行描述：2007 年以来，重庆市九龙坡区连续发生 9 起抢劫、强奸案件。经工作发现，该系列案件与"2005·11·18"抢劫强奸杀人案、"2006·7·20"抢劫案均系犯罪嫌疑人姚江所为，现该人潜逃。

对发现线索的举报人、缉捕有功的单位或个人，将给予人民币 1 万元奖励。

第八章 起诉环节司法实务与实训

本章对起诉程序有关问题作了系统的阐述。学习本章应掌握以下要点：
（1）起诉的概念和意义；
（2）提起公诉的程序；
（3）提起自诉的程序。

第一节 实训案例一

一、基本案例

2001年12月10日，张营生、张霞云（以下简称"二张"）与云南省陆良县某村签订了集体土地承包合同，双方约定："二张"承包的土地用于栽种林木或蔬菜，不得他用；承包款每年2000元，每年1月30日交清承包款，如1月30日交不清承包款，超一天罚款100元，两个月交不清承包款的，则取消合同。2002年1月30日，"二张"按规定交清了承包款，并在承包的土地上种植了4万余棵葡萄、2万余棵柿树、1500余棵梨树。这一年风调雨顺，种植的树苗和花菜长势喜人。但由于在其他生意上的经营不善，2003年的1月30日"二张"没能按时交上承包款，但其态度较好，要求村上考虑其困难并按规定每天交罚款100元。到3月20日，"二张"停止交罚款，并辩称没钱，并一直持续到4月中旬。于是村集体按规定取消了合同，并要求与"二张"讨论补偿问题，但遭"二张"拒绝。为了准备当年的耕种，在数次要求商谈被拒绝的情况下，村长左闸召集村民商议把栽种的林木和蔬菜搞掉，并得到村民的同意。2003年4月21日晚，左闸再次召集村民开会商量："2003年4月23日8时，全组每家出一人将张营生种的果树全部挖掉。"2003年4月23日9时许，左冷驾驶拖拉机，伙同左闸等村民40多人在不到两个小时的时间内把"二张"承包的葡萄、柿树和梨树全部毁掉。据此，张营生和张霞云向公安机关报案，公安机关对其进行了立案调查，并得到下列证据：张霞云和张营生的陈述、证人证言、书证、对被毁树苗的现场勘验笔录、特定物品价格认证结论书等。根据以上证据，公安机关最终以破坏生产经营罪向人民检察院提交了起诉意见书，并移送了相关的证据。

二、案例的程序问题

1. 人民检察院接到相关的证据和起诉意见书后,要进行刑事诉讼中的哪一程序?其目的是什么?
2. 这一程序要核实哪些内容?
3. 这一程序是如何操作的?
4. 结合上述的程序处理,本案应当作出何种决定?

三、案例的程序分析

1. 人民检察院接到公安机关移送的证据和起诉意见书后,应对其进行审查,以决定是否符合起诉的条件,并作出提起公诉与否的决定,这一程序就是刑事诉讼中的审查起诉。审查起诉活动是保证办案质量的重要环节,为刑事诉讼程序提供了一个重要的过滤机制,通过审查起诉可以发现侦查工作中的瑕疵和漏洞,纠正侦查工作中的错误,保证提起公诉的案件真正达到事实清楚、证据确实充分的条件,从而既严厉惩治犯罪,又保障公民的基本人权。

2. 审查起诉的审查过程是一个验证真伪的过程,检察官在这一阶段实质上具有一种"准法官"的功能:他要对案件事实、证据和适用法律进行审查判断并作出相应的处置决定,为此,检察官应对下列事项进行审查:

(1) 事实审查。就是对案件指控的事实从现实可能性和是否符合公诉条件方面进行的审查,这种审查应当是由粗到细、由全局到局部乃至细节的过程,可以分解为事实总体审查和事实要素审查两部分内容。

事实总体审查是指从事实构成要素相互联结的全局以及各个事实之间的关系上进行审查,既要从指控事实的总体又要从若干以文字记载为表现形式的证据的内容上审查,是否事实清楚,已经查清的事实是否符合现实可能性和逻辑性,对于事实不清或缺乏现实生活的逻辑性的,可以退回侦查机关补充侦查,也可以自行侦查澄清。

事实要素审查是指比照实体法中犯罪构成要件事实,对指控犯罪的事实进行审查,以及对与定罪量刑有关的其他事实要素进行审查。犯罪构成要件事实存在与否是是否构成犯罪、此罪和彼罪的主要依据,是实质诉权存在的基础,应当予以重点审查。

对案件事实进行审查过程中,还应达到查明或者确认下述事实:有无法定的从重从轻、减轻或者免除处罚的情节,以及与此相关的共同犯罪案件的犯罪嫌疑人在犯罪活动中的各自地位、作用和相互关系以及各自所应承担的责任;有无遗漏罪行和其他应当追究刑事责任的人;是否属于《刑事诉讼法》第15条不应当追究刑事责任的情形;有无附带民事诉讼。

(2) 证据审查。包括对证据质的审查和量的审查。

质的审查主要包括相关性的审查,看证据是否与案件定罪量刑有关的事实存在联系,对于没有相关性的,应予以排除;客观性审查,即对为人所感知的或在现场和现场外遗留的反映案件事实以及与之相关的事实的痕迹、物品、文学材料等犯罪信息的审查；合法性审查，包括对收集证据的主体、手段，证据的内容和形式的审查。

量的审查即看指控的犯罪是否符合事实清楚，证据确实、充分的要求，其具体体现为：案件事实均有必要的证据予以证明；证据之间、证据与案件事实之间的矛盾得到合理的排除；得出的结论是唯一的，排除了其他可能性。

（3）法律审查。即审查犯罪性质和罪名的认定是否正确。

3．审查起诉的程序主要包括如下：

（1）受理程序。人民检察院在收到公安机关以及其他侦查机关移送审查的案件，以及人民检察院审查起诉部门在收到检察机关侦查部门移送审查起诉的案件时，应当首先进行形式审查：起诉书以及案卷材料是否齐备，移送的实物与物品清单是否相符，犯罪嫌疑人是否在案，采取强制措施的情况。对于具备受理条件的，人民检察院审查起诉部门应当填写受理审查起诉案卷登记表；对于起诉意见书、案卷材料不齐备的，或者移送的实物与物品清单不符的，应当要求补充移送；对于犯罪嫌疑人在逃的，应当要求在保证犯罪嫌疑人到案后再移送审查起诉；共同犯罪中部分犯罪嫌疑人在逃的，不影响其他在案人员的审查起诉。

（2）审查程序。①指定承办人。人民检察院受理移送审查起诉后，应当指定检察员或者经检察长批准代行检察员职务的助理检察员办理，也可以由检察长办理。②审查。由承办人对案件进行全面的审查，包括：根据案件事实和诉讼材料审查证据是否已经随案移送，不宜移送的证据的清单、复制件、照片或者其他证明文件是否随案移送；与犯罪有关的财物及孳息是否扣押、冻结并妥善保管，以供核查；侦查活动是否合法；采用的强制措施是否适当；是否属于本院管辖。

（3）处理。根据《刑事诉讼法》第140条、第142条的规定，对于不同情况分别作出如下处理：①作出提起公诉决定：凡认为犯罪事实已经查清，证据确实充分，依法应当追究刑事责任的，按照审判管辖提起公诉。②作出不起诉决定：凡认为犯罪嫌疑人的行为不构成犯罪或符合《刑事诉讼法》第15条的规定的，作出不起诉决定，并释放在押嫌疑人。③作出退回补充侦查决定：凡认为犯罪事实不清、证据不足，依法退回补充侦查，补充侦查以两次为限。

4．本案应当作出不起诉的决定

通过本案的事实，我们可以发现本案并不符合破坏生产经营罪。破坏生产经营罪是指出于泄愤报复或其他个人目的，毁坏机器设备、残害耕畜或以其他方法破坏生产经营的行为。破坏生产经营罪是具有泄愤报复或其他个人目的的，在本案中被告人表面上是破坏生产经营的行为，实质上是因"二张"不履行合同，侵害被告人的利益，被告人遂采取自救的行为即被指控为"破坏生产经营"的行为。因此本案自始至终只是一个经济纠纷而已，不符合犯罪的构成要件，因而应该作出不起诉的决定。

第二节 实训案例二

一、基本案例

1998年底,罗家庆要去一趟瑞丽,在去之前刘安权打电话约其到他家,要求罗家庆帮他带点药子,罗没有答应。当时罗的表妹夫也一起去的。到瑞丽后,刘安权再次打电话说帮他带药子就给3万元。后来刘拿3万元让罗家庆转交付国成,并让他叫表妹夫去买四袋白糖,把药子放在白糖里。1999年1月1日付国成来到瑞丽,罗家庆让其把车停在瑞丽加油站停车场,把四袋装有药子的白糖放在车内,并告诉付国成:白糖内有"咪咪"的精神药品,钱付给你,带回昆明后他来取。付国成就把放有药子的四袋白糖从瑞丽拉回昆明。1999年1月4日,罗家庆租了一辆昌河车,并让赵丽第二天到新迎批发市场去买了两只旅行箱放在车上。1月5日罗家庆去叫尹亚东帮忙,说:"我朋友有四袋白糖从瑞丽带回来,你帮我抬一下。"尹亚东看今天也没事,就跟罗一起。中午11点多钟到了付国成家,并在他家吃了饭。吃过饭后,尹亚东帮忙一起把白糖从付家的车上抬到罗家庆的车里。罗家庆又把车开到教场中路成都军区射击队,在一个车库旁,罗家庆说要小解,并四处观望,让尹亚东把袋子拆开,并把长方块状的东西拿出来放到旅行箱里。尹亚东看这些东西都用黄色胶带纸包着,就好奇地问是什么,罗家庆说这你甭管。装好之后,两人沿着教场中路开车。突然,数辆警车从附近冲上来,扣押了车子和旅行箱,并对二人进行了拘留。经公安机关刑事科学技术鉴定,旅行箱中的药子是海洛因,净重40452.8克。据此,公安机关立案侦查,还取得以下证据:(1)证人赵丽的证词;(2)证人王运成的证词,王运成是射击队车库的管理员;(3)被告人罗家庆、付国成、尹亚东的供述。公安机关侦查终结后就罗家庆、付国成和尹亚东运输毒品罪向人民检察院移交了起诉意见书。检察机关据其进行了审查。

二、案例的程序问题

1. 检察机关提起公诉的条件有哪些?本案的被告人是否符合提起公诉的条件?
2. 若提起公诉,则具体的提起公诉的程序是怎样的?
3. 结合本案谈谈检察机关出庭支持公诉,在庭审辩论中要注意哪些事项?

三、案例的程序分析

1. 根据《刑事诉讼法》第141条、第150条的规定,人民检察院提起公诉需要符合实体条件和程序条件。实体条件包括:犯罪事实已经查清,包括犯罪的时间、地点、动机、目的、行为、手段、情节、过程、后果等都已查明,没有漏罪和遗漏人犯的情况;证据确实充分,证据的客观性、关联性都得到了证实,证据之间及证据与案件事实之间的矛盾业已排除,犯罪事实构成的每一部分都有相应的证据予以证明;依法应当追究刑事责任等。程序条件包括:起诉书中有明确的指控犯罪事实;附有证据目录和证人名单;附有主要证据复印件或者照片,包括起诉书中涉及的各种证据种类中的主要证据,多个同种类证据中被确定为"主要证据"的,作为法定量刑情节的自首、立功、累犯、中止、未遂、正当防卫等证据。

在本案中,被告人罗家庆和付国成符合提起公诉的实体条件,而被告人尹亚东则不具备提起公诉的实体条件。

在本案中,被告人罗家庆负责组织运输,并在昆明接应毒品;被告人付国成在明知是违禁物品的情况下,直接运输毒品,二人皆具有实施犯罪的直接故意且有实施犯罪的行为。从证据上看,不能证明被告人尹亚东主观上明知黄色胶带纸包裹的块状物是海洛因,因而不能证明其有犯罪的故意。根据上述事实和相关的法律规定,被告人罗家庆和付国成无视国家禁毒法律,为谋取非法利益,共同运输毒品海洛因,其行为构成运输毒品罪,符合提起公诉的条件,而被告人尹亚东由于没有犯罪的故意,犯罪的证据不充分,不符合提起公诉的条件。

2.提起公诉的具体程序:

(1)制作起诉书。人民检察院决定提起公诉后,应当提交书面的起诉文件,这是人民法院开展审判活动的依据,其主要内容包括:①人民检察院的名称、文件名称、编号;②犯罪嫌疑人的基本情况:姓名、性别、年龄、国籍、民族、籍贯、文化程度、单位、职业、住址、前科、所采取的强制措施名称及决定执行年、月、日;③案由及来源:所认定罪名、案件来源、起诉过程;④犯罪事实情节及证据:犯罪构成要件各要素以及罪前表现、最后态度以及应负的罪责;⑤起诉理由:依据的法律条款具体规定,罪名的构成,应负的刑事责任及负何种刑事责任,有无从重、加重、从轻、减轻的事实情节;⑥结尾:"此致……人民法院"、担任起诉工作的检察员职务、姓名、制作时间及检察院印章;⑦附项:犯罪嫌疑人羁押处所,是否采取强制措施,案卷册数、赃物清单、证据目录、证人名单、主要证据复印件或照片,共犯中不起诉部分的不起诉决定书副本,刑事附带民事诉讼状。

(2)起诉书的移送。起诉书制作完备后,人民检察院将起诉书副本若干,连同证据材料一起,一并移送同级人民法院审理;如果是共同犯罪案卷,按共犯人数向人民法院提交起诉状,如有被害人的案件,应将起诉书送达被害人。

3.出庭支持公诉是指人民检察院将案件向人民法院提起公诉后,在法院开庭审判时,依法派员以国家公诉人的身份出庭支持提出的指控,参加法庭调查和辩论,完成对犯罪嫌疑人的指控,要求人民法院追究其刑事责任的活动。

法庭辩论是在法庭调查之后的一项重要庭审活动。在我国当前加强被告人的人权保护和庭审的控辩对抗的情况下,法庭辩论是对控辩各自的立场集中展示,也是对对方立场的有力驳斥,关系到案件事实的明晰、法律适用的准确。人民检察院作为国家公诉机关,不仅应当惩治犯罪,也应当保护无辜的人不受犯罪的追究,为此,人民检察院在辩论中应充分注意辩论的技巧：

（1）辩论的依据。辩论应当依据事实、证据和法律进行，无论需要反驳的辩论意见是多么的无理、刁钻，都不能试图以压抑对方的辩护权利来保证控诉的效果；有理不在声高，公诉人应始终保持冷静平和的心态、机敏灵活的头脑和能言善辩的口才；事实胜于雄辩，清楚无误的事实、确实充分的证据以及明确的法律规定是辩论的最有力保证。

（2）同对方辩论时应当针对不正确的意见进行，同时应认真听取对方中肯的意见，不能因一时的冲动或立场的不同而失去公诉人的立场。

（3）法庭辩论中，公诉人与被害人、诉讼代理人意见不一致的，公诉人应当认真听取他们的意见；诉讼代理人和被害人都有在庭上发言的权利，公诉人不得因意见不合而压制其权利；对于意见的不合应交由法庭裁判，公诉人可以不予以理会。

第三节　实训案例三

一、基本案例

胡木、胡湘、祉嘉、潘龙和魏蓝是非常要好的高中同学，他们经常在一起踢球。2003年5月1日下午3时左右，后卫胡湘被对方前锋踢伤，左腿骨折被送入医院，但胡湘家里比较穷，于是几个同学就相约搞点钱帮帮胡湘，大家先在班上倡议要求大家捐点钱，但捐款太少；于是他们想到了邻班王小亚，他爸是国企的老总，家境特别好，祉嘉说：他那么有钱，让他帮帮忙，应该没问题的。潘龙说：要是他不答应，我们就抢，把他身上所有值钱的东西都搞来。其他人赞成潘龙的建议，但祉嘉说：这样是犯罪，不妥。其他人看他这么害怕，就威胁以后不和他一起玩并不让他踢球，还骂他懦夫。其他人就去踩点，决定5月5日下午放学动手，因为这一天王小亚一人在家，没有人来接他；但他们想人多了，法不责众，所以最后还是把祉嘉也叫上。5日晚6时左右，魏蓝、胡木和潘龙带上祉嘉来到王小亚放学必经的一条胡同，祉嘉问他们要干嘛，他们据实以告，并说如不去以后就不和他一起玩，还把他们做的事都嫁祸于他；如去可以只要望风，免得让人发现了；祉嘉又想帮同学，又担心被他们冤枉，没办法只好去了。这样，祉嘉在胡同口放风，其他三人截住王小亚要求王资助一点帮自己兄弟一把。王一看人多势众，表面答应，假装找钱伺机打电话报案，但被胡木发现制止，潘龙觉得甚是气愤，随手拿起一块砖头朝王小亚的身上砸去，王急忙躲过。祉嘉在外面望风也是很紧张，正好看到有一行人好像要经过这里，就准备借机假喊，让王小亚逃脱；当看到他们对王小亚用武力时，就冲进来说有人来。三人信以为真，赶紧逃跑；王小亚也得以解脱。当晚12时，王小亚的父母回来，王把此事告诉父母，父母报案。根据王小亚的举报，公安机关很快把四人抓了起来。四人对犯罪事实供认不讳，魏蓝还承认在1999年1月4日，从一辆汽车中偷盗了内有2千元的皮夹。根据以上事实和相关的证据，公安机关向人民检察院提交了对祉嘉、潘龙和胡木的抢劫罪起诉意见书及魏蓝抢劫罪和盗窃罪并罚的起诉意见书。检察机关经过审查后，对祉嘉作出了不起诉的决定；对魏蓝的盗窃罪也不予以追究。

二、案例的程序问题

1. 检察院接受移交的材料后，应在多少天内作出起诉与否的决定？
2. 不起诉的种类有哪些？分别有何条件？本案中不起诉的被告人属于哪种不起诉？
3. 不起诉的程序有哪些？

三、案例的程序分析

1. 按照规定，人民检察院对于移送审查起诉的案件，应当在1个月内作出决定；重大复杂的案件，1个月内不能作出决定的，审查起诉部门报请检察长批准，可以延长半个月；改变管辖的，以改变后人民检察院收到审查起诉的案件时起算；退回补充侦查的，审查起诉部门应从重新移送之日起算；在审查起诉过程中中止审查后又恢复审查的，审查起诉的期限应累计计算。

2. 根据我国《刑事诉讼法》第15条、第142条和第140条第4款的规定，我国的现行不起诉分为三种类型：法定不起诉、相对不起诉和存疑不起诉。

法定不起诉的条件包括：情节显著轻微、危害不大，不认为是犯罪的；犯罪已过追诉时效期限的；经特赦令免除刑罚的；依照刑法告诉才处理，没有告诉或者撤回告诉的；犯罪嫌疑人、被告人死亡的；其他法律规定免予追究刑事责任的。

相对不起诉的条件是对于犯罪情节轻微，依照刑法规定不需要判处刑罚或者免除刑罚的，具体包括以下情形：《刑法》第37条规定，对于犯罪情节显著轻微的，不需要判处刑罚；在中华人民共和国领域外犯罪，刑法规定应负刑事责任，但在国外已受过刑事处罚，可免除刑罚；聋、哑人、盲人犯罪，可从轻、减轻、免除刑事责任；正当防卫或紧急避险超过必要限度，造成社会危害性，应当酌情减轻刑事责任或免除刑罚；预备行为构成犯罪的，可比照刑法该条款，从轻、减轻或免除刑事责任；中止犯罪，可减轻或免除刑罚；共犯中起次要作用和辅助作用的从犯，比照主犯从轻、减轻或免除刑罚；胁从犯或被诱骗参加犯罪者，按其犯罪情节，比照主犯从轻、减轻或免除刑罚；有自首情节的罪行较轻的犯罪嫌疑人，或罪行较重，犯罪后自首并有立功表现者，可减轻或免除刑罚。

存疑不起诉是指对于补充侦查的案件，人民检察院仍然认为证据不足的，不符合起诉条件的，可以作出不起诉的决定。其程序要件是人民检察院必须对不符合起诉的案件退回补充侦查，以两次为限。实体要件是指案件的证据不足：犯罪构成要件事实缺乏必要的证据予以证明；或据以定罪的证据存在疑问，无法查证属实；或据以定罪的证据之间的矛盾不能合理排除的;或根据证据得出的结论具有其他可能性的。

本案中对祉嘉的不起诉是相对不起诉;对魏蓝的盗窃罪不起诉是绝对不起诉。在四人共同抢劫的犯罪中,祉嘉属于胁从犯,也是中止犯,因而按照《刑法》可以免除刑罚,是相对不起诉。魏蓝的盗窃案按照《刑法》第 264 条和最高人民法院《关于审理盗窃案件具体应用法律若干问题的解释》第 3 条的规定,应当判处 3 年以下有期徒刑、拘役或管制,并处或单处罚金;但从案发到被发现已经过了 4 年多,属于已过追诉期限的情形,因而是绝对不起诉。

3. 不起诉的程序包括:

(1) 决定不起诉。不起诉决定分别由检察长和检察委员会作出;对于补充侦查的案件,人民检察院仍然认为证据不足,不符合起诉条件的;对于犯罪情节轻微,依照刑法规定不需要判处刑罚或者免除刑罚的,经检察委员会讨论决定,作出不起诉决定。对于符合《刑事诉讼法》第 15 条规定的情形之一的,经检察长决定,作出不起诉决定。

(2) 制作不起诉决定书。凡是不起诉的案件都应以不起诉决定书作为终止诉讼的标志,不起诉书的内容包括被不起诉人的具体情况、案由和案件来源、案件事实、不起诉的法律根据和决定事项、告知事项。

(3) 不起诉决定书应当公开宣布。

(4) 不起诉决定书应当送达被不起诉人和他所在的单位,如果被不起诉人在押的,应当立即释放。

(5) 对不起诉决定的复议、复核和复查。对于公安机关移送起诉的案件,人民检察院决定不起诉的,应当将不起诉决定书送达公安机关。公安机关认为不起诉的决定有错误的时候,可以要求复议。如果意见不被接受,可以向上一级人民检察院提出申请复核。人民检察院应当在收到要求复议意见书或者复核意见后的 30 日内作出决定。

(6) 对不起诉决定的申诉。①被害人的申诉。被害人对不起诉决定不服,在申诉期限内提出申诉的,由上一级人民检察院审查起诉部门受理;在申诉期满后提出的,人民检察院是否受理,应当根据案件具体情况和申诉人提出的申诉理由决定。决定受理的,由作出不起诉决定的人民检察院控告申诉部门受理。被害人申诉期限为 7 日。②被不起诉人的申诉。被不起诉人对不起诉决定不服,一般是对作出不起诉决定的理由不服,被不起诉人在申诉期限内向人民检察院提出申诉的,由作出决定的人民检察院审查起诉部门受理。

第九章 审判环节司法实务与实训

本章对审判有关的基本概念、基本理论和基本知识作了系统的阐述。学习本章应掌握以下要点：
（1）审判的概念、特征和任务；
（2）审判要素与功能；
（3）审判原则和制度；
（4）审判组织；
（5）审判笔录；
（6）判决、裁定和决定的适用。

第一节 实训案例一

一、基本案例

被告人纪某，女，35岁，某银行储蓄所主任。

被告人丁某某，女，26岁，某银行储蓄所会计。

建设银行某支行将一张伪造的支票（系李某伪造，建设银行该支行人员并不知情）通过银行内部的清算手续转入某银行储蓄所。被告人纪某、丁某某在收到这张支票后，审查了支票上的户名、账号、收款单位、大小写金额，但对于印鉴项用途没有认真地核对，即按照支票上的户名、账号和付款单位，从某公司的账上划款人民币6万元，清算给建设银行某支行。后来该公司的会计人员到该储蓄所办理取款手续时，认为从该账户上支付的6万元有误。储蓄所工作人员通过查阅凭证，发现支票上的印章与预留的印模不符，于是立即向市人民银行和公安局报案。

区人民检察院以两被告人犯玩忽职守罪向区人民法院提起公诉。人民法院依法组成了合议庭进行审理。在庭审前，合议庭认为检察机关提供的有关证据有问题，于是将案件的相关情况提请本院院长提交审判委员会讨论决定。审判委员会在讨论后对于案件的处理作出了决定，合议庭根据决定进行了审理并作出了判决：被告人纪某犯玩忽职守罪，判处有期徒刑1年；被告人丁某某犯玩忽职守罪，判处有期徒刑1年。一审宣判后，两被告人均不服，向中级人民法院提出上诉。中级人民法院在审理后认为一审法院认定事实没有错误,但量刑过轻应当改判。于是改判如下:被告人纪某犯玩忽职守罪,判处有期徒刑 2 年;被告人丁某某犯玩忽职守罪,判处有期徒刑 2 年。两被告人认为中级人民法院的改判是违法的,因此接着向省高级人民法院提出上诉,要求纠正中级人民法院的错误。

二、案例的程序问题

1. 本案中合议庭就庭审中的问题提交审判委员会讨论决定,是否合乎法律的规定?
2. 二审法院的改判是否正确?
3. 在中级人民法院的判决宣告后,被告人是否能够继续上诉?

三、案例的程序分析

1. 合议庭的这种做法是错误的。合议庭是审判案件的基本组织形式,直接对具体案件进行审理;而审判委员会是人民法院内部对审判工作进行集体领导的最高组织形式,它有权改变合议庭的决定,对于审判委员会的决定,合议庭应当无条件地执行。因此,审判委员会与合议庭是业务上的领导关系。

但是,审判委员会对于案件的讨论决定是有限制的。《刑事诉讼法》第 149 条规定:"合议庭开庭审理并且评议后,应当作出判决。对于疑难、复杂、重大的案件,合议庭认为难以作出决定的,由合议庭提请院长决定提交审判委员会讨论决定。审判委员会的决定,合议庭应当执行。"故合议庭在审理前即将案件提交审判委员会讨论,使合议庭开庭审理形同虚设,不能发挥合议庭作为基本审判组织的作用。

2. 二审法院的改判加重了被告人的刑罚,因而是错误的。我国在刑事审判中实行"上诉不加刑"原则。它实施的条件是仅有被告人一方提出上诉,而检察院没有提出抗诉。这种不加刑包括二审法院不得对于同一刑种加重刑罚的数量。而本案中,只有两被告人提出上诉,二审人民法院却在不改变刑种(有期徒刑)的前提下,增加了刑罚的数量(由 1 年改为 2 年),明显违背了上诉不加刑的原则。

3. 被告人无权继续上诉,而只能向有关司法机关进行申诉。我国的刑事诉讼实行两审终审制度,也就是说一个案件最多经过两级人民法院的审理即告终结。本案经过了区人民法院和中级人民法院的审理,并且本案也不是需要经过死刑复核程序的死刑案件,中级人民法院的裁判作为第二审裁判,就是发生法律效力的裁判,整个案件的审理即告终结。因此,被告人无权对案件提出第二次上诉。如果被告人认为案件的终审裁判存在错误,可以向人民法院或者人民检察院提出申诉,请求启动审判监督程序,但是,这种申诉的提出不能够停止二审判决的执行。

第二节 实训案例二

一、基本案例

被告人李某,男,18岁,社会待业青年。

被告人张某,男,15岁,某中学学生。

张某荒于学业,经常在网吧上网,与被告人李某相识。由于两人均着迷于浏览黄色网页,遂臭味相投,结为死党。两人在色情网站中越陷越深,李某提出要张找个张某班上的漂亮女生玩玩。2001年9月15日下午,被告人张某利用帮助安装电脑程序的机会,带着李某,来到其同学陈敏家中。期间,李某和张某欲对陈敏为不轨行为,陈敏不从。于是李某和张某两人便对陈敏实施了强暴行为。

案发后经过公安机关的侦查,由检察机关依法向人民法院起诉。人民法院在受理该案后,依法组成了合议庭。在开庭前,合议庭部分成员认为被告人的犯罪行为源于其经常上黄色网站,尤其是其中的张某不安心学习,沉迷于上网,导致了严重后果的出现。考虑到目前青少年上网十分普遍的情况,该案对于广大的中学生将会有极大的警示意义,可以利用之组织在学校进行一次公开审判,对在校学生进行法制教育。经与被告人张某的学校联系后,学校领导也非常支持,认为可以对学生们进行一次活生生的教育,并积极推动此事。合议庭认为本案中的被告人张某年龄在16岁以下,进行公开审理有所不当,张某的家长也极力反对,被告人张某提出同学在场旁听觉得丢脸,要求不出庭。但学校领导一再坚持,审判庭的多数成员也倾向于公开审理,以便起到更为广泛的社会教育意义。但本案属于共同犯罪,从情节上考虑,不可能将两名被告人分开来审理。审判长就此事作了一个折中处理,本案审理的公开范围只限于该学校的学生参加旁听,并且决定被告人张某在审判过程中不出庭。后审判依此进行,被告人张某未出庭,学校组织了在校学生参加了旁听。审判庭经过审理,认定被告人李某、张某犯强奸罪,进行了公开宣判,分别判处被告人李某有期徒刑4年、张某有期徒刑3年。

二、案例的程序问题

1. 该案中的公开审理是在有限的范围内进行的(只有被告人张某所在的学校的学生参加了),对此是否有法律依据?公开宣判合适吗?为什么?

2. 在所谓的折中方案下,本案中的法庭同意被告人不出庭,法庭进行了审理并当庭宣判。这种做法符合法律的规定吗?为什么?

三、案例的程序分析

1. 本案中所谓小范围的公开审理是错误的。审判公开原则是当代世界各国立法上普遍采用的原则，我国的宪法和刑事诉讼法也都把这作为一项重要原则加以确认。但是，这种原则并不是绝对的，各国都给予了一定的限制。比如法国的刑事诉讼法规定，如果是对于公共秩序存在危险或者有损善良风俗的案件，以及未成年人犯罪案件等等，庭审都应当不公开进行。

考虑到16岁以下的未成年人的生理和心理都没有发育完全，进行公开审理将对其造成精神上的刺激，形成心理上的阴影，不利于以后的健康成长，因此，我国的《刑事诉讼法》第152条第2款规定："十四岁以上不满十六岁未成年人犯罪的案件，一律不公开审理。十六岁以上不满十八岁未成年人犯罪的案件，一般也不公开审理。"同时，最高人民法院的《解释》也对此作了相同的规定，并于第122条规定："依法不公开审理的案件，任何公民包括与审理该案无关的法院工作人员和被告人的近亲属都不得旁听。审理未成年被告人的案件，适用相关规定。"在本案中，被告人张某年仅15岁，符合不公开审理的条件，根据法律的规定，为保护未成年人的合法权益，本案应当不公开审判。不能够借助维护社会秩序，教育广大青少年的名义，采取所谓的小范围的公开审理，从而变相侵犯被告人的法定权利。

同时，本案的审理过程中将不可避免地涉及个人隐私。为了保护公民的名誉和个人的隐私，防止有碍于社会风化，我国《刑事诉讼法》第152条第1款规定："人民法院审判第一审案件应当公开进行。但是有关国家秘密或者个人隐私的案件，不公开审理。"基于此点，本案同样不应该公开审理，不能够允许组织学生进行旁听。

但审判庭进行公开宣判是合乎法律的规定的。《刑事诉讼法》第163条规定："宣告判决，一律公开进行。"这是审判公开原则的体现。无论案件的审理过程是公开还是不公开的，判决书及其据以定罪量刑的事实和理由应当以公开的形式宣布，以保证刑事诉讼的公正，确保被告人的合法权利得到了维护。

2. 审判庭同意张某不出庭，并且进行了缺席审理和宣判，是不正确的。在一些国家的刑事诉讼法中规定了实行缺席判决的情形。比如，日本刑事诉讼法就允许被告人在有限的几种法定条件下可以不出庭。法国的刑事诉讼法也对于轻罪案件、违警罪案件规定了缺席判决的使用条件。我国虽然没有在法律中明确规定不实行缺席审判制度，但是根据一系列的规定可以得知我国法律是不允许缺席审判存在的，审判庭同意张某不出庭的做法也是有问题的。具体理由如下：

（1）《刑事诉讼法》第11条规定："被告人有权获得辩护，人民法院有义务保证被告人获得辩护。"最高人民法院的《解释》第167条也规定："审判长宣布法庭辩论终结后，合议庭应当保证被告人充分行使最后陈述的权利。"如果被告人不能够出庭，或者没有出庭，他就无法对证人、鉴定人发问，辨认、鉴别物证，也没有机会对于证据和案件情况发表意见，与国家公诉机关进行法庭辩论，充分行使自己的辩护权。人民法院有义务保证被告人获得辩护，不仅仅意味着要确保被告人能够委托他人为自己进行辩护，或者在法定的情况下为被告人指定辩护人；也意味着人民法院要确保被告人能够进行自行辩护。体现在庭审上，就是被告人必须出庭，参加庭审。

（2）《刑事诉讼法》第160条规定："审判长在宣布辩论终结后，被告人有最后陈述的权利。"如果审判庭没有确保被告人出庭，特别是在本案中，法庭命令被告人不出庭，显然，被告人的最后陈述的权利就遭到了剥夺。

（3）《解释》第117条第1项对于人民法院审查公诉案件后的处理规定："对于不属于本院管辖或者被告人不在案的，应当决定退回人民检察院。"该项也表明，目前我国在被告人不在案的情况下是不允许开庭审理的。

（4）《解释》第181条规定："在审判过程中，自诉人或者被告人患精神病或者其他严重疾病，以及案件起诉到人民法院后被告人脱逃，致使案件在较长时间内无法继续审理的，人民法院应当裁定中止审理。由于其他不能抗拒的原因，使案件无法继续审理的，可以裁定中止审理。"虽然没有直接说明，但此处也表明了对于缺席审判的做法的否定。

第三节　第一审程序

本节着重对刑事诉讼第一审程序有关问题作了系统的阐述。学习本节应掌握以下要点：（1）第一审程序的概念和意义；（2）公诉案件的第一审普通程序；（3）普通程序简化审理程序；（4）自诉案件的第一审程序；（5）简易程序。

一、基本案例一

（一）案情

被告人任某，男，32岁，汉族，河南省新乡人，无业。

被告人孙某，男，20岁，汉族，河南省新乡人，无业。

2002年12月底，被告人任某与老乡孙某在某餐馆相遇，任某说："快过年了，今年生意又不好。得想想办法，弄点钱带回家过春节。"孙某说："去哪儿搞？"两个人经过一番商量，决定实施盗窃。2003年1月1日凌晨2时许，被告人孙某获知某民营企业董事长一家由于元旦正在外地旅游，便约上被告人任某一起前往董事长家行窃。董事长家空无一人，两被告人欣喜若狂，共窃得现金人民币400元，美金900元，金项链3条，价值人民币14000元，24K金戒指一枚，价值人民币7000元，金手链1条，价值人民币9000元，此外还有手机3部、笔记本电脑1台。所得现金，两人进行了平分，其余赃物由两人藏到了任某住处，伺机变卖之后进行分赃。后本案案发，赃物被缴获，对于犯罪的事实和盗得的赃款，两被告人也供认不讳。检察机关依法向人民法院提起公诉。

某县人民法院在对案件进行审查后，对于起诉书中记载的上述事实没有异议。但是，通过查阅移送来的其他材料，发现了以下事实并没有记载入起诉书中作为指控的犯罪事实：

2002年8月3日深夜，被告人任某与孙某曾经在该县新联小区金某家里实施过盗窃，获得手表以及翡翠金耳环等物合计人民币4000元以及信用卡作废一张，之后任某利用该信用卡进行了诈骗活动。合议庭成员在开庭前讨论案情时，认为检察机关在起诉状中遗漏了重要的犯罪事实，但事关重大，于是决定提请院长提交审判委员会讨论决定。经审判委员会讨论，对于请示的事项达成一致，要求将全案退回检察机关进行补充侦查，将有关的犯罪事实和相应的指控予以补上。同时，审判委员会的成员对于案件的实体处理发表了意见，并向合议庭作了传达。

但检察机关没有听从法院的要求，坚持以原先的起诉书中的内容。于是在法庭的审理中，合议庭根据审判委员会的指示，对于被告人任某利用作废信用卡进行诈骗的事实进行了仔细的讯问，并进行了庭外调查，收集了确凿、充分的证据。在法庭上，被告人任某的辩护人认为："任某利用作废信用卡诈骗的事实，起诉书未予指控，法庭不能对此进行审理。"对于此，审判长没有理睬，审判继续进行，并在判决书中认定任某犯信用卡诈骗罪、处有期徒刑4年，犯盗窃罪、处有期徒刑3年，决定执行5年。对被告人孙某判处有期徒刑4年，决定执行4年。

（二）案例涉及的程序问题

1. 本案中合议庭成员认为有遗漏的罪行，要求将全案退回补充侦查是否正确？为什么？

2. 审判庭在正式开庭之前，就本案的相关问题通过院长向审判委员会进行了提交，这种做法是否合乎法律的规定？

3. 对于利用信用卡进行诈骗的事实，法庭能否进行证据的收集，并审理并作出判决？如果法庭的做法是错误的，那么在现行制度内，任某的诈骗犯罪行为是否将不受追究？

（三）案例的程序分析

1. 合议庭要求将全案退回补充侦查的行为是错误的。检察机关在将案件提起公诉后，人民法院必须对公诉案件进行审查。在审查后，法院的处理应当是："（一）对于不属于本院管辖或者被告人不在案的，应当决定退回人民检察院；（二）对于不符合本解释第116条第（二）至（九）项规定之一，需要补送材料的，应当通知人民检察院在三日内补送；（三）对于根据刑事诉讼法第162条第（三）项规定宣告被告人无罪，人民检察院依据新的事实、证据材料重新起诉的，人民法院应当依法受理；（四）依照本解释第一百七十七条规定，人民法院裁定准许人民检察院撤诉的案件，没有新的事实、证据，人民检察院重新起诉的，人民法院不予受理；（五）对于符合刑事诉讼法第十五条第（二）至（六）项规定的情形的，应当裁定终止审理或者决定不予受理；（六）对于被告人真实身份不明，但符合刑事诉讼法第一百二十八条第二款规定的，人民法院应当依法受理。"（《解释》第117条）这就表明这种审查主要是一种程序性的措施，紧紧围绕着是否将被告人交付法庭审判，不能够将之与审判混为一谈。也就是说只要符合法律规定的程序性要件，人民法院就必须受理，这里不涉及被告人到底是犯了何种性质的罪的实体问题。具体而言，就是如果在审查之后，对于起诉书中有明确的指控犯罪事实并且附有证据目录、证人名单和主要证据复印件或者照片的，应当

决定开庭审判,不得以上述材料不充足为由而不开庭审判。(《刑事诉讼法》第 150 条)

虽然根据上文,现行刑事诉讼法仍允许人民法院要求检察机关对于有关材料进行补充,(《解释》第 37 条也有这个规定)但这与将全案退回补充侦查的性质完全不同。本案中,检察机关提起了公诉,就指控的罪行提供的证据等材料均符合法律的规定,就表明国家对于被告人的犯罪行为的追究活动已经正式进入了审判阶段,法院应当履行法定职责,对于该案件受理、裁判。

2. 这种做法是不符合现行法律的规定的。合议庭是进行刑事审判的基本组织形式。它的工作主要有担任案件的审理工作,审查公诉,做好开庭前的准备工作,主持开庭审理案件,对案件在进行评议后作出裁判等。而审判委员会是人民法院内部对审判工作实行集体领导的组织形式,它不直接对案件进行审理。审判委员会与合议庭之间在业务上是领导与被领导的关系,前者有权讨论合议庭认为难以作出判决的案件,有权改变合议庭的决定,合议庭对于审判委员会的决定应当无条件地执行。

根据《刑事诉讼法》第 149 条:"合议庭开庭审理并且评议后,应当作出判决。对于疑难、复杂、重大的案件,合议庭认为难以作出决定的,由合议庭提请院长决定提交审判委员会讨论决定。"可见,提交审判委员会讨论的应当是疑难、复杂、重大的案件,并且合议庭成员对于有关实体问题在开庭审理后难以作出裁判。在本案中,案件还没有进入正式的开庭审理,对于立案审查中出现的问题不宜提交审判委员会进行讨论,审判委员会也不应在此时对于案件的实体处理发表意见,以影响合议庭对于案件的公正处理。

3. 任某利用信用卡进行诈骗的事实是未经起诉的犯罪事实,法庭对于此进行证据的收集并作出裁判是错误的。

首先,法庭主动收集证据的行为是错误的。根据《刑事诉讼法》第 158 条规定:"法庭审理过程中,合议庭对证据有疑问的,可以宣布休庭,对证据进行调查核实。"这就表明,法庭只能在对于庭审中的证据有疑问,而从对被告人的讯问和对被害人、证人的询问以及从控、辩双方的交叉询问中不能够使疑问得到排除时,为了查明真相才可以主动地调查核实证据。法庭主动收集有关任某诈骗的证据显然在上述范围之外。

其次,法庭作出的任某犯信用卡诈骗罪的判决也是错误的。现代刑事诉讼审判活动中的一项基本原则是不告不理原则。不告不理不仅指公诉案件只有经人民检察院提起公诉后,法院才能够开始启动审判程序,进行审理与裁判;也指在检察院提起公诉后,法院作出裁判前,对于新发现的事实、证据和犯罪嫌疑人,可能导致认定被告人起诉书指控的范围之外的刑事责任时,法院也只能够按原起诉书的范围进行审理与裁判。

再次,法庭对任某利用信用卡诈骗的行为进行追究也违背了刑事诉讼中的职权原则。根据职权原则,对于犯罪活动的侦查权只能由公安机关、人民检察院、军队保卫部门和监狱的有关部门行使;而对于犯罪行为提起公诉以及其他的检察权只能由检察机关行使;法院只行使审判权。在本案中,法庭主动对于任某的信用卡诈骗行为进行追究,混淆了起诉职能与审判职能,严重违背了职权原则。对于发现被告人存在其他犯罪事实的情况,《人民检察院刑事诉讼规则》第 351 条规定:"在人民法院宣告判决前,人民检察院发现被告人的真实身份或者犯罪事实与起诉书中叙述的身份或者指控犯罪事实不符的,可以要求变更起诉;发现遗漏的同案犯罪嫌疑人或者罪行可以一并起诉和审理的,司以要求追加起诉;发现不存在犯罪事实、犯罪事实并非被告人所为或者不应当追究被告人刑事责任的,可以要求撤回起诉。"《人民检察院刑事诉讼规则》第 352 条规定:"在法庭审理过程中,人民法院建议人民检察院补充侦查、补充或者变更起诉的,人民检察院应当审查有关理由,并作出是否退回补充侦查、补充或者变更起诉的决定。人民检察院不同意的,可以要求人民法院就起诉指控的犯罪事实依法作出裁判。"可见,对于那些犯罪行为进行起诉,是检察机关职权范围内的事,人民法院无权对此代替检察机关作出决定。人民法院只能就起诉指控的犯罪事实依法作出裁判。

我们认为在本案的情况下,虽然此时由于检察机关的原因,被告人的其他罪行没有受到法律的追究,但是由于我国刑事诉讼法中还明确规定了自诉程序,可以确保相关的犯罪受害人依然能够使犯罪分子受到法律的制裁。

二、基本案例二

(一)案情

被告人蔡江,男,20 岁,某镇居民。

2001 年 1 月 12 日晚六点,被告人蔡江由于与女朋友关系有变,独自在 A 镇街上行走散心,街上人烟稀少。当其经过鸿运饭庄时,正巧 A 镇居民陈九震从饭庄里喝酒出来。陈九震一见到蔡江便说道:"小朋友,你在这儿干啥?"蔡江没有理他,继续走路。陈九震见此人不理他,就借着酒兴大声吼着:"小畜生,不理我。你给我过来!"蔡江正心中有气,听到这番话后,怒火中烧,掏出身上携带的水果刀,冲到陈九震跟前,对着陈的腹部扎了一刀,随即逃走。当时恰有在饭庄吃完饭的李某走出饭庄,看到了发生的一幕,便大声呼唤。闻讯的群众见陈九震胸部出血,便赶紧将其送往医院,后脱险。经过法庭的医学鉴定,陈九震的伤情为重伤。

该市人民检察院以蔡江犯故意伤害罪向县人民法院提起了公诉。在开庭审理过程中,县人民法院依法传唤证人李某出庭作证,李某以法律规定可以不出庭作证以及他害怕得罪蔡江为由,拒绝到庭作证。审判庭考虑到证人李某是唯一的目击证人,对查明案件事实很重要,于是决定将证人李某拘传到庭。

在法庭审理过程中,证人李某对于公诉人以及法官的询问进行了如实的回答。在此期间,被告人蔡江利用对证人发问的机会,数次对证人进行口头的威胁,审判长对此及时予以了制止。坐在旁听席上的蔡江的亲戚也附和着大声吵闹,朝证人席冲来,威胁要打证人李某。在审判长的命令和指挥下,法警对于蔡江的亲戚的行为进行了制止,并给了了口头警告。但是在此之后,被告人蔡江均一名亲戚汤某仍然继续大声威胁证人李某,引起秩序的混乱,审判长命令法警将此人强行带出了法庭,导致了法庭审判不得不中断近半个小时。

鉴于汤某的行为情节严重,审判长直接决定对汤某处以 500 元的罚款。之后法庭审理继续进行。经过合议庭评议,法庭最终认定被告人构成故意伤害罪,判处有期徒刑 5 年。

(二)案件涉及的程序问题

1. 证人李某不到庭是否允许?为什么?
2. 法庭是否能够对于证人李某进行拘传?
3. 审判长为了制止被告人以及其亲戚对证人的威胁和对法庭秩序的扰乱,作出的处理措施是否具有合法的依据,是否有不当之处,为什么?

(三)案例的程序分析

1. 证人刘某如无法定的特殊情况,应当出庭作证。《刑事诉讼法》第 48 条规定:"凡是知道案件情况的人,都有作证的义务。"《解释》第 141 条规定:"证人应当出庭作证。符合下列情形,经人民法院准许的,证人可以不出庭作证:(一)未成年人;(二)庭审期间身患严重疾病或者行动极为不便的;(三)其证言对案件的审判不起直接决定作用的;(四)有其他原因的。"出庭作证是知道案件情况的公民的法定义务,也是保障刑事诉讼被告人的措施之一。证人出庭作证,并接受法庭以及控辩双方的询问与反询问,有助于法庭对于案件事实的准确查明。本案中李某不具有司法解释中规定的例外情形,应当出庭作证。他以害怕得罪被告人为借口,要求不出庭,是违背其法定义务的。

2. 法庭对证人李某进行拘传的行为是错误的。拘传属于强制措施中的一种,是公安机关、人民检察院和人民法院对于未被羁押的犯罪嫌疑人、被告人强制其到案接受讯问或者审判的一种强制措施。它的适用对象只能是犯罪嫌疑人、被告人,不能是证人。虽然证人李某不出庭作证是错误的,但对证人进行拘传于法无据。

3. 审判长采取的措施大致符合法律的规定,但仍存在不完善的地方。为了维护法庭的秩序,对于被告人蔡江、蔡的亲戚威胁证人的行为及时予以警告制止,是正确、合法的。《解释》第 146 条规定:"询问证人应当遵循以下规则:(一)发问的内容应当与案件的事实相关;(二)不得以诱导方式提问;(三)不得威胁证人;(四)不得损害证人的人格尊严。"《刑事诉讼法》第 161 条规定:"在法庭审判过程中,如果诉讼参与人或者旁听人员违反法庭秩序,审判长应当警告制止。对不听制止的,可以强行带出法庭;情节严重的,处以一千元以下的罚款或者十五日以下的拘留。"本案中被告人利用对证人李某发问的机会,对证人进行威胁,违反了禁止性的规定,应当受到审判长的及时制止。被告人的亲戚作为旁听人员在庭审过程中无视法律的规定和法庭的尊严,在法庭上哄闹,扰乱法庭秩序,审判长有权对他们的行为进行警告制止。对于不听警告制止,依然我行我素的汤某,审判长依法命令法警将其带出法庭完全是有法律依据的。

但是《刑事诉讼法》第 161 条同时也规定:"罚款、拘留必须经院长批准。"而在本案中,审判长没有向上报告,以获得法院院长的批准,而是直接做出了对汤某的罚款决定,在程序上不符合法律的规定。

三、基本案例三

（一）案情

被告人徐某，男，17岁，某中学在校学生。

被告人徐某平时着迷于武功，并常进行所谓的功夫锻炼。2001年11月23日，被告人徐某在与同学的打闹中，飞起一脚踢中同学吴某的腹部。吴腹痛不止，随即被送往医院抢救，后经过法医鉴定，构成重伤。检察机关在对此案进行审查起诉时，认为被告人徐某系过失致人重伤，依法可能判处的刑罚不会重于有期徒刑3年，于是，在依法提起公诉时，建议人民法院在审理此案时适用简易程序。人民法院受理后，认为符合简易程序的条件，并依法适用简易程序进行了开庭审理。但考虑到这起案件为广大的在校师生所关注，为慎重起见，由审判员3人组成了合议庭进行案件的审理工作。

在庭审中，被告人徐某对于检察机关指控的犯罪事实予以否认，其辩护人也认为被告人徐某无罪。合议庭认为辩护人的无罪辩护不成立；同时，认为被告人徐某尚年幼，对于指控犯罪事实的否认是无知的表现，并为了不浪费时间，没有准许被告人徐某在判决宣告前进行最后陈述。在判决书中，合议庭依法认定被告人徐某犯过失重伤罪，判处有期徒刑2年。

（二）案例涉及的程序问题

1. 对于本公诉案件，检察机关建议适用简易程序是否合乎法律的规定？
2. 本案简易程序中的审判组织是合议庭，对此该作何种评价？
3. 合议庭在庭审程序中是否有违法之处？

（三）案例的程序分析

1. 合法。对于公诉案件，如果是可能判处3年以下有期徒刑、拘役、管制、单处罚金，并且事实清楚、证据充分，可以适用简易程序。该种案件适用简易程序的前提是人民检察院依法建议或者同意适用简易程序。本案人民检察院在提起公诉的同时，建议使用简易程序，符合法律的规定。

2. 这符合法律的规定。《刑事诉讼法》第147条规定："基层人民法院适用简易程序的案件可以由审判员一人独任审判。"根据该条，对于采用简易程序的案件，法律并没有规定必须采用独任审判。这主要是考虑到适用简易程序的个别案件事实、证据会难以认定，合议庭能够在这些方面发挥更大的作用。因此，法律没有强求在简易程序中一律由审判员一人独任审判，但对于大多数适用简易程序的案件，应当由审判员一人独任审判。

3. 有。本案的庭审过程中，被告人徐某对于检察机关指控的犯罪事实予以了否认；而其辩护人对被告人徐某进行了无罪辩护。最高人民法院的《解释》第222条规定："人民法院审理具有以下情形之一的案件，不应当适用简易程序：（一）公诉案件的被告人对于起诉指控的犯罪事实予以否认的；（二）比较复杂的共同犯罪案件；（三）被告人是盲、聋、哑人的；（四）辩护人作无罪辩护的；（五）其他不宜适用简易程序的。"因此，本案应当转入普通程序进行审理。

同时，法庭没有准许被告人徐某在判决宣告前进行最后陈述也是错误的。虽然本案适用的是简易程序，在庭审中不受普通程序规定的讯问被告人、询问证人、鉴定人、法庭调查、法庭辩论等诉讼阶段的限制，可以根据实际情况灵活掌握，只要能够达到查明案件事实的目的即可。但是根据《刑事诉讼法》第177条的规定，被告人最后陈述的权利是不能被任意剥夺的。

四、基本案例四

（一）案情

自诉人：邵某，女，35岁，A市某外资企业总经理助理。

被告人：王某，女，22岁，单位同上，总经理助理。

2000年7月初王某大学毕业，应聘来到某外资企业任总经理助理职务。由于王具有硕士学历，作风干练，聪明伶俐，又精通两门外语，加上年轻漂亮尚为单身，在男同事中大受欢迎，尤其受到总经理的器重。王工作不到两个月时间，即因工作需要陪同总经理去美国、欧洲考察各一次。这引起了同事邵某的不满，邵某认为如果没有王某，这些机会本应属于自己的，故对王某产生妒忌心理，在工作上常与王某发生摩擦与争吵，甚至于不时背着王某，在众人面前对于王的生活作风进行诽谤。2000年11月下旬，邵某因琐事又与王某发生争执，王某觉得忍无可忍，随即向企业总经理作了汇报。总经理将邵某叫去进行了严厉的批评，并表示如果其继续这种无端取闹的言行，将把其从公司开除。下班后，邵某觉得一肚子委屈，于是将王拦在办公室大楼门口台阶上，并大骂王是"婊子"、"狐狸精"等，引来围观群众近百人，王开始一直沉默不语，后实在不堪忍受侮辱即抓住邵某的衣服后猛推，致使邵某摔倒在台阶上受伤。经法医鉴定为轻伤。邵某因伤花去医疗费用1000余元用于治疗。而王某也因此事在精神上也受到打击，觉得自己受到了诽谤，没脸见公司的同事。2001年1月5日，邵某以故意伤害罪向A市某区人民法院提起诉讼。

（二）案例的程序问题

1．人民法院在受理本案之后，是否可以先进行调解？

2．如果本案中，邵某不希望通过诉讼的方式解决纠纷。而邵的丈夫认为只有通过诉讼才能够使纠纷获得彻底的解决，那么邵的丈夫能否作为本案的自诉人提起自诉？为什么？

3．本案自诉人邵某和被告人王某是否能在法庭以外自愿达成和解协议？和解后邵某向人民法院申请撤诉，法院应当如何处理？

4．本案被告人王某是否能以侮辱罪对自诉人邵某提起自诉？法院应当如何处理？如果此后邵某撤诉了呢？

（三）案例的程序分析

1．法院可以进行调解。由于自诉案件一般都是轻微的普通刑事案件，主要是涉及当事人双方之间关于名誉、人格以及家庭成员、邻居等熟识的社会成员之间的纠纷。这类纠纷对于社会的危害不大,让当事人通过和解解决纠纷对于增进团结,防止矛盾的激化是十分有利的;并且通过调解结案,可以节约时间等资源,提高诉讼效益。因此,法律赋予当事人自行和解这种诉讼权利。根据《刑事诉讼法》第172条的规定:"人民法院对自诉案件,可以进行调解。"但该法第170条第3款又规定,被害人有证据证明对被告人侵犯自己人身、财产权利的行为应当依法追究刑事责任,而公安机关或者人民检察院不予追究被告人刑事责任的案件,不适用调解。本案作为自诉案件,属于《刑事诉讼法》第170条第2项规定的"被害人有证据证明的轻微刑事案件",不属于上述第170条第3款规定的案件范围。因此法院可以依法进行调解。

2. 在本案中,邵的丈夫不能够作为提起自诉的主体。《刑事诉讼法》第88条规定:"对于自诉案件,被害人有权向人民法院直接起诉。被害人死亡或者丧失行为能力的,被害人的法定代理人、近亲属有权向人民法院起诉。人民法院应当依法受理。"最高人民法院的《解释》也在第187条对自诉案件规定:"如果被害人死亡、丧失行为能力或者因受强制、威吓等原因无法告诉,或者是限制行为能力人以及由于年老、患病、盲、聋、哑等原因不能亲自告诉,其法定代理人、近亲属代为告诉的,人民法院应当依法受理。"可见,自诉案件中被害人的法定代理人、近亲属向法院告诉是有特别的情形规定的。而本案中的邵某并不存在法定的、需要法定代理人、近亲属代为告诉的情形,其丈夫无权进行告诉。邵某不愿向人民法院进行告诉,是行使自己的处分权的一种表现,是法律所允许的。

3. 如上文所述,本案属于《刑事诉讼法》第170条第2项规定的"被害人有证据证明的轻微刑事案件"。根据法律的规定,在本案中是允许自诉人与被告人达成和解的。原因也是基于这类案件是轻微的普通刑事案件,主要是涉及当事人双方之间关于名誉、人格以及家庭成员、邻居等熟识的社会成员之间的纠纷。这类纠纷对于社会的危害不大,让当事人通过和解解决纠纷对于增进团结,防止矛盾的激化是十分有利的;并且通过和解结案,可以节约时间等资源。因此,法律赋予当事人自行和解这种诉讼权利。

对于自诉人申请撤诉,一般法院也应当允许,这同样是基于当事人对于自己的告诉权的处分。但有一点要注意,就是根据《刑事诉讼法》第198条的规定,法院应该对此类申请主动审查,以防止自诉人的撤诉是在威吓、强迫之下作出的;如果撤诉不是处于自诉人的自愿,人民法院应当不予准许撤诉。

4. 根据《刑事诉讼法》第173条的规定,自诉案件的被告人在诉讼过程中,可以对自诉人提起反诉,并规定反诉适用自诉的规定。在刑事诉讼中,所谓反诉是指自诉案件的被告人,在诉讼过程中控告自诉人犯有与本案有关联的犯罪行为而提起诉讼。本案被告人王某以侮辱罪对自诉人刘某提起反诉,这是符合反诉的法律规定的。王某是被告人,其反诉的对象是自诉案件的自诉人刘某;王某反诉的内容是与该自诉案件有关的犯罪行为;王某反诉的案件是侮辱罪,也属于人民法院直接受理的案件范围之内。所以,王某提出反诉后,双方当事人既是自诉人,又是被告人,均具有双重法律地位,与诉讼中的权利义务一样。因此,被告人王某可以以侮辱罪提起反诉。

由于反诉与本诉有关,合并在一起审理可以有效地解决纠纷,因此,法院一般应当将本诉与反诉合并审理。但在本诉与反诉中,各方当事人罪责自负,不能够互相抵消刑罚。

同时,反诉从性质上看是一个独立的诉讼,因而不同于被告人的答辩。反诉不依附于本诉而存在,反诉一经成立,原自诉人撤诉的,不影响反诉的有效存在和人民法院对反诉的继续审理。

第四节 第二审程序

导语:
本节对第二审程序有关的基本概念、基本理论和基本知识有关问题作了系统的阐述。学习本节应掌握以下要点:(1)第二审程序概念、特征、性质和任务、第二审程序特有的原则;(2)第二审程序提起的主体、方式、途径、理由和期限;(3)第二审程序的审理方式、审理各方的主体地位、审理对象和范围、审理环节和期限;(4)第二审程序的裁判。

一、基本案例一

(一)案情

被告人吴建林,男,34岁,社会待业青年。

被告人吴建林与福建省福安市人张春尧、黄华祥进行鞭炮生意,双方对于数量、单价、交货期限、地点、货款交付以及运输方法很快达成了一致意见,并达成了书面合同。但对于预付定金有分歧。1999年8月26日,被告人吴建林伙同朱发军(在逃)强行把张春尧、黄华祥带到被告人吴建林家,强迫张、黄支付所谓的预付定金4.8万元。张、黄不从后,被告人吴建林朝黄华祥嘴上猛打一拳,黄流血不止。朱发军亦用啤酒瓶、椅子砸张春尧,并踢了黄一脚。张、黄被打后,被告人吴建林和朱发军抢走张、黄两人现金3万元、手机一台、金戒指一枚及手表一块。劫后,被告人吴建林强行扣押张、黄二人,并逼迫张春尧打电话要家人汇2万元过来。直至8月30日,公安机关解救出张、黄,并追回被抢物品和现金。被告人吴建林被捉拿在案。

一审法院认为,被告人吴建林为迫使他人与自己完成交易,以殴打及强制人身等暴力手段,强迫他人支付定金,情节严重,其行为侵害了市场的自愿公正的交易秩序及他人的合法权益,其行为构成了强迫交易罪。判处有期徒刑6个月,并处罚金1万元。

被告人吴建林不服一审判决,在上诉期内提出了上诉。二审法院受理后,经过审查,认为一审的量刑过轻,于是改判有期徒刑1年,并处罚金1万元。

(二)案例涉及的程序问题

1. 本案二审中,将原一审的判决由有期徒刑6个月改为有期徒刑1年,罚金未变,这样做是否符合法律的规定？如果检察机关同时也提起了抗诉，对于二审法院的改判又该如何评价？

2. 如果本案二审改判有误，但又发现一审判决确实量刑畸轻，应当如何处理？

3. 被告人吴建林不服一审判决而上诉，提起上诉的途径有哪些？人民法院应当如何处理？

（三）案例的程序分析

1. 二审法院的做法是错误的。为了切实保障被告人充分地、毫无顾虑地行使上诉的权利，二审人民法院处理只有被告人一方上诉的案件，应贯彻"上诉不加刑"的审判原则。《刑事诉讼法》第190条第1款规定："第二审人民法院审判被告人或者他的法定代理人、辩护人、近亲属上诉的案件，不得加重被告人的刑罚。"这里的"不加刑"，具体指：（1）对于同一刑种，不得加重刑罚的数量；（2）不得改判较重的刑种，如将拘役6个月改为有期徒刑6个月；（3）不得对于刑罚的执行方法加以改变，比如将死刑缓期执行改为立即执行或者延长死刑的考验期；（4）不得在主刑不变的情况下，增加附加刑；（5）不得加重共同犯罪案件中未提起上诉的被告人的刑罚；（6）对于被告人数罪并罚的，既不能加重决定执行的刑罚，又不能在执行刑罚不变的情况下，加重数罪中某一罪或者几个罪的刑罚。

在本案中，二审法院将原一审的判决由有期徒刑6个月改为有期徒刑1年，显然是对于同一刑种加重了刑罚的数量，违背了上诉不加刑的原则。

如果检察机关同时也提起了抗诉，二审法院的审理不适用上诉不加刑原则。《刑事诉讼法》第190条第2款对此作了规定。

2. 由于本案只有被告人提出上诉，二审法院不能够加重被告人所受的刑罚。又根据相关的司法解释，对事实清楚、证据充分，但判处的刑罚畸轻，或者应当适用附加刑而没有适用的案件，不得撤销第一审判决，直接加重被告人的刑罚或者适用附加刑，也不得以事实不清或者证据不足发回第一审人民法院重新审理。因此，如果必须对一审判决改判的，应当在第二审作出维持原判决的裁定后，按照审判监督程序重新审判。

3. 根据刑事诉讼法的规定，被告人上诉的途径有两个。一是向原审人民法院提出；二是向第二审人民法院提出。

如果被告人通过原审人民法院提出上诉的，原审人民法院应当在3日内将上诉状连同案卷、证据移送上一级人民法院，同时将上诉状送交同级人民检察院和其他当事人。

如果被告人直接向第二审人民法院提起上诉的，第二审人民法院应当在3日内将上诉状交原审人民法院送交同级人民检察院以及其他当事人。

二、基本案例二

（一）案情

被告人姬某某，男，34岁，已婚，陕西省某县工厂工人。

2001年3月至2002年7月,被告人姬某某先后在县百货公司、县标准件厂、居民家中盗窃酒、彩色电视机四台、木材、生铁、发电机等物品。案发后,公安机关进行了侦查,检察机关依法进行了审查起诉,并向人民法院提起公诉。第一审人民法院受理后,经过庭审,认定被告人姬某某所盗财物价值人民币7000元,属于数额巨大,依照《中华人民共和国刑法》第264条的规定,依法判处被告人姬某某有期徒刑5年。一审判决后,姬某某不服,以对赃物的估价太高,量刑偏重为由,口头向上级人民法院提起上诉。

第二审人民法院在受理该案后,对被告人姬某某盗窃的赃物进行了认真的审核,认为一审认定的盗窃物的价值是合理的;同时,二审法院对案件的其他事实又进行了审查,认为本案的事实是清楚的,证据是确实充分的。对于所适用的法律亦无不当,在量刑上完全没有不当之处。因此,一审的定罪、量刑是完全正确的,二审人民法院裁定驳回上诉,维持原判。

(二)案例涉及的程序问题

1.二审人民法院审查的内容超出了被告人在上诉中涉及的内容,是否符合法律的规定?

2.我国对于上诉的理由与方式是否有特别的规定?被告人姬某某的上诉是否符合规定?为什么?

3.如果被告人姬某某在提出上诉后,又撤回了上诉,二审人民法院应当如何处理?

(三)案例的程序分析

1.二审法院的做法符合法律的规定。《刑事诉讼法》第186条规定:"第二审人民法院应当就第一审判决认定的事实和适用法律进行全面审查,不受上诉或者抗诉范围的限制。"可见我国的第二审程序实行的是全面审理原则,第二审的审理范围为全案审查。所谓全案,具体指:(1)在诉讼主体上,对于共同犯罪案件,只有部分被告人上诉的,或者人民检察院只对部分被告人的判决提出抗诉的,第二审人民法院要对全案进行审查;(2)从案件的性质上,审理附带民事诉讼的上诉案件,应当对包括刑事部分在内的全案进行审查;(3)二审在审查的内容上,法院要同时审查第一审裁判认定的事实是否清楚、证据是否充分,以及审查其适用的法律正确与否;(4)对于诉讼请求,第二审人民法院既要审查上诉、抗诉所涉及的内容,又要审查未被上诉、抗诉的一审裁判文书中的其他内容。

通过全面了解案情,通盘考虑上诉所涉及的以及未涉及的情节,使得上诉中已经指出的和没有涉及的裁判中的错误都能够得到纠正。全案审查更能够发现一审裁判的错误,发现案件的真实情况,保证二审裁判的正确性,实现刑事诉讼法的准确查明犯罪事实,正确应用法律,惩罚犯罪分子,保障无罪的人不受刑事追究的任务。

2.被告人姬某某的上诉符合法律的规定。

所谓上诉的理由,指当事人提出上诉的事实依据和法律依据。为了体现切实保障被告人权利的要求,我国刑事诉讼法对于被告人上诉的理由并无任何预先的规定和限制。《刑事诉讼法》第180条的规定表明,只要被告人不服地方各级人民法院第一审的判决、裁定,都有权利向上一级人民法院提出上诉。被告人可以根据其认定的任何理由进行上诉,至于这些理由是否充分,是否确实能够推翻或者变更一审判决,都不影响上诉的效力。

关于上诉的方式,《刑事诉讼法》第 180 条规定,上诉可以用书状或者口头的方式进行,这样做,也是从充分保护被告人上诉权的角度出发的。本案中,姬某某的口头上诉是合乎法律规定的。

3. 进行上诉是被告人所拥有的一项权利,被告人有权行使,也可以不行使,对于被告人的上诉权,不得以任何借口加以剥夺。最高人民法院的《解释》第 238 条规定:"被告人、自诉人、附带民事诉讼的原告人和被告人及其法定代理人在上诉期限内要求撤回上诉的,应当准许。"第 232 条第 2 款规定:"被告人、自诉人、附带民事诉讼的当事人和他们的法定代理人是否提出上诉,以他们在上诉期满前最后一次的意思表示为准。"这就说明,只要在上诉期内,被告人可以就其先前提出的上诉的意思表示予以撤回,也可以在撤回之后再次提出上诉,只要没有超出上诉期限。对于被告人的这些合法处理自己权利的行为,人民法院应当准许。

但如果被告人撤回上诉的行为发生在上诉期届满之后,第二审人民法院应当进行审查。如果认为原判决认定事实和适用法律正确,量刑适当,应当裁定准许被告人撤回上诉;如果认为原判决事实不清,证据不足或者将无罪判为有罪、轻罪重判等,应当不准许撤回上诉,并按照上诉程序进行审理。

因此,如果姬某某的撤诉行为发生在上诉期届满之前,人民法院应当准许撤诉;如果姬某某的撤诉行为发生在上诉期届满之后,则对于姬某某的撤诉行为,人民法院应当在对案件实体问题审查之后做出裁定。

三、基本案例三

(一)案情

被告人张某,男,某小学教师。

张某在担任某小学班主任期间,多次奸淫一名女学生。案发后,由某县人民法院审理此案。在此期间,张某委托某律师事务所的律师林某为其辩护人。林某接受委托后,曾三次到县法院要求查阅本案的犯罪事实材料,但合议庭的审判人员均以本案涉及个人隐私内容为由不同意。此外,林律师在会见在押的张某时,也有法警在场,致使林律师因没有全面了解案情而辩护不力。一审法院判决后,林律师在征得张某同意后向二审法院提起上诉。

(二)案例涉及的程序问题

1. 本案中,林律师应以谁的名义提起上诉?
2. 二审法院应如何审理本案?

(三)案例的程序分析

本案涉及两个问题。

1. 林律师应以谁的名义提起上诉。这涉及谁享有独立上诉权主体的问题。根据我国《刑事诉讼法》第 180 条的规定，享有独立上诉权的主体是被告人、自诉人、附带民事诉讼的当事人和他们的法定代理人。被告人的辩护人和近亲属是非独立上诉主体。所谓非独立上诉主体，是指附条件才能上诉的主体。即要经过被告人同意才能提起上诉。因此，在本案中，林律师在征得张某同意提起上诉的做法是符合法律规定的。因律师没有独立的上诉权，在这种情况下，林律师只能以被告人张某的名义提起上诉，即代行上诉权。

2. 二审法院在审理本案时，应当裁定撤销原判，发回原审法院重新审判。根据我国《刑事诉讼法》第 36 条第 2 款规定，辩护律师自人民法院受理案件之日起，可以查阅、摘抄、复制本案所指控的犯罪事实的材料，可以同在押的被告人会见和通信。本案中，法院以涉及个人隐私为由不让林律师查阅案件材料，剥夺了律师的查阅案件材料的权利。同时，在律师会见在押被告人时，法警在场也是违反法律规定的。因此，鉴于原审法院在审理过程中，限制和剥夺辩护律师的诉讼权利，实际上是剥夺和限制了当事人的辩护权，严重违反了诉讼程序。根据我国《刑事诉讼法》第 191 条的规定，二审法院应当撤销原判，发回重审。

第十章 执行环节司法实务与实训

第一节 死刑复核程序

导语：

本节对死刑复核程序有关问题作了系统的阐述。学习本节应掌握以下要点：（1）死刑复核程序的概念和意义；（2）判处死刑立即执行案件的复核程序；（3）判处死刑缓期二年执行案件的复核程序。

一、基本案例一

（一）案情

被告人张兴义，男，31岁，系志愿兵转业安置。被告人赖家强，男，36岁，无业。

被告人张兴义与被告人赖家强自2000年10月以来，互相勾结，密谋行劫。某日，被告人张兴义提出以何跃田为抢劫对象。随后，二被告人多次预谋，进行跟踪、认人、打探何跃田的住处。同时二被告人商量，由张兴义到外地购置左轮手枪一支、子弹数发。并且，两人共同出资购买了蒙面筒帽、绳子、胶皮手套、胶带纸等作案工具。2000年12月30日7时许被告人张兴义携带手枪、蒙面筒帽、绳子、胶皮手套、胶带纸；被告人赖家强携带折叠刀，一同来到何跃田住宅附近的福安街。被告人张兴义打电话确认何在家后，二被告人窜至何的住宅外，被告人张兴义戴上帽子蒙住面部，手持左轮手枪；被告人赖家强手持折叠刀，等何开门出来时，被告人张兴义用胳膊卡住何的脖子，右手用枪顶住其头部，将何推进屋内。其后二被告人对何威胁、索要人民币20万元。何称没有那么多，后二被告人获得人民币12000元后，威胁何不得报案，便离开何家。作案后，二被告人仍不罢休，于2001年8月8日10时许，再次窜至何的住宅附近，被告人赖家强打电话给何，以何的妻子和孩子的人身安全相威胁，索要人民币5万元。何无奈，央求面谈，被告人赖家强让何乘坐其事先备好的出租车将何拉走。途中被公安机关堵截，将赖家强当场抓获。被告人张兴义亦于当日被公安人员抓获归案。

经过公安机关的依法侦查，收集证据，以及人民检察院的审查，2001年10月15日，某市人民检察院向市中级人民法院提起公诉，一审法院依法进行了审理，并作出了判决：被告人张兴义犯抢劫罪、判处死刑，剥夺政治权利终身，并处没收个人全部财产；被告人赖家强犯抢劫罪、判处死刑，剥夺政治权利终身，并处没收个人部分财产。一审宣判后，二被告人在上诉期内没有提出上诉，人民检察院也没有提出抗诉。在上诉、抗诉期满之日，人民法院认为一审判决已经是生效的判决，同时由于当时正处于全国"严打"时期，为配合维护社会治安的需要，该法院准备对此判决立即予以执行。

（二）案例涉及的程序问题

1. 该案中，一审法院对于判决在上诉、抗诉期满后准备立即执行，是否正确？
2. 设立死刑复核程序的目的是什么？是否能够由于"严打"而取消该程序？
3. 一审判决的上诉、抗诉期满后，对于本案的正确处理的程序是什么？请简要叙述。

（三）案例的程序分析

1. 将该死刑判决立即执行是错误的。如果是一般的刑事案件，第一审判决宣告后，在法定的上诉、抗诉期内，如果有上诉权的人没有提出上诉，检察机关也没有提出抗诉，判决则发生法律效力，而不需要进行第二审，也不需要进行其他的复核过程，而是直接进入执行程序。

但是，如果第一审判决对被告人判处死刑的，则判决宣告后，即使有上诉权、抗诉权的主体都没有在法定的期间内提出上诉或者抗诉，该死刑判决仍然不能够发生法律效力，而必须经过死刑复核程序，由具有法定权限的最高人民法院或者高级人民法院行使核准权。死刑案件只有在经过了复核程序之后，才能够根据复核的结果决定对于死刑判决是否执行。

2. 死刑复核程序是我国刑事诉讼程序中的特殊程序之一，也是刑事诉讼程序中的一个独立的诉讼阶段，有其特殊的目的与任务。

其一是贯彻慎杀、少杀的一贯政策。由于死刑是所有刑罚中最为严厉的刑种，一旦错误的死刑判决获得了执行，产生的损失将无法获得弥补。而当今世界由于对个人尊严、权利的尊重达到了前所未有的重视，死刑被认为是不人道的。我国由于目前的特殊国情还不能够立即废除死刑。死刑复核程序的采用使死刑案件在两审终审制度之外，增加了一道审理程序，有助于从审判程序上保证严格控制死刑的适用。

再一个就是统一执法尺度。如果在死刑案件中也坚持两审终审制度，那么就会有相当数量的死刑案件只能在较低级别的法院处理，而各地理解和把握适用死刑的标准极有可能出现差异，相同或者相似的案情在不同的地区会出现不一样的处理结果。通过由较高级别的人民法院对于死刑案件进行复核，可以使死刑案件的执法尺度统一，实现公正。

虽然该案件的审理正处于"严打"期间，但是我们认为进行"严打"也只能够在法律规定的范围内行事，不能因为"从重从快"而直接违背法律的规定，使公民的合法权益受到侵害。

3. 本案是对于被告人判处死刑的抢劫案件，最高人民法院根据《人民法院组织法》第13条的规定，授权该案件的核准权由高级人民法院行使。因此，在被告人不上诉、人民检察院不抗诉的，该中级人民法院应当在上诉、抗诉期满后3日内主动报请高级人民法院核准。高级人民法院应当由审判员三人组成合议庭，采用阅卷与讯问被告人相结合的复核方式,对案件进行全面审查。在复核完成后,根据案件的实际情形依照法律进行裁判。高级人民法院同意判处死刑的,应当裁定核准死刑;不同意判处死刑的,应当依法改判;认为原判事实不清,证据不足的,应当发回中级人民法院重新审判。

二、基本案例二

（一）案情

被告人蒋某某,男,22岁,某大学在校学生。

被告人张某,男,21岁,某大学在校学生。

两被告人蒋某某、张某和被害人王某是大学同学。1999年5月3日王某暂借被告人蒋某某的笔记本电脑用。次日,被告人蒋某某来到被告人张某在校外的住处,并在该处打传呼给王某,王某未回。到了第二天,被告人蒋某某和张某找到王某处,要回笔记本电脑。接着三人同往饭店喝酒。酒过三巡,被告人蒋某某质问王某为何昨日打传呼不回,并责骂王某,结果两人因此发生争吵,进而厮打起来。被告人张某平时对王某有隙,也帮助被告人蒋某某,与王厮打起来。王见势不妙,跑出饭店。蒋、张二人追赶上来,被告人蒋某某随手捡起一块石头扔向王某,正中王的头部,将王打倒在地上。蒋、张两人赶上去,张骑在王的身上,用拳头击打王某,蒋某某也在一旁脚踢王某,前后大约经过十分钟。后被告人蒋某某、张某被人拉开,王某被立即送往医院,后因抢救无效而死亡。

一审中市中级人民法院以故意伤害罪判处被告人蒋某某死刑,缓期两年执行,剥夺政治权利终身,赔偿被害人王某的父母人民币5000元;以故意伤害罪判处张某死刑,缓期两年执行,剥夺政治权利终身,赔偿被害人父母人民币5000元。检察机关认为一审判决有误,应当对两被告人判处死刑立即执行,依法在抗诉期内提出了抗诉。省高院在二审之后对被告人蒋某某作了改判,判处被告人蒋某某死刑,剥夺政治权利终身,赔偿被害人王某的父母经济损失人民币5000元;被告人张某的判决未变。

由于本案涉及死刑判决,应当进行复核,于是,省高院在二审结束后重新组织了合议庭对该案进行了复核,并认为认定事实和适用法律正确,量刑适当,裁定予以核准,等待执行。

（二）案例涉及的程序问题

1. 该案中,省高级人民法院对本案进行了复核,并在复核后准备执行死刑,是否符合法律的规定?

2. 假设省高院对于本案拥有核准权,其在本案中的复核是否符合法律的规定?

3. 如果高级人民法院对于蒋某某的死刑判决没有核准权,那么对于共同犯罪人张某的案卷是否也要移送上级法院?死缓判决效力如何?

4. 省高级人民法院在复核蒋某某的死刑判决时,如果发现对被告人张某的判决有误,应当如何处理?

（三）案例的程序分析

1. 本案中省高级人民法院没有核准权，其做法错误。根据最高人民法院的授权，省高级人民法院拥有对被告人犯故意伤害罪的死刑案件的核准权，也就意味着，高级人民法院在对此类案件进行复核之后，如果同意死刑判决的，无须再报请最高人民法院核准，可以由院长直接签发执行死刑的命令。

但是，《解释》第274条规定，因人民检察院提出抗诉而由人民法院按照第二审程序改判死刑的案件，应当报请最高人民法院核准。本案中，正是在检察机关提出抗诉后，二审法院改判死刑，因此，对于蒋某某的死刑判决，省高级人民法院没有核准权。

2. 不符合法律的规定。对于有核准权的人民法院判处死刑的案件，不必经过死刑复核程序。

对于死刑案件的裁判，要经过审判委员会讨论决定。根据《刑事诉讼法》第149条的规定，审判委员会与合议庭是领导与被领导的关系，对于审判委员会做出的决定，合议庭应当执行。本案二审做出的死刑判决应当是经过审判委员会的讨论后得出的，二审的合议庭依照审判委员会的决定，做出了死刑的判决。如果在这之后，重新在本院组成合议庭，根据死刑复核程序对死刑判决案件进行复核，必然涉及对本院审判委员会的决定进行审查，这与合议庭必须服从本院审判委员会的领导的规定矛盾。因此，如果高级人民法院对于本案拥有死刑核准权，则不必在二审结束后组成合议庭进行复核。

3. 根据法律，死刑缓期执行案件的核准权由高级人民法院行使。但本案是共同犯罪案件，其犯罪事实是一个整体，为了有利于查明共同犯罪的事实，确定各个被告人在共同犯罪中的地位和作用，使复核法院全面了解案情，保证死刑的正确适用，部分被告人被判处死刑的犯罪应当由最高人民法院核准的，必须将全案报请最高人民法院核准。因此，应当将所有案卷，包括涉及被告人张某的案卷移送至最高人民法院接受审查。但是，不影响被告人张某的死缓判决是生效的裁判。

4. 最高人民法院在对全案进行复核，如果发现对于被告人张某的判决有误，不能够在死刑复核程序中予以解决。因为这种裁判是发挥效力的判决，只能够在死刑复核程序结束后，通过审判监督程序加以纠正。具体而言，一种是最高人民法院通过指令省高级人民法院再审的方式启动审判监督程序；另一种是最高人民法院通过提审的方式启动审判监督程序，自行对该案重新审理。

第二节　审判监督程序

导语：

本节对审判监督程序有关问题作了系统的阐述。学习本节应掌握以下要点：（1）审判监督程序的概念和意义;(2)审判监督程序的提起;(3)再审的审判程序。

一、基本案例一

(一)案情

被告人曹某某,男,系个体运输户,29岁。

2000年4月2日凌晨3点,曹某某长途运输货物回到家。由于当时极度困乏,曹某某在将车停于家门口后,没有上锁就进入房屋睡觉。第二天起来之后发现汽车已经不知去向。其四处寻找亦不见踪影,这样寻找进行了一个月有余。由于其资金不充足,无法再购买一辆卡车进行运输业务,导致其运输业务不得不中断,曹某某也十分恼火。在6月3日时,曹某某在县城溜达,无意中看到街上停着一辆挂着外省牌照的白色东风卡车,车头与自己原先的货车极其相似,甚至连卡车保险杠上的碰痕也一模一样。不同的是这辆车的拖斗只有一个,与自己的车是两个有别。此外,车的颜色也不一样,这车是白色的,而自己原来的车是蓝色的。经过仔细的观察,曹某某发现,车的划痕处显示车的底色为蓝色,白色是后来喷上去的。于是,曹某某断定该车是自己被盗的货车。

回想起自己由于货车被盗,经济损失惨重,曹某某不觉怒火中烧,恨不得立即将车开走。但由于车门紧闭,便在一旁守候。半小时后,该车的车主吴某从路边的饭店出来,曹某某即上前搭话,声称自己已经走了很长一段路,想搭吴某的车回家。吴某便答应下来。车行至县城郊区,曹谎称到家,要求吴某停车。吴某正好停稳车时,被告人曹某某乘吴某不备,从后座上的工具箱中拿出一把铁锤,向吴某的头部猛击,吴某当场昏迷。随后,被告人曹某某将吴拖进路边的草丛中,并又用铁锤朝吴某的头部连砸几下,经过草率的掩埋后,曹某某开车离去。案发后,吴某的尸体经过鉴定,系由于铁锤击打造成死亡。

一审法院审理后,认定被告人曹某某怀疑吴某的卡车系其所有,为了报复,故意杀害吴某,犯罪事实清楚,证据确实、充分,其行为构成故意杀人罪,判处死刑,剥夺政治权利终身。被告人曹某某不服,于上诉期内向高级人民法院提出上诉。高级人民法院经过二审裁定驳回上诉,维持原判,并根据最高人民法院的授权裁定核准死刑,并交付一审人民法院执行。

在判决即将执行之前,被告人曹某某的妻子向高级人民法院提出申诉,提出被告人曹某某患有精神分裂症,并提供了相关的医院诊断证明。高级人民法院对于被告人曹某某的妻子的申诉进行了审查,认为申诉所提供的材料表明案件原判决可能存在错误。于是,为了确定被告人是否在精神分裂症发病期间进行了犯罪行为,根据法律的规定,将被告人曹某某交本省人民政府指定的某医院进行了精神病医学鉴定,结论是:"精神分裂症,发病期间,无责任能力。"据此,省高级人民法院院长将该案提交本院的审判委员会讨论决定是否再审。2001年5月7日审判委员会决定进行再审,经过再审,于2001年12月13日做出裁判,撤销了原一审判决和高院的二审裁定以及核准死刑的裁定,改判被告人曹某某无罪。

（二）案例涉及的程序问题

1. 案中被告人曹某某的妻子作为提出申诉的主体是否合适？他的祖父呢？
2. 被告人曹某某的妻子提出申诉后，死刑裁判的效力如何？
3. 该省高级人民法院再审的期限是否合法？法律是如何规定的？

（三）案例的程序分析

1. 根据《刑事诉讼法》第 203 条规定："当事人及其法定代理人、近亲属，对已经发生法律效力的判决、裁定，可以向人民法院或者人民检察院提出申诉。"根据该条，申诉的主体包括被告人本人，其法定代理人以及近亲属。又《刑事诉讼法》第 82 条第 6 项规定："'近亲属'是指夫、妻、父、母、子、女、同胞兄弟姊妹。"因此，被告人曹某某的妻子作为曹某某的近亲属有权提出申诉，而曹某某的祖父不属于法律规定的曹某某的近亲属，因而无权就本案提出申诉。

2. 根据《刑事诉讼法》规定，当事人及其法定代理人、近亲属，对已经发生法律效力的判决、裁定，向人民法院或者人民检察院提出申诉的，不能停止判决、裁定的执行。这也就是说，判决、裁定的效力不由于当事人等提出申诉而受到影响，在一般情况下不停止原判决裁定的执行。但由于本案的判决裁定涉及的是死刑，《刑事诉讼法》第 211 条规定，对于死刑案件发现有下列情形之一的，应当停止执行，并且立即报告最高人民法院，由最高人民法院作出裁定：（1）在执行前发现判决可能有错误的；（2）在执行前罪犯揭发重大犯罪事实或者有其他重大立功表现，可能需要改判的；（3）罪犯正在怀孕。由于故意杀人罪的死刑核准权已经授予高级人民法院，因此，在本案中，可以由高级人民法院决定停止死刑的执行。

3. 《刑事诉讼法》第 207 条规定："人民法院按照审判监督程序重新审判的案件，应当在作出提审、再审决定之日起三个月以内审结，需要延长期限的，不得超过六个月。"而本案在被告人曹某某的妻子提出申诉后，由高级人民法院审判委员会于 2001 年 5 月 7 日决定进行再审，2001 年 12 月 13 日再审做出裁判，共经过了 7 个多月，因此，本案已经严重违背了再审期限的规定。

二、基本案例二

（一）案情

被告人罗娜，女，33 岁，无业。

2001 年 6 月 17 日下午，被告人罗娜带着女儿在某百货公司闲逛。在一个服装柜台处，被告人罗娜看见一个女顾客将手提包交给了女服务员，她就把自己的提包也交给了女服务员。在那个女顾客试衣服时，被告人罗娜故意指着那个女顾客的包低声对服务员说："给我包，给我包。"于是，女服务员就把提包给了被告人罗娜。被告人罗娜拿着别人的提包，拉上女儿急忙回家；回到家，被告人发现包里有现金 4000 多元、摩托罗拉 998 手机一部、太平洋卡、交通银行存折和工商银行存折各一个等物品。经估价，被冒领的提包价值500元，摩托罗拉998手机价值3000元。

在法庭审理过程中，合议庭认为，被告人罗娜以非法占有为目的，虚构事实，乘女顾客试衣不备时，向服务员指认、冒领他人的提包，数额较大，其行为应构成诈骗罪，但鉴于其在案发后能够主动交出赃物，2001年9月3日，法院作出判决，被告人罗娜构成诈骗罪，判处有期徒刑6个月，缓刑6个月，并处罚金2000元。

在一审判决的上诉、抗诉期内，被告人和人民检察院均未提出上诉或者抗诉。2002年7月上旬，某县检察院对被告人罗娜盗窃一案的判决书进行审查时发现，一审法院在认定事实和适用法律上与检察院起诉指控相一致，但判处罗娜有期徒刑6个月宣告缓刑6个月。这一判决显然违反了《刑法》第73条第2款关于有期徒刑的缓刑考验期限"不能少于一年"的规定。于是建议一审人民法院予以纠正。

（二）案例涉及的程序问题

1. 县检察机关建议一审人民法院对一审判决予以纠正，是否正确？
2. 对于本案中一审法院的生效裁判，哪些机关有权提出再审？
3. 本案中的县检察院应当采取何种措施？

（三）案例的程序分析

1. 县检察机关的做法是错误的。由于一审判决的抗诉期已经届满，判决已经发生法律效力，《刑事诉讼法》第205条第3款规定："最高人民检察院对各级人民法院已经发生法律效力的判决和裁定，上级人民检察院对下级人民法院已经发生法律效力的判决和裁定，如果发现确有错误，有权按照审判监督程序向同级人民法院提出抗诉。"所谓确有错误，是指在认定事实上或者适用法律上确有错误。这里适用的"法律"既包括刑法，也包括刑事诉讼法。对适用刑法而言，既包括刑法分则，又包括刑法总则。县人民法院判处被告人罗娜有期徒刑6个月宣告缓刑6个月，确属违反刑法总则有关缓刑的规定。因此，对这一错误的缓刑期限的判决，检察机关应当直接提出抗诉，而不是通过向一审人民法院提出建议达到纠正的目的。

2. 对于该生效判决，以下机关有权提出再审：

（1）县人民法院的院长和审判委员会。当县法院院长发现该生效判决在适用法律上出现错误时，必须提交本院审判委员会处理，由审判委员会决定是否提起再审。

（2）县人民法院的上级人民法院在发现该判决存在错误时，可以决定提审或者指令县法院再审。

（3）上级人民检察院如果发现县人民法院的判决存在错误，经过本院的检察委员会决定，有权直接向同级的人民法院就本案提出抗诉。

3. 在本案中，县检察院在发现同级的县人民法院的判决存在错误时，无权直接向同级人民法院或者上级人民法院提出抗诉，只能向上级人民检察院提出《提请抗诉报告书》，报请上级检察院决定是否向上级人民法院提出抗诉。

三、基本案例三

(一) 案情

被告人郭亚超,男,21岁,河南省镇平县卢医镇小魏营村八组农民。

1995年8月16日晚,郭亚超与魏云峰(因强奸罪被判处死刑,已于1996年8月26日枪决)在河南省镇平县卢医镇东张湾村看戏时,对邻村女青年赵某等4人进行纠缠、调戏。4女感到恐惧便离戏场回家。郭、魏二人遂纠集李新中(因强奸罪被判处无期徒刑)等8人尾追其后,对4女进行拦截。被告人郭亚超先伙同他人持刀威逼、殴打并欲强奸赵某(17岁),因反抗激烈未得逞。后郭亚超又伙同他人将赵某某(15岁)挟持轮奸。与此同时,魏云峰、李新中伙同他人持刀相逼,分别将另两名女子轮奸。强奸发生后,郭亚超畏罪潜逃,于1996年3月12日夜,又伙同他人携带钳子、螺丝刀等作案工具,窜到卢医镇小魏营面粉厂,破门入室,对被害人王恒安、谢秀花头部及身上乱打,抢走现金160余元,致被害人王恒安轻伤。被告人郭亚超还于1995年3月6日夜,伙同他人窜到卢医镇福利造纸厂,盗走该厂电动机5台,价值4000余元。

河南省南阳市人民检察院起诉后,南阳市中级人民法院一审判决:被告人郭亚超犯强奸妇女罪判处死刑,剥夺政治权利终身;犯抢劫罪判处有期徒刑1年;犯盗窃罪判处有期徒刑6年,数罪并罚,决定执行死刑,剥夺政治权利终身。被告人不服上诉。1996年12月24日,河南省高级人民法院作出终审判决:被告人郭亚超目无国法,伙同他人持刀拦路强奸妇女,其行为已构成强奸妇女罪,且情节特别严重,又系主犯,本应严惩。但根据其在共同犯罪中的地位和作用以及归案后的悔罪表现,郭亚超还不属判处死刑必须立即执行的犯罪分子。维持对被告人郭亚超犯抢劫罪、盗窃罪的刑罚部分。撤销对被告人郭亚超犯强奸妇女罪的量刑部分,改判其死刑,缓期二年执行,剥夺政治权利终身,与原判抢劫罪、盗窃罪并罚,决定执行死刑,缓期二年执行,剥夺政治权利终身。

1997年1月16日,河南省高级人民法院又以刑事裁定书补充裁定:原判决书中的"但根据其在共同犯罪中的地位和作用以及归案后的悔罪表现"一句表述不当,更正为"但根据案件的具体情况,郭亚超还不属判处死刑必须立即执行的犯罪分子"。河南省人民检察院认为,河南省高级人民法院的判决确有错误,遂提请最高人民检察院抗诉。

针对二审改判理由,高检院全面审查了案卷材料,补充了被告人在狱中的表现等证据材料后认为,被告人郭亚超强奸犯罪情节特别严重,无任何法定或酌定从轻情节,应处死刑立即执行。河南省高级人民法院二审改判其死刑缓期执行,量刑显属不当,判决确有错误,并于1997年9月向最高人民法院提出抗诉。

最高人民法院审判委员会经研究,遂改判原审被告人郭亚超死刑,立即执行。

(二) 案例涉及的程序问题

1. 河南省人民检察院认为二审判决有错误,能否直接向同级人民法院抗诉?
2. 最高人民检察院的抗诉理由是否合法?

3. 对最高人民检察院的抗诉，最高人民法院在是否进行再审的问题上有无自由裁量权？

（三）案例的程序分析

1. 不可以。《刑事诉讼法》第 205 条第 3 款规定："最高人民检察院对各级人民法院已经发生法律效力的判决和裁定，上级人民检察院对下级人民法院已经发生法律效力的判决和裁定，如果发现确有错误，有权按照审判监督程序向同级人民法院提出抗诉。"这就表明，除了最高人民检察院外，各级人民检察院只能就下级人民法院制作的、确有错误的已经发生法律效力的判决、裁定向同级人民法院提出抗诉。

地方各级人民检察院对同级人民法院发生法律效力的刑事判决、裁定，认为确有错误时，应当制作《提请抗诉报告书》报上一级人民检察院审查。上级人民检察院在审查之后决定抗诉的，制作《抗诉书》，向人民法院提出抗诉。因此在本案中，河南省人民检察院只能提请最高人民检察院抗诉，而无权自己直接向省高级人民法院抗诉。

2. 最高人民检察院的抗诉理由是合法的。人民检察院作为国家的法律监督机关，提起抗诉的理由与当事人上诉、申诉等理由的要求不同。根据《刑事诉讼法》的规定，必须是已经生效的裁判确有错误。根据司法解释，这些理由具体而言是指：有罪判无罪，无罪判有罪的；重罪轻判，轻罪重判，量刑明显不当的；认定罪名不正确、一罪定数罪、数罪定一罪，量刑明显不当的；严重违反诉讼程序影响正确判决、裁定的。

本案中，河南省高级人民法院二审改判被告人死刑缓期执行，却没有相关的证据证明任何法定或酌定从轻情节的存在，因而属于量刑不当，判决确有错误，最高人民检察院的抗诉理由完全正确。

3. 对于最高人民检察院的抗诉，最高人民法院没有是否再审的自由裁量权。检察院提起再审抗诉与当事人及其法定代理人、近亲属向法院提起的申诉的效力是不一样的。刑事申诉不能够必然引发或决定再审程序的开始，必须经过法院的审查后，由人民法院决定是否再审。在这里，人民法院拥有是否再审的裁量权。

而对于检察机关的再审抗诉，《刑事诉讼法》第 205 条第 4 款规定："人民检察院抗诉的案件，接受抗诉的人民法院应当组成合议庭重新审理，对于原判决事实不清楚或者证据不足的，可以指令下级人民法院再审。"人民检察院作为国家的法律监督机关，提起抗诉是一种严肃的国家行为，其抗诉一经提出，即具有法律的效力，法院无权审查决定，法院必须进行再审，没有做出是否再审的自由裁量权。

四、基本案例四

（一）案情

被告人丁某，男，29 岁，无业人员。

2002 年 5 月 7 日晚 6 时丁某在人民路抢走一行人的提包后逃跑，被过路群众抓获，扭送到附近的某人民法院。法院同志认为，这是公安机关管辖的案件，应将其扭送到公安局处理。丁某被扭送到公安局后，公安人员认为丁某符合拘留条件，遂将其拘留。公安局于5月16日向检察院提请批准逮捕，但未获批准。公安局认为这一决定是错误的，于是向检察院提出复议，但仍未被接受。遂向上一级检察院申请复核；同时认为丁某态度恶劣，随时可能逃跑，而且刑事诉讼法规定拘留最长期限为37天。虽然丁某多次提出应当释放请求，但一直未予批准。直到5月25日，上级检察院作出不批准逮捕的决定，才将其释放。该案于6月20日由检察院提起公诉，在法庭审理过程中，法院认为应对丁某实施逮捕，于是派法警将其逮捕归案。法庭经审理认为丁某构成抢夺罪，判处其有期徒刑2年，缓刑3年。判决生效后，法院将丁某交给其所在单位负责执行。同级检察院认为该案定性错误，丁某应定抢劫罪，遂按审判监督程序向同级法院提起抗诉。法院为了更好地审理该案，指派原合议庭审判长和另外两名审判员组成合议庭审理该案。最后裁定维持原判，驳回抗诉。

（二）案例涉及的程序问题

本案中的诉讼程序存在哪些不当之处？

（三）案例的程序分析

本案涉及立案受理、强制措施、案件执行和审判监督程序等问题。

1. 关于立案受理问题。我国《刑事诉讼法》第84条第3款规定，公安机关、人民检察院或者人民法院对于报案、控告、举报，都应当接受。对于不属于自己管辖的，应当移送主管机关处理，并且通知报案人、控告人、举报人；对于不属于自己管辖又必须采取紧急措施的，应当先采取紧急措施，然后移送主管机关。本案中法院同志以公安机关管辖为由而予以推诿的做法是错误的。应先予接收，然后再移送主管部门。

2. 关于强制措施问题。

（1）实施拘留的做法存在错误。公安人员认为丁某符合拘留条件，应履行相关程序，向其出示拘留证，然后才能实施拘留。

（2）在提请检察院批准逮捕未获批准的情况下，虽然申请复议和复核，但也遵守法律规定，应当先行释放丁某。不能以丁某态度恶劣，可能逃跑而继续关押。虽然刑事诉讼法有37天的拘留期限规定，但丁某的情况显然不属于这种情况。

（3）法院在审理中，根据本案情况有权决定逮捕丁某，但须通过公安机关执行，而不是派法警执行。

3. 关于案件执行问题。法院将生效的缓刑判决交给丁某所在单位执行是错误的。我国《刑事诉讼法》第217条规定，对于被判处徒刑缓刑的罪犯，由公安机关交所在单位或者基层组织予以考察。因此，本案中法院应将生效的缓刑判决书和执行通知书送交丁某所在地的公安机关，由公安机关交罪犯的所在单位或基层组织予以考察。这样的做法才符合刑事诉讼法的规定。

4. 关于审判监督程序问题。

（1）原审法院的同级检察院在案件生效后，直接向同级法院提起抗诉的做法是错误的。

正确的做法是检察院发现同级法院已生效的裁判确有错误,应当制作《提请抗诉报告书》,提交上级检察院审查。由上级检察院来决定是否提出抗诉。

(2) 法院在审理检察院抗诉案件时,根据《刑事诉讼法》第 206 条的规定,应当另行组成合议庭进行。而在本案中,法院指派原合议庭的审判长审理该案是明显违反法律规定,应予纠正。

第三节 执行程序的变更程序

导语:
本节对执行的变更程序有关问题作了系统的阐述。学习本节应掌握以下要点:
(1) 死刑、死缓执行的变更;
(2) 监外执行;
(3) 减刑和假释程序;
(4) 对新罪、漏罪和错判申诉的处理程序。

一、基本案例一

(一)案情

1999 年 11 月,方某在饭菜中投放砒霜毒死其男友。2000 年 1 月,市中级人民法院以故意杀人罪依法判处方某死刑,剥夺政治权利终身。1 月 28 日,省高级人民法院经核准后,签发了执行死刑命令。2 月 2 日市中级人民法院在市人民检察院临场监督下,依法对方某执行死刑。负责执行死刑的审判人员在询问方某有无遗言时发现方某在案发时已经怀有身孕,在羁押后自愿作了人工流产。审判人员当即决定停止执行,并立即上报核准死刑的省高级人民法院,院长签发了停止执行的命令。经市中级人民法院审查上述情况属实。于是市中级人民法院依照审判监督程序改判被告人方某无期徒刑。

(二)案例的程序问题
本案中,市中级人民法院的做法是否正确?

(三)案例的程序分析
我国《刑事诉讼法》第 211 条以及《解释》第 342 条规定,下级人民法院在执行死刑命令时如果发现罪犯正在怀孕,应当停止执行并立即报告核准死刑的人民法院依法改判。这里的"正在怀孕"包括罪犯在立案、侦查、起诉、审判、执行各个阶段怀有身孕,也包括在羁押期间的人工流产,但自然流产不属于"正在怀孕"情形。一旦发现犯罪属于"正在怀孕"的情形的,应当报请核准死刑的人民法院依审判监督程序撤销核准死刑的裁定或原判决，直接予以改判或发回原审人民法院依法改判其他刑罚，不得再对其判处死刑或死刑缓期两年执行。本案即是关于这方面规定的典型案例，它充分体现了我国法律对妇女、儿童身心健康的特殊保护。

二、基本案例二

（一）案情

叶某在愚昧思想时驱使下，私掘他人坟墓并侮辱尸体，损害了社会风俗，涉嫌侮辱尸体罪，2001年4月7日被公安机关逮捕并羁押于当地看守所。2001年7月4日，当地法院作出判决，判处叶某有期徒刑1年。判决生效后，人民法院将判决书、执行通知书交看守所。看守所没有将叶某押往监狱执行，而是放在看守所代为执行。

（二）案例涉及的程序问题

看守所的做法是否符合法律规定？

（三）案例的程序分析

我国《刑事诉讼法》第213条规定，对于被判处有期徒刑的罪犯，在被交付执行刑罚前剩余刑期在1年以下的，由各看守所代为执行。而根据《刑法》的规定，罪犯在判决生效前在看守所被羁押1日，折抵刑期1日。因此，本案中人民法院判处叶某有期徒刑1年，由于叶某已被羁押近3个月，因此，叶某还剩下9个月的刑期需要执行。人民法院依法将判决书、执行通知书送交看守所后，由看守所对叶某执行剩余的9个月的刑期而不移交监狱执行的做法是有法律依据的。

三、基本案例三

（一）案情

张某于2000年7月因盗窃罪被判处有期徒刑5年。在服刑改造期间，屡犯监规。2002年3月因与人发生争吵打架而受到批评和禁闭后，便产生向社会报复的念头。2002年4月的一天上午，张某从劳改农场脱逃。同年6月某日张某在甲市购得匕首一把，于当日下午1时许窜入该市人民医院大楼202室，向正在午休的医生李某的腹部猛刺两刀后逃跑。被害人李某因肝脾被刺破失血过多，经抢救无效死亡。案发后，由甲市公安机关立案侦查，将张某抓获归案。该案经公安机关侦查终结，移送该市人民检察院审查起诉。人民检察院经审查以张某犯有脱逃罪和故意杀人罪向甲市中级人民法院提起公诉。经过审理，人民法院以同罪判处被告人张某死刑，剥夺政治权利终身。

（二）案例涉及的程序问题

本案中甲市公安、司法机关对被告人张某的处理是否符合法律规定？

(三)案例的程序分析

本案涉及服刑的罪犯又犯新罪时如何处理的问题。首先,根据我国《刑事诉讼法》第221条的规定,罪犯在服刑期间又犯罪的,或者发现了判决时所没有发现的罪行的,由执行机关移送人民检察院处理。即由关押罪犯的监狱进行侦查。侦查终结后移送人民检察院审查决定。张某在服刑期间犯脱逃罪,根据《刑事诉讼法》第225条第2款的规定,作为执行机关的监狱享有侦查权。其次,服刑罪犯脱逃后又犯新罪,应分别情况处理。如果新罪是在被捕后发现的,应由监狱等有管辖权的机关进行侦查。如果罪犯所犯罪行是在犯罪地发现的,即由犯罪地的公、检、法机关依照管辖范围和法定程序进行处理。张某脱逃后流窜于甲市又有故意杀人罪,根据刑事诉讼法的管辖规定,甲市的公安、司法机关享有管辖权。在通常情况下,案件判决后,仍将罪犯送回原所在的监狱执行。但本案的被告人张某因犯故意杀人罪,被判处死刑。因此,甲市公安、司法机关对被告人张某的脱逃罪和故意杀人罪一并立案、侦查、起诉和审判后,就不存在送回原监狱执行的问题。可由甲市的司法机关直接执行死刑。

第十一章 证据司法实务与实训

本章对刑事诉讼证据的有关问题作了系统的阐述。学习本章应掌握以下要点：
（1）证据的概念和意义；
（2）证据的种类；
（3）刑事证据分类；
（4）诉讼证明；
（5）证据规则。

一、基本案例一

（一）案情

1998年3月21日，某厂财务科保险柜内10万元现金被盗。其中有300张钞票是连号钞票。被盗前，这300张钞票中还有52张从不同的钞票扎（每扎100张）中零星抽取支付。保险柜没有任何损伤和撬痕，只是在其右侧中部发现一枚完整的指纹。经鉴定，该指纹与犯罪嫌疑人汪某的左手指纹相同。进一步侦查发现：（1）汪某曾犯盗窃罪被判刑3年，半年前刚被释放；（2）汪在该厂任临时工，据其交代并有财务科工人张某证实发案前两天他曾去财务处领工资，并在保险柜前抽过烟；（3）从汪某去百货公司买布支付的钱中发现3张票面百元的连号票，在失盗的300张钞票的连号区间内；（4）刘某、何某等人一致证明，汪某在案发那天到厂里看过露天电影。根据上述事实，公安机关拘留了汪某，但是汪某拒绝承认自己的犯罪嫌疑。

（二）案例涉及的证据问题

1. 本案中的证据有哪些？哪些是有罪证据、哪些是无罪证据？哪些是原始证据、哪些是传来证据？哪些是直接证据、哪些是间接证据？
2. 根据上述证据能否认定汪某是盗窃10万元现金的犯罪分子？

（三）案例的证据分析

1. 证据有：指纹；汪某的供述；张某的证明；3张百元钞票；刘某、何某等人的证明。其中指纹属于有罪证据、原始证据、间接证据；汪某的供述属于无罪证据、原始证据、间接证据；张某的证明属于有罪证据、传来证据、间接证据；3张百元钞票属于有罪证据、传来证据、间接证据；刘某、何某等人的证明属于有罪证据、原始证据、间接证据。

2. 刑事诉讼法对定罪处罚的证明要求是证据确实、充分。本案证据尚未达到证据确实充分的要求，因而不能认定汪某是盗窃该厂保险柜的犯罪分子。理由是：汪某虽有前科但这与本案不具有关联性；虽然汪某用的钞票有 3 张连号，但是这 3 张有可能是事前抽出的 52 张里面的；汪某去厂里看电影并不能说明他作案；保险柜上的指纹既有可能是汪某作案时留下的，也有可能是汪某前两天领工资时接触保险柜留下的。综上，根据"疑罪从无"的精神，应认定汪某无罪。

二、基本案例二

（一）案情

2000 年 2 月 5 日，张某因婚外情与丈夫刘某吵架，争执中，张某乘刘某不备，将其杀死，并碎尸、移尸。这一过程被邻家的一个 10 岁的小女孩看见，并把看到的一切如实地告诉了父母。于是其父母领着她到公安局报了案。于是案发。开庭审理时，对该女孩的陈述是否可以作为证据使用产生了分歧。一种意见认为，女孩能够将看到的情况真实表述出来，可以作为证人；另一种意见认为，该女孩年仅 10 岁，还不能作为证人。最后法庭采纳了该女孩的证言，经过核实认定了张某碎尸、移尸的具体情节。

（二）案例涉及的证据问题

法院采纳小女孩的陈述作为认定犯罪事实的证据是否正确？

（三）案例的证据理论分析

本案涉及证人资格的一个重要因素——年龄。我国《刑事诉讼法》第 48 条规定："凡是知道案件情况的人，都有作证的义务。生理上、精神上有缺陷或者年幼，不能辨别是非、不能正确表达的人，不能作证人。"根据该法条的精神，取得证人资格的绝对条件是"知道案件情况"，能够"辨别是非"，能够"正确表达"。"年幼"只是丧失作证资格的相对条件。因此，年幼的人能否作为证人，关键看其对客观事物能不能分清是非，能不能正确表达，在实践中必须对年幼人员的具体情况进行具体的分析之后，才能确定其能否作为证人，而不能因其年幼就一律取消他们作证的资格。本案中的小女孩虽然年幼，但是她对于被告人的碎尸、移尸行为不但能够分辨而且还能向父母及公安机关清楚表达，因此其具有相应的辨别和表达能力，其证言只要经过核实，可以作为定案的依据。

参 考 文 献

[1] 张耕.《刑事案例诉辩审评》.中国检察出版社,2005年3月.
[2] 陈兴良.《刑法案例教程》.中国法制出版社,2003年4月.
[3] 赵秉志.《刑法教学案例》.法律出版社,2003年10月.
[4] 陈兴良.《本体刑法学》.商务印书馆,2003年2月.
[5] 马克昌.《犯罪通论》.武汉大学出版社,1999年6月.
[6] 苏惠渔,杨兴培.《刑事疑难案例评析》.法律出版社,2000年.
[7] 陈光中.《刑事诉讼法实施问题研究》.法制出版社,2000年.
[8] 潘牧天.《刑事诉讼法案例教程》.法律出版社,2006年.
[9] 中华人民共和国最高人民法院刑事审判第一、二、三、四、五庭.刑事审判参考(总第10至56辑).法律出版社.